Chuck Spezzano: Erfolg und Erfüllung liegen in deinen Händen

Verlag Via Nova

Chuck Spezzano

Erfolg und Erfüllung liegen in deinen Händen

Nutze dein inneres Potenzial

Verlag Via Nova

Übersetzung aus dem Englischen: Ulrike Kraemer
Englischer Originaltitel:
Success is Your Natural Inheritance
Copyright © 2009 by Chuck Spezzano

1. Auflage 2010
Verlag Via Nova, Alte Landstr. 12, 36100 Petersberg
Telefon: (06 61) 6 29 73
Fax: (06 61) 96 79 560
E-Mail: info@verlag-vianova.de
Internet: www.verlag-vianova.de / www.transpersonale.de
Umschlaggestaltung: Guter Punkt, München
Satz: Sebastian Carl
Druck und Verarbeitung: Fuldaer Verlagsanstalt, 36037 Fulda

ISBN 978-3-86616-155-9

Robert und Mavis –
Für eure Vision, Liebe und Partnerschaft.

Danksagungen

Ich möchte meinem Team danken,
das mir so viele Dinge im Leben erleichtert –
Charlie Latiolais und Shawna Lum im Büro,
Sunny Kukahiko, meiner Schreibkraft,
sowie Eric Taylor, meinem geschätzten Lektor.
Auf privater Ebene danke ich meiner Frau Lency
und meinen Kindern Christopher und J'aime, die eine Quelle
der Liebe und der fortwährenden Inspiration für mich sind.
Auf himmlischer Ebene danke ich *Ein Kurs in Wundern*,
der mich beständig daran erinnert, wozu wir hier sind
und was echter Erfolg ist.
Euch allen, meine Lieben, gehört meine tiefste Dankbarkeit.
Und allen meinen Lesern wünsche ich,
dass Segen und großes Glück euch zuteil werden mögen.

Inhalt

Einführung

Wir leben in einer Zeit der Unsicherheit. Das gilt ganz besonders im Hinblick auf Geld, das – neben anderen Dingen – der natürliche Lohn für Erfolg ist. Wir leben in einer Zeit, in der Probleme mit Geld und die Jagd nach Geld uns dazu bringen können, dass wir unseren Blick von den noch größeren Dingen abwenden, die derzeit im Gange sind und sich auf unseren Erfolg auswirken. Werden wir selbst und wird die Erde angesichts der vielfältigen Bedrohungen, vor die wir unsere Existenz stellen, überhaupt überleben? Unsere größte Chance, nicht nur zu überleben, sondern auch wirklich erfolgreich zu sein, liegt darin, nach höheren Bewusstseinsstufen zu greifen. Je weiter wir ins Stadium der wechselseitigen Abhängigkeit oder der spirituellen Abhängigkeit hineingelangen, umso mehr werden wir uns selbst und der Welt helfen können, während wir uns gleichzeitig einem höheren Maß an Fülle öffnen.

Wir stehen an einem Scheideweg. Den bislang eingeschlagenen Weg können wir nicht weitergehen, denn er wird uns nirgendwo hinbringen. Es ist an der Zeit, dass wir vortreten und gleichzeitig der Welt helfen. Die Geschäftswelt, die in diesem Jahrhundert die Führungsrolle übernehmen soll, bedarf ganz dringend der Transformation, denn sie steckt im letzten Stadium der Unabhängigkeit fest. Bei jedem System setzt irgendwann ein Prozess des Zusammenbruchs ein, wenn es sich nicht weiterentwickelt, und diese Weiterentwicklung muss zuerst zur Ebene der Unabhängigkeit und von dort weiter zur Ebene der wechselseitigen Abhängigkeit gehen. Die Geschäftswelt hat das Ende der Unabhängigkeit und die damit verbundene harte Arbeit, Dissoziation und Leblosigkeit erreicht. Dies ist das letzte Stadium der Konkurrenz, und es führt zu Burnout, gierigen Sündern und großen Verlierern. Die Geschäftswelt, Wirtschaft, Unternehmen, Gruppen und Ehen brechen allmählich auseinander, wenn es ihnen nicht gelingt, über die Ebene der Unabhängigkeit hinauszugelangen.

Wir leben in einer vielversprechenden Zeit der Veränderung. Es ist eine Zeit der Erholung, die auch ein Ort der Neugeburt sein soll. Wir gewinnen zurück, was verloren ging, als wir anfingen, uns vor Größe und vor unserer eigenen Bestimmung zu fürchten. Wir haben uns von Gaben, Führung und unserem Herzen entfernt. Das hat dem Erfolg die Natürlichkeit genommen und ihn zu etwas gemacht, für das man hart arbeiten muss. Wir haben Gnade, Vision und Kreativität aufgegeben, uns stattdessen in noch höherem Maße voneinander getrennt, in unser Ego eingeschlossen und dafür gesorgt, dass die Bedürfnisse des Egos erfüllt werden.

Erfolg und Erfüllung sind unser Geburtsrecht, sind Teil unseres natürlichen Erbes. Nähe und Erfolg rühren von Verbundenheit her. Mit dem Aufbau unseres Egos haben wir uns scheinbar von unserem wahren Selbst, voneinander und vom Einssein getrennt. Diese Unabhängigkeit hat uns weder Glück noch Erfolg gebracht. Jeder Herzensbruch, jede Niederlage und jedes Trauma zeigt eine falsche Entscheidung, mit der wir uns an einem Scheideweg von unserer Lebensaufgabe, unseren Gaben und dem goldenen Glanz unserer Bestimmung abgewandt haben. Diese Entscheidungen haben Muster aus Schmerz und Niederlage in Gang gesetzt. Sie zeigen uns Orte, an denen wir uns vor größerem Erfolg fürchten.

Um unabhängig sein zu können, mussten wir unser Bewusstsein spalten. Echte Unabhängigkeit ist ein Zustand des Einfallsreichtums, der von einem höheren statt von einem geringeren Maß an Verbundenheit herrührt. In der dissoziierten Unabhängigkeit des gespaltenen Bewusstseins will nur ein Teil von uns erfolgreich sein. Es ist der Teil, der die Verbundenheit wiederherstellen möchte. Der andere – verborgene – Teil unseres Bewusstseins will unabhängig sein. Diese Unabhängigkeit ist dissoziiert, sodass wir selbst dann, wenn wir hart dafür arbeiten, den Lohn nicht empfangen können – und es in Wirklichkeit auch gar nicht wollen, weil dadurch die Verbundenheit wiederhergestellt würde.

Wenn wir uns auf die Seite der Getrenntheit stellen und in unser Ego investieren, dann erkennen wir nicht, dass *wechselseitige Abhängigkeit* ein höherer Zustand ist, der alle Unabhängigkeit birgt, die wir brauchen, aber in einer Form, die uns befreit, statt uns im Widerstand festzuhalten. Unabhängigkeit ist eine Rolle, die uns zusammen mit den Rollen der Bedürftigkeit und der Aufopferung in einem Teufelskreis gefangen hält. Wo du eine dieser Rollen findest, dort sind im selben Ausmaß auch die beiden anderen Rollen nicht weit. Ihr Zweck ist es, uns von Partnerschaft und Fluss fernzuhalten, die auf das Ego eine schädliche, auf Leichtigkeit, Verbundenheit und Empfangen hingegen eine äußerst positive Wirkung haben.

Erfolg ist unser ursprünglicher, uranfänglicher Zustand. Viele Menschen wenden sich von der Verbundenheit ab, noch bevor sie geboren werden. Der Grund liegt in den Problemmustern, die auf Seelen- und Ahnenebene bereits in uns angelegt sind. Unser Abwenden zeigt die Lektionen, die wir in diesem Leben im Hinblick auf Liebe und Erfolg lernen wollten und die allesamt Teil der Verbundenheit sind. Deshalb wirken Trennung und die Dinge, die Trennung hervorrufen oder aufrechterhalten, wie der falsche Wunsch nach Unabhängigkeit, Angriff, Urteil oder Groll, sich nachteilig auf Erfolg aus. Schmerz und Niederlagen zeigen uns Orte, an denen wir falsche Entscheidungen getroffen haben. Wir können diese Entscheidungen verwerfen. Wir können das Ursprungsmuster finden, das unsere von Angst getriebenen Entscheidungen in Gang gesetzt haben, und wahre, lohnenswertere Entscheidungen treffen.

Wir sind für den Erfolg gemacht, aber das Ego sorgt dafür, dass unser Weg dorthin mit Ablenkungen und Versuchungen gepflastert ist. Es will nur sich selbst stark machen. Der einzige Erfolg, der ihm wichtig ist, ist der Erfolg, der es selbst und seine Bedeutung größer macht.

Die Lektionen in diesem Buch werden dich erkennen lassen, dass Erfolg auch für dich greifbar ist. Die Muster, die dich zurückhalten, sind *nicht die Wahrheit* und können daher in etwas verwandelt werden, das größere Wesenstiefe und ein höheres Maß an natürlichem goldenem Glanz birgt.

Wenn wir über die Unabhängigkeit hinausgehen, werden wir auf natürliche Weise nicht nur zum Partner der Menschen in unserer Umgebung, sondern auch zum Partner des Himmels. Das bedeutet, dass wir nicht nur unsere eigene Geisteskraft nutzen, um ganz zu werden und das zu manifestieren, was wir uns wünschen, sondern dass wir uns auch der Gnade und Hilfe des Himmels öffnen. Das bringt uns über die Naturgesetze hinaus ins Reich der Wunder hinein, in dem vermeintlich unlösbare Herausforderungen oder Fallen mühelos transzendiert werden können.

Das vorliegende Buch ist eine Zusammenstellung von hundert Lektionen, die dir helfen sollen, bessere Entscheidungen zu treffen, deine Zuversicht zurückzugewinnen und einen besseren Weg zu finden, damit du deinen natürlichen Lohn empfangen kannst. Es soll dir Erfolg in jedem Bereich schenken, auf den du seine Prinzipien anwendest: Geld, Beruf, Gesundheit, Kreativität, Beziehungen. In dieser Eigenschaft kannst du es in regelmäßigen Abständen immer wieder lesen und anwenden, um zu immer höheren und tieferen Ebenen des Erfolges zu gelangen. In dem Maße, in dem dein Verständnis für diese Prinzipien wächst, wird auch Erfolg dir immer vertrauter und in jedem Bereich immer müheloser zu erreichen sein.

Möge das vorliegende Buch dich sowohl von den Fesseln des Nichtwissens als auch von der Angst vor Erfolg befreien und dir das zurückbringen, was rechtmäßig dir gehört.

Mögest du dich dafür entscheiden, deine Lebensaufgabe zu erfüllen und deine Bestimmung rückhaltlos anzunehmen, damit die Gaben, die du in dir trägst, aufblühen und Frucht tragen können, um dich und andere Menschen zu ermächtigen. Mögest du zulassen, dass die Gnade und die Wunder, die dir für jede Herausforderung geschenkt werden, dich und die Welt segnen.

Möge Erfolg deinen Becher füllen, bis er überfließt.

Chuck Spezzano
London, im April 2009

Lektion 1

Was du anbietest

Die Prinzipien des Erfolges sind leicht zu lernen. Was du selbst gibst, das wird dir gegeben. Du erntest, was du säst, und was du selbst anbietest, das wird dir angeboten. Ist dein Bewusstsein im Hinblick auf Erfolg allerdings gespalten, wird das Ergebnis eher bescheiden sein. Auf der einen Seite tust du alles dafür, erfolgreich zu sein, und auf der anderen Seite wehrst du dich dagegen, Erfolg zu haben. Wenn du den Erfolg angreifst, versteckt er sich vor dir. Wenn du eine Sache angreifst, greifst du immer dich selbst an. Zwiespältigkeit und Widerstand sind keine Erfolgsrezepte.

In einem ganzheitlichen Modell ist Erfolg nicht eindimensional und beispielsweise nur für deine berufliche Laufbahn von Bedeutung. Du musst in allen Lebensbereichen erfolgreich sein. Deine Arbeit und deine Beziehung sind gleichwertig, wenn es darum geht, Erfolg und Glück in dein Leben hineinzubringen.

Denke zunächst einmal ein wenig eingehender über deine Beziehung nach. Was ist gut daran? In welchen Bereichen erlebst du Partnerschaft und Kreativität, Spaß und Vergnügen? In welchen Bereichen herrscht Mangel, Konflikt oder Einsamkeit? Erkenne Symptome wie Krankheit, Erfolglosigkeit, Arbeitssucht, Mangel an Integrität, übergroße Begeisterung für Publikumssportarten, Pornographie, Alkohol, Kauflust, übermäßiges Essen und andere Formen des Schwelgens als die Symptome von Themen, mit denen du dich nicht befasst hast. Sie zeigen dir alte, unerfüllte Bedürfnisse, die sich jetzt auf deine Beziehung auswirken. Verbundenheit, die du in der Vergangenheit verloren hast, wurde noch nicht wiederhergestellt. Was könntest du deinem Partner *anbieten*, das ihm, dir und der Beziehung helfen würde? Wenn du darauf wartest, dass dein Partner etwas tut, um die Situation zu verbessern, kannst du unter Umständen lange warten. Wenn *du* jedoch die Verantwortung dafür übernimmst, deine Beziehung zu verbessern, kannst du unglaublich viel bewirken.

Denke nun ein wenig eingehender über deine Arbeit nach. Was ist gut daran? In welchen Bereichen erlebst du Kreativität, Erfüllung, Spaß und

Vergnügen? In welchen Bereichen ist deine Arbeit dagegen nicht erfolgreich? Was fehlt dir bei deiner Arbeit? Hat es mit der Arbeit selbst zu tun, oder hat es mit den Menschen zu tun, mit denen du zusammenarbeitest? Erkenne Symptome wie Krankheit, Arbeitssucht oder Mangel an Erfolg, Belohnung oder Befriedigung als Probleme, mit denen du dich nicht befasst hast. Bereiche, denen es an Integrität mangelt, weisen außerdem auf etwas in dir selbst hin, das mit Arbeit, Beruf und Karriere zu tun hat. Auch diese Fallen rühren von verlorener Verbundenheit her. Wenn du darauf wartest, dass dein Vorgesetzter, deine Arbeit oder die wirtschaftliche Situation dir liefern, was dir fehlt, kannst du unter Umständen lange warten. Wenn du selbst die Verantwortung dafür übernimmst, deine Arbeitssituation zu verbessern, kannst du dagegen unglaublich viel bewirken. Was *du* anbietest, kann die Situation verbessern und dir das zurückgeben, was du in der Vergangenheit verloren hast.

Jeder Bereich deiner Beziehung oder deiner Arbeit, der nicht erfolgreich ist, stellt eine Lektion dar, die zu lernen du aufgerufen bist. Was hat es mit diesen Lektionen auf sich? Sie haben ausnahmslos mit einem Bereich zu tun, in dem du mehr Verantwortung übernehmen und etwas bewirken kannst. Was kannst du also anbieten? Deine Klagen sind ganz gewiss nicht hilfreich. Hilfreich ist nur Kommunikation, die Brücken zu anderen Menschen schlägt. Deine Urteile sind unbestreitbar Angriffe auf andere Menschen, dich selbst und die Situation. Je mehr du andere Menschen verurteilst, umso mehr greifst du dich selbst an, weil du verborgene chronische Schuld für ein vermeintliches Vergehen empfindest, das du an ihnen verurteilst. Das hat eine zerstörerische Wirkung auf deine Gesundheit, dein Glück und deinen Erfolg. Biete stattdessen Vergebung an, denn sie bringt dir Frieden und Glück und neuen Fluss. Überall dort, wo du Groll hegst, benutzt du ihn als Ausrede, um dich nicht rückhaltlos einzubringen. Wo du dich nicht rückhaltlos einbringst, dort kannst du auch nur teilweise erfolgreich sein.

Was aber kannst du anbieten? In jeder Situation, in der es ein Problem gibt, trägst du eine Gabe in dir, die eine positive Veränderung bewirken kann, wenn sie angeboten wird. Biete sie an, damit sie dir angeboten werden kann. Gib sie, damit sie dir gegeben werden kann. Verpflichte dich dem Geben, damit es ein Teil von dir ist und nicht einfach nur etwas, das du tust. Wenn du Liebe, Erfolg und Zusammenarbeit anbietest, wirst du sie im selben Maße zurückerhalten.

Was kannst du heute anbieten, um echte Veränderung zu bewirken?

Lektion 2

Der Teufelskreis aus Sorge und Erwartung

Sorge wird genährt von der Angst um etwas, das wir zu verlieren fürchten. Diese Angst führt dazu, dass wir uns Gedanken darum machen, was alles passieren könnte. Sorge wird hervorgerufen durch unsere Unsicherheit und Gefühle der Unzulänglichkeit. Die wenigsten Menschen erkennen, dass Sorge ein Angriff auf die Person oder Sache ist, um die wir uns sorgen. Die Alternative besteht darin, zu segnen oder Vertrauen zu haben. Wir können für andere Menschen oder die Situation beten, unser Vertrauen in sie setzen und ihnen Liebe oder andere heilende Gaben senden. Wenn wir zu diesen hilfreichen Alternativen greifen, sind wir nicht in unserer Sorge gefangen, die eine Form von Verurteilung und Selbstverurteilung ist. Verurteilung und Selbstverurteilung beruhen auf Schuld, die ihrerseits ein Angriff sowohl auf uns selbst als auch auf unseren Erfolg ist.

Wir haben Verbundenheit und Unschuld verloren, die wichtige Schlüsselelemente des Erfolges sind. Trotzdem können wir sie zurückerlangen, wenn wir Vertrauen in das haben, was die Zukunft für uns und andere Menschen bereithält. Dies ist ein heilendes Gegenmittel für unsere Sorgen.

Erwartung ist eine Forderung, die ebenso wie Sorge von Angst und Bedürfnissen herrührt. Auch sie weist auf einen Ort hin, an dem wir unsere Verbundenheit verloren haben. Wie Sorgen werden auch Erwartungen von unserer Unsicherheit und Gefühlen der Unzulänglichkeit genährt, was dazu führt, dass wir fordern, anstatt zu bitten. Sorge und Erwartung sind verschwendete Zeit und verschwendete Energie. Sie hindern uns daran, kreativ und produktiv zu sein. In Wirklichkeit handelt es sich bei beiden um eine Form des Nehmens, die zu Enttäuschung und Frustration führt. Beide beruhen auf einer Phantasievorstellung – der Illusion von Angst und Bedürfnis.

Sorge und Erwartung nähren einander in einer Spirale, die immer weiter abwärts führt. Je mehr wir uns sorgen, umso mehr versuchen wir, Forderungen sowohl an andere Menschen als auch an das Leben selbst zu stellen. Diesen Forderungen wird entweder Widerstand geleistet, oder aber sie werden unter Druck erfüllt. Ist das der Fall, sind wir mit dem Ergebnis unserer Forderungen unzufrieden. Das hat wiederum zur Folge, dass unser Verhaftetsein und unsere Sorgen weiter wachsen. In dem Maße, in dem unsere Sorgen wachsen, wachsen auch unsere Erwartungen. So entsteht die Abwärtsspirale des Teufelskreises.

Um einen Teufelskreis zu heilen, müssen wir beide Seiten gleichzeitig loslassen. Es reicht nicht aus, nur eine Seite loszulassen, weil die andere Seite die fehlende Seite sofort wieder neu entstehen lässt. Um einen Teufelskreis zu durchbrechen, müssen wir zuerst überlegen, ob wir Sorgen haben und worin sie bestehen. Wenn wir um unsere eigene Zukunft oder um die Zukunft eines uns nahestehenden Menschen besorgt sind, dann reicht es nicht, einfach nur unsere Ängste und Sorgen loszulassen, denn wenn sie Teil eines Teufelskreises sind, sorgt die andere Seite des Teufelskreises – in diesem Fall unsere Erwartungen – dafür, dass wir uns schon bald neue Sorgen machen. Auch das Loslassen unserer Erwartungen, das normalerweise eine sehr wirksame Methode ist, funktioniert bei einem Teufelskreis nicht. Weil wir unsere Sorgen durch Erwartungen und die mit ihnen einhergehenden Forderungen kompensieren wollen, bringen sie das, was wir losgelassen haben, meist sehr schnell zurück. Um einen Teufelskreis erfolgreich loslassen zu können, müssen wir den ganzen Teufelskreis loslassen. Alternativ können wir auch das loslassen, was den Teufelskreis herbeigeführt hat, indem wir die Angst, das Bedürfnis, die Unsicherheit oder die Gefühle der Unzulänglichkeit an ihrer Wurzel loslassen. Das bringt die Bereitschaft und die Vorwärtsbewegung zurück, die wir in der Falle des Teufelskreises verloren haben.

Das *Schwert der Wahrheit* ist eine alte hawaiische Technik, die auch bei einem Teufelskreis sehr wirkungsvoll eingesetzt werden kann. Du stellst dir einfach vor, dass du das *Schwert der Wahrheit* schwingst, das Illusionen durchschneidet. Es kann den Teufelskreis entzweischneiden und dann eingesetzt werden, um sowohl die Illusion der Sorge und der Erwartungen als auch die Triebkräfte zu durchschneiden, von denen sie genährt werden.

Da ein Teufelskreis verhindern soll, dass wir vorankommen, können wir uns auch dem nächsten Schritt verpflichten, um einen Teufelskreis wirkungsvoll zu überwinden und wieder in den Fluss zurückzugelangen.

Weil ein Teufelskreis sich in einer Abwärtsspirale dreht und der Druck zunimmt, sind wir immer weniger imstande, den Weg, der durch die Situation hindurchführt, klar zu erkennen. Dies kann dazu führen, dass wir aufgeben oder einen Burnout erleiden. Das muss nicht sein. Wir können um richtige Wahrnehmung bitten, damit wir den Weg, der uns voranbringt, erkennen können. Unser Wunsch nach richtiger Wahrnehmung und die Größe des Teufelskreises bestimmen darüber, wie lange es dauert, bis die richtige Wahrnehmung sich einstellt und uns befreit.

Um aus diesem besonders aufreibenden Teufelskreis von Sorge und Erwartung auszubrechen, können wir als letzte Möglichkeit die Phantasievorstellungen entdecken, die sowohl in Sorgen als auch in Erwartungen enthalten sind. Sowohl unsere Sorge als auch unsere Erwartungen gehen mit dunklen Phantasievorstellungen einher. Wenn wir uns Sorgen machen, stellen wir uns in unserer Phantasie vor, dass wir etwas verlieren könnten. Bei einer Erwartung herrschen ebenfalls Angst und Bedürfnis. Sie beruhen auf einer Illusion, die uns dazu bringt, etwas zu fordern, statt darum zu bitten. Wenn wir die Illusion entdeckt haben, die den Teufelskreis antreibt, können wir ganz einfach aufhören, in sie zu investieren. Lege deine Zukunft in Gottes Hände. Vertraue dir selbst, anderen Menschen und Gott. Das befreit dich von Stress und dem kräftezehrenden Druck, der mit jedem Teufelskreis verbunden ist.

Lektion 3

Neid

C arol wurde von ihren Freunden angegriffen, weil sie es genoss, dass sie so gute Arbeit leistete. Sie hatte ein Arbeitsprojekt übernommen, in dem ein Freund von ihr seit mehreren Jahren feststeckte, ohne nennenswerte Fortschritte zu erzielen. Nachdem sie eingestiegen war, gelang es ihr innerhalb von nur vierundzwanzig Stunden, das Projekt einen großen Schritt voranzubringen. Carol berichtete, dass Neid der Grund dafür war, dass sie immer wieder angegriffen wurde, und es passierte immer dann, wenn sie sich besonders hervortat. Ich sagte ihr, dass Menschen, die jemand anderen beneiden, sich mit dem betreffenden Menschen vergleichen und dabei ihrer Meinung nach nicht sehr gut abschneiden. Sie greifen aus ihrem Bedürfnis heraus an, rufen in Wirklichkeit aber nach Hilfe und bitten um Unterstützung und um die Erlaubnis, genauso erfolgreich sein zu dürfen.

Ich fragte Carol, wann diese Sache angefangen hatte, und sie erwiderte, dass sie schon in ihrer Kindheit von Freunden dafür angegriffen worden sei, dass ihre Familie sehr wohlhabend war. Carol hatte angefangen, sich schuldig zu fühlen, weil ihre Familie viel Geld hatte, und das führte dazu, dass sie als junge Frau alle möglichen Probleme mit Geld hatte.

Weil Carol sich wegen ihres eigenen Erfolges angriff, erwartete sie natürlich auch, von außen angegriffen zu werden. Statt ihre große Gabe anzunehmen, hatte Carol sich einen Götzen des Leidens zu eigen gemacht, um sich den anderen Menschen in ihrem Leben anzugleichen. Götzen sind falsche Götter. Es sind äußere Dinge, von denen wir glauben, dass sie uns retten oder uns glücklich machen können. Götzen sind gleichsam in das Fundament unseres Egos eingegossen, was zur Folge hat, dass wir sie trotz des großen Schadens, den sie in unserem Leben anrichten, bei uns selbst nur sehr schwer erkennen. Carol schätzte, dass dreißig dieser Götzen in ihrem Leben am Werk waren, und war bereit, sie alle loszulassen, um ihre Gabe der Führungsstärke anzunehmen. Sie entschied sich dafür, ihre Gabe zu nutzen, um auf die Hilferufe der anderen Menschen einzugehen, statt den Neid anderer Menschen zu benutzen, um sich von ihrem eigenen Erfolg abzuschneiden.

Carol nahm ihre Gabe an, die darin bestand, auf die Hilferufe anderer Menschen einzugehen, und teilte sie mit den Menschen, die sie in letzter Zeit angegriffen hatten. Dann kehrte sie in ihre Kindheit zurück und stellte sich vor, wie sie ihren Freunden die Hand reichte und ihnen ihre Unterstützung zuteil werden ließ. Carol stellte fest, dass es ihr weit besser gefiel, anderen die Erlaubnis und die Unterstützung zu geben, die sie brauchten, um erfolgreich zu sein, als sich von ihrer eigenen Fähigkeit abzuwenden, ihr Licht strahlen zu lassen.

Blicke auf dein eigenes Leben zurück. Wann hast du dich wegen deines Erfolges schuldig gefühlt?

Kehre zu diesen Orten zurück und nimm deine Gaben an, statt dich schuldig zu fühlen und dich vom Neid und der Konkurrenz anderer Menschen angreifen zu lassen. Teile deine Gaben mit den Menschen, die um deine Hilfe bitten, und tu es als jemand, der Gaben und Führungsstärke und infolgedessen auch die Vollmacht besitzt, anderen Menschen die Erlaubnis zu geben, ihre Gaben ebenfalls anzunehmen.

Lektion 4

Freude

Wynona war eine attraktive Frau Anfang dreißig und die dritte Fokusperson im Workshop, die für Begabtheit und Selbstausdruck steht. Sie sagte, sie wolle gebraucht werden. Danach erklärte sie allerdings, dass sie in ihrem Beruf zwar wichtig, aber auch nicht zu wichtig sein wolle. Sie hatte festgestellt, dass sie sich meist zurückzog, wenn sie es mit intelligenten oder scharfsinnigen Kollegen zu tun hatte, weil sie dachte: „Die kommen doch ohne mich zurecht. Ich werde nicht gebraucht." Sie gab zu, dass sie eine schlechte Meinung von sich selbst hatte, weil sie nie wusste, was sie beisteuern sollte, sobald ihre erfolgreichen Kollegen zu einer Besprechung zusammenkamen. Das alles hing natürlich mit ihrer Kindheit zusammen, in der sie in ihrer Familie ähnliche Gefühle der Unsicherheit erlebt hatte.

Während wir uns unterhielten, bemerkten die anderen Teilnehmer sehr schnell, wie liebenswert Wynona war. Ich machte einen intuitiven Gedankensprung und sagte: „Was du beiträgst, ist die wichtigste Sache, die eine Gruppe miteinander verbindet und ihr erst einen Sinn gibt. Der Beitrag, den du sowohl in deiner Familie als auch in deiner Firma leistest, ist *Freude*."

Ich bat Wynona, noch einmal über ihre Kindheit nachzudenken, sich diesmal aber vorzustellen, dass Freude der Beitrag war, den sie in ihre Familie einbrachte. Sie konnte mühelos erkennen, dass es ihre Freude war, die ihre Familie miteinander verband. Von hier aus war es ein leichter Sprung zu der Erkenntnis, dass sie diese Gabe auch in ihre Firma hineinbrachte.

Als ich sie fragte, wann ihre schlechte Meinung von sich selbst angefangen hatte, sagte sie: „Als ich drei Jahre alt war." Ich erklärte ihr, dass Traumata in diesem Alter oft vorprogrammiert sind, weil wir uns genau in dieser Zeit mit unserem Ego verbünden, um uns vor unserer Lebensaufgabe, unserer Bestimmung und unserem wahren Wesen zu verstecken, und den Weg des Egos einschlagen. Dann sagte ich ihr, dass Freude ein Teil ihrer Bestimmung war. Freude war nichts, was sie für alle anderen Menschen *tat*, sondern etwas, das sie für alle anderen Menschen *war*. Die Freude lag darin, *wer* sie war.

Der Ruf der Freude lässt das Ego schmelzen. Unser Ego ist das, was uns trennt. Freude löst Konkurrenz, Urteil, Schwierigkeiten und Angriff auf. Als wir unser Gespräch beendeten, strahlte Wynona sichtlich. Sie nahm diesen Aspekt ihrer selbst an und war glücklich, den Menschen in ihrer Umgebung diese wertvolle Gabe bringen zu können. Vor unseren Augen fing Wynona an, nicht nur ihr Leben zu genießen, sondern auch die Freude, die sie anderen Menschen einfach nur dadurch schenkte, dass sie vortrat und sich nicht versteckte. Es war für die ganze Gruppe ein großer Gewinn, ihre Verwandlung mitzuerleben, und es würde für ihre Firma ein großer Gewinn sein, eine Mitarbeiterin zu haben, die eine so große Freude ausstrahlte, dass sie allein durch ihre Anwesenheit zum Zusammenhalt beitragen konnte.

Lektion 5

Widerstand heilen

Jeder Bereich unseres Lebens, in dem wir nicht erfolgreich sind, ist ein Bereich, in dem wir Widerstand leisten. Wo wir Widerstand leisten, dort sind wir in einem Konflikt gefangen und haben zwiespältige Gefühle in Bezug auf Erfolg. Das Gefühl, dass unser Bewusstsein gespalten ist, und den sich daraus ergebenden Konflikt können wir meist nicht ertragen. Das führt dazu, dass wir den Widerstand gegen unser bewusstes Ziel in Form eines Hindernisses oder Problems nach außen projizieren und so tun, als ob der Widerstand gar nicht in uns selbst läge. Eine andere Möglichkeit, unseren Widerstand zu verbergen, besteht darin, dass wir ihn kompensieren. Kompensation ist Widerstand gegen den Widerstand und vergrößert das Problem nur noch weiter. So kann es zum Beispiel sein, dass wir Angst bekämpfen und kompensieren, indem wir uns wagemutig geben. Perfektionismus ist die Kompensation für Gefühle der Unzulänglichkeit, und wir können Gefühle des Versagens unter harter Arbeit oder Faulheit verbergen. Wenn wir uns gegen negative Dinge wehren, dann verstärken wir sie oder geben ihnen Macht. Wir geben ihnen Realität. Wir machen sie stark, weil unser Widerstand genau das verstärkt, was wir ablehnen. Wenn wir positive Dinge ablehnen, dann stoßen wir sie von uns fort. Wenn wir positive Dinge von uns fortstoßen, dann vergrößern wir die Spaltung unseres Bewusstseins und unser Bedürfnis nach den Dingen, die wir fortgestoßen haben. Wir erkennen nicht, dass wir sie immer noch in uns tragen.

Widerstand, der sich als Angst oder Bedürfnis äußern kann, entsteht durch den Verlust von Verbundenheit. Dies ist die ursprüngliche Bewusstseinsspaltung, die unsere widersprüchlichen Ziele entstehen lässt. Wir haben die Verbundenheit durch eine falsche Entscheidung verloren, mit der wir im Getrenntsein einen Wert für das gesehen haben, was wir von ihm zu bekommen glaubten. Wenn wir auf der anderen Seite etwas aber von ganzem Herzen wollen, dann bekommen wir es, und wir bekommen es mühelos. Verbundenheit stellt die Ganzheit wieder her. Wo es Verbundenheit gibt, dort herrscht auch Zuversicht. Zuversicht bewirkt, dass wir Hindernisse überwinden, ohne „eine große Sache" daraus zu machen. In dem Maße, in dem Verbundenheit wiederhergestellt wird, gelangt unser gespaltenes Bewusstsein zu neuer Ganzheit, und unser Widerstand löst sich auf.

Wenn wir uns überarbeiten und übermäßig antreiben, dann ist das ein sicheres Zeichen für Widerstand und für ein gespaltenes Bewusstsein. Beides blockiert unsere Fähigkeit, das zu empfangen, was Nähe und Erfolg uns auf natürliche Weise bringen. Unser Maß an Angst und Widerstand kann sich als eine Form der Hilflosigkeit zeigen, bei der wir das Gefühl haben, jemanden zu brauchen, der uns bei etwas hilft, von dem wir glauben, dass es unsere eigenen Fähigkeiten übersteigt. Wenn uns liebevolle Hilfe gewährt wird, zieht sie uns aus unserer Hilflosigkeit heraus. Anderenfalls sind wir kaum oder gar nicht imstande, überhaupt etwas zustande zu bringen. Weil unser Bewusstsein gespalten ist, fürchten wir uns sowohl davor, dass das, was wir wollen, nicht eintreten könnte, als auch davor, dass es eintreten könnte. Die Liebe und die Hilfe eines anderen Menschen können sich als stärker erweisen als unser gespaltenes Bewusstsein und die Angst, die es hervorruft. Dadurch können wir uns mit ihm verbinden und so unsere Verbundenheit zu uns selbst und zur Welt wiederherstellen.

Denke daran, dass dein Widerstand nicht schlecht ist. Du bist nicht schuldig, weil du Widerstand leistest, aber wegen deines Widerstandes fühlst du dich schuldig. Das heißt, dass du dich schlecht fühlst und dich für deinen Widerstand bestrafst. Mit einem gespaltenen Bewusstsein fühlst du dich schuldig, dass du erfolgreich bist, auch wenn der Erfolg noch gar nicht eingetreten ist. Durch diese Schuldgefühle wird die Spaltung des Bewusstseins weiter vertieft. Jeder Teil des gespaltenen Bewusstseins kämpft für seine eigenen Bedürfnisse, und das lässt Angst und noch mehr Widerstand entstehen. Wenn du Erfolg hast, dann deshalb, weil du deine Angst und deinen Widerstand durch Bereitschaft hinreichend überwunden hast. Du hast keine starken Schuldgefühle mehr, was Erfolg oder Erfolglosigkeit betrifft. Du bist einfach zuversichtlich und glaubst, dass du des Erfolges würdig bist.

Ich schlage vor, dass du nun einen Bereich auswählst, in dem du wirklich Erfolg haben willst. Das kann Geld, Gesundheit, gutes Aussehen, eine neue Beziehung, die Verbesserung einer bestehenden Beziehung oder dein berufliches Weiterkommen sein. Konzentriere dich in den folgenden zweiundzwanzig Tagen auf diesen Bereich. Wenn du willst, kannst du danach jeden Monat einen neuen Bereich auswählen, in dem du erfolgreich sein willst.

Wir wollen nun zum Beispiel einmal annehmen, dass dein Ziel darin besteht, dein Einkommen zu verdoppeln. Stell dir die folgenden Fragen und nimm wahr, was dir als Antwort in den Sinn kommt:

Welcher Prozentsatz von dir will dein Einkommen verdoppeln?

Welcher Prozentsatz von dir leistet Widerstand gegen eine Verdopplung deines Einkommens?

Welcher Prozentsatz von dir leistet Widerstand gegen deinen Widerstand gegen eine Verdopplung deines Einkommens?

Vergiss nicht, dass Widerstand gegen Widerstand den Widerstand verstärkt oder ihm Macht verleiht, weil er der Sache, der du Widerstand leistest, Realität gibt und sie als etwas verstärkt, gegen das du ankämpfen musst.

Addiere deinen Widerstand gegen die Verdopplung deines Einkommens und deinen Widerstand gegen deinen Widerstand gegen die Verdopplung deines Einkommens. Die Summe entspricht dem Prozentsatz deiner Angst vor Erfolg. Dein Widerstand entspricht dem Glauben daran, wie groß deine Schuldgefühle wären, wenn du Erfolg hättest. In diesem Ausmaß würdest du dich schlecht fühlen, wenn du dich über eine Verdopplung deines Einkommens freuen würdest. Wenn wir nicht nur Widerstand, sondern auch noch Widerstand gegen den Widerstand in uns tragen, kann es leicht passieren, dass wir in eine chronische Falle geraten, und dann wird auch offensichtlich, warum wir unser Ziel nicht erreicht haben.

Wir wollen nun einmal näher untersuchen, in welcher Form sich dein Widerstand in deinen Botschaften äußert.

Wenn dein Widerstand gegen die Verdopplung deines Einkommens eine Stimme hätte und etwas mitteilen wollte, was würde er den Menschen in deiner Umgebung dann sagen wollen?

Was würde er dir sagen?

Was würde er deiner Mutter mitteilen?

Was würde er deinem Vater sagen?

Was würde er deinen Geschwistern mitteilen?

Was würde er deinen Großeltern sagen?

Was würde er deinem Partner sagen?

Was würde er deinen ehemaligen Partnern sagen?

Was würde er deinen Arbeitskollegen sagen?

Was teilst du Gott durch deinen Widerstand mit?

Die folgenden Beispiele sind typische Antworten. Jede Antwort liefert im Grunde die Hauptdynamik, die den betreffenden Menschen an einem Ort gefangen hält, der ihn daran hindert, sein Einkommen zu verdoppeln.

Selbst: Ich mache alles selbst und kümmere mich um meine eigenen Bedürfnisse, weil meine Mutter sich nicht darum gekümmert hat.

Mutter: Ich liebe dich. Mach dir um mich keine Sorgen.

Vater: Ich werde ganz genauso sein wie du. Ich opfere mich für dich. Auch ich werde keinen Erfolg haben.

Geschwister: Ich bin nicht besser als ihr.

Großeltern: Ich habe es besser gemacht, ohne dabei das Familiengesetz des Sich-Versteckens zu brechen.

Partner: Ich liebe dich. Du brauchst dir um meine Bedürfnisse keine Sorgen zu machen.

Ehemalige Partner: Ich bin noch nicht über dich hinweg gekommen.

Arbeitskollegen: Ich werde nur bis zu einem gewissen Grad erfolgreich sein. Ihr braucht deshalb vor mir keine Angst zu haben.

Gott: Gib dir meinetwegen keine Mühe. Ich kann es allein.

Wir wollen diese Dynamiken einmal ein wenig näher betrachten. Deine Antworten lauten vielleicht anders als die obigen Beispiele, aber möglicherweise gibt es dennoch ähnliche Aspekte. Je mehr du diese Dynamiken verstehst, umso besser wirst du auch deine eigenen Dynamiken verstehen.

Aus dem obigen Beispiel geht ganz klar hervor, dass es ein Familiengesetz gibt, das Erfolglosigkeit und Unabhängigkeit festschreibt. Dies zeigt einen Mangel an genau der Zuversicht, die es jemandem ermöglichen würde, sich auf ganz natürliche Weise zu verbinden und erfolgreich zu sein. Außerdem gibt es ein Thema, das mit der Erfüllung emotionaler Bedürfnisse durch Geld zu tun hat. Mit der Botschaft, dass er nicht mehr Geld hat, teilt der betreffende Mensch insbesondere seiner **Mutter** mit: „Ich liebe dich." Dies ist ganz offenkundig ein Ort der Aufopferung, denn er verletzt sich selbst, indem er ein größeres Maß an Fülle ablehnt, um seiner Mutter zu sagen, dass er sie liebt. Die Botschaft wird noch klarer, wenn wir uns die Botschaften an die anderen Mitglieder der Familie anschauen.

Die Botschaft an den **Vater** lautet: „Ich opfere mich für dich." Das weist nicht nur auf Aufopferung, sondern außerdem auch auf Märtyrertum hin. Der Mensch im obigen Beispiel gibt in dem Versuch, seinem Vater nachzueifern und ihm zu helfen, das eigene Leben auf.

Die Botschaft an die **Geschwister** lautet: „Ich bin so wie ihr." Er erträgt es, sich selbst ein höheres Maß an Fülle zu versagen, um Gefühle von Konkurrenz und Neid zu besänftigen. Das zeigt, dass er selbst Konkurrenz in sich trägt, die er kompensiert. Es zeigt auch ein Bedürfnis nach Zugehörigkeit.

Die Botschaft an die **Großeltern** lautet: „Ich habe es besser gemacht, ohne das Familiengesetz des Sich-Versteckens zu brechen." Das deutet auf ein ausgeprägtes Ahnenmuster hin, das Erfolg und größere Fülle blockiert.

Die Botschaft an den **Partner** sagt aus: „Ich liebe dich. Du brauchst dir um meine Bedürfnisse keine Sorgen zu machen." Sie folgt dem gleichen Muster wie die Botschaft an die Mutter, die mit Unabhängigkeit zu tun hat, und zwar mit einer Unabhängigkeit, die alte Bedürfnisse und alten Groll verbirgt. Sie benutzt Geld, um alte Bedürfnisse zu erfüllen, ist aber auch ein Zustand der Aufopferung, weil sie Erfolg mit einem höheren Maß an Fülle verwehrt.

Die Botschaft an **ehemalige Partner** lautet: „Ich bin noch nicht über dich hinweg gekommen." Sie spiegelt einen Mangel an Erfolg als Aspekt des Festhaltens und der Traurigkeit wider.

Die Botschaft an **sich selbst** lautet: „Ich sorge selbst für meine Bedürfnisse, weil meine Mutter es nicht getan hat." Auch dies ist eine Proklamation der Unabhängigkeit. Es ist die Dissoziation, die von einem gespaltenen Bewusstsein herrührt, das sagt: „Ich brauche es nicht. Es ist mir gleichgültig. Ich mache es selbst." *Das legt nahe, dass es eine andere Seite gibt*, die sagt: „Ich brauche es, aber man gibt es mir nicht. Ich sorge selbst für meine Bedürfnisse und gehe meinen eigenen Weg. Ich richte mein Leben und mein Maß an Fülle so ein, dass meine emotionalen Bedürfnisse erfüllt werden." Das ist offensichtlich nicht der Fall, denn sonst gäbe es keine Dynamik, die ihn daran hindern würde, mehr Geld zu haben. Seine Unabhängigkeit blockiert die Fähigkeit, Liebe und Geld zu empfangen.

Die Botschaft an die **Arbeitskollegen** lautet: „Ich werde nur bis zu einem gewissen Grad erfolgreich sein. Ihr braucht deshalb vor mir keine Angst zu haben." Der erste Teil der Botschaft deutet auf begrenzende Glaubenssysteme hin, und sein Mangel an Geld spiegelt dies auch wider. Der zweite Teil kommt auf die Botschaft an seine Geschwister zurück und dreht sich um Neid und Konkurrenz. Sie zeigt, dass er sich davor fürchtet, sich hervorzutun und Erfolg zu haben.

Die Botschaft an **Gott** lautet: „Ich kann es allein." Sie ist wiederum eine Erklärung unechter Unabhängigkeit, die ihn dazu bringt, seine Bedürfnisse – und damit auch seine Fähigkeit zu empfangen – zu dissoziieren. Sie blockiert Gnade, Glück und den Fluss im Hinblick auf Geld und legt die ganze Last auf seine Schultern. Dahinter kann sich auch Groll darüber verbergen, dass Gott sich nicht um seine Kindheitsbedürfnisse gekümmert hat. Der Wunsch nach Trennung ist eine Kerndynamik aller Probleme, und wir suchen nach Ausreden, um sie herbeizuführen. Wir erkennen nicht, dass Unabhängigkeit uns sowohl vom Empfangen als auch vom Kontakt zu anderen Menschen abschneidet. Sie verwandelt unser Geben in Tun und blockiert damit den empfangenden Teil im Kreislauf von Geben und Empfangen.

Die ganze Dynamik dieser unterbewussten Kommunikation weist auf begrenzende Glaubenssysteme, Aufopferung und Märtyrertum hin. (Alles, was erreicht wurde, hätte durch wahres Geben oder Gnade anstelle von Aufopferung und Märtyrertum erreicht werden können.) Außerdem gibt es ein klares Ahnenmuster des Sich-Versteckens, das durch Widerstand gegen Konkurrenz und Erfolg gegenüber den Geschwistern und den Arbeitskollegen weiter verstärkt wird. Ein Muster des Festhaltens an früheren Partnern verhindert das Empfangen in der Gegenwart. Es ist ein Versuch, alte Bedürfnisse zu erfüllen, der aber dafür sorgt, dass weder seine Bedürfnisse noch die Bedürfnisse seiner Partnerin erfüllt werden. Es deutet auch darauf hin, dass sich unter der *Rolle* der Liebe, die teils eine Form der Aufopferung für Mutter und Ehefrau ist, unerfüllte Bedürfnisse und Groll verbergen, deren Ursprung bei der Mutter liegt. Die Dynamik der Unabhängigkeit hält den Widerstand aufrecht und führt zu einem Leben, das nicht im Gleichgewicht ist. Sie sorgt nicht nur dafür, dass er nicht empfangen kann, sondern auch dafür, dass seine männliche und weibliche Seite nicht ins Gleichgewicht gelangen. Ein weit höheres Maß an Partnerschaft mit anderen Menschen, sich selbst und Gott ist erforderlich, damit er erfolgreich sein und sein Einkommen verdoppeln kann. Dadurch könnte er nicht nur in höherem Maße empfangen und wäre mehr im Gleichgewicht, sondern würde auch sein Ziel erreichen, mehr Geld zu verdienen und irgendwann sein Einkommen schließlich zu verdoppeln.

Der Himmel hat die Aufgabe, uns zu heilen und Transformation in unserem Leben zu bewirken. Wir haben die Aufgabe, bereit zu sein. Wähle den Bereich, in dem du dich von deinem Widerstand gegen Erfolg befreien willst. Erkenne intuitiv, welche Botschaften du wichtigen Menschen in deinem Leben gibst. Untersuche die Dynamiken, die diesen Botschaften zugrunde liegen. Bringe danach deine Bereitschaft ein, dich zu ändern und Erfolg zu haben. Wenn du bereit bist, lege die begrenzenden Überzeugungen, die du in Bezug auf Erfolg hast, in die Hände des Himmels. Lege auch die Rolle der Aufopferung, die du bei deinem Partner und deiner Mutter gespielt hast, in die Hände des Himmels. Es gibt einen besseren Weg, Dinge zu erreichen, als den, den du gewählt hast. Lass zu, dass der Himmel dir hilft. Übergib dem Himmel deine Bedürfnisse, deine Hilferufe und den Groll, den du hegst.

Lege *deinen Widerstand gegen deinen Widerstand* in die Hände des Himmels, und lass ihn los. Lege dann *deinen Widerstand* in die Hände des Himmels, und lass auch ihn hinter dir zurück. Übergib dem Himmel anschließend die Märtyrerrollen, die du für deinen Vater ausgelebt hast. Bitte darum, dass du zu wahrer Partnerschaft mit ihm und anderen Menschen zurückgeführt wirst, weil du das Versagen und die Erfolglosigkeit deines Vaters sonst zu deinem eigenen Versagen und deiner eigenen Erfolglosigkeit machst. Es gibt einen besseren Weg, ihm zu helfen. Bitte darum, dass dir dieser Weg gezeigt werden möge.

Lass deine alten Beziehungen los. Sie blockieren Liebe, Glück und Empfangen in der Gegenwart. Lass alles los, woran du noch festhältst, ob gut oder schlecht, weil es verhindert, dass du jetzt empfangen kannst.

Lass das Ahnenmuster des Sich-Versteckens los. Du bist hier, um dieses Muster zu heilen, und du hast eine Seelengabe mitgebracht, um deine Familie zu befreien. Sie ist das perfekte Gegenmittel. Nimm sie an, und gib sie an deine Familie weiter. Lass zu, dass der Himmel deiner Familie ihre wahre Aufgabe zurückgibt.

Lass deine Unabhängigkeit los. Sie ist sowohl eine Kompensation als auch eine Rolle, die Partnerschaft, Empfangen, Belohnung und Erfolg verhindert. Unabhängigkeit befreit dich nicht von Schmerz, Bedürfnissen und Aufopferung, sondern versteckt sie nur. Sie ist Widerstand gegen deinen ursprünglichen Schmerz, und sie blockiert Heilung und deine Fähigkeit zu empfangen.

Lass die Rollen der Bedürftigkeit und der Aufopferung los, die Teil dessen sind, was die unabhängige Rolle kompensiert. Übergib sie deinem höheren Bewusstsein, und bitte darum, dass an ihrer Stelle wahres Geben und Empfangen von deinem Partner, deinen Eltern und Gott möglich wird.

Verpflichte dich deiner Beziehung zu dir selbst, und mache sie zu einer Beziehung der Partnerschaft und der Freundschaft. Das gibt dir die Möglichkeit, dieselbe Art von Beziehung auch zu deinem Partner und zu Gott einzugehen. Alles andere ist nur eine Investition in dein Ego, das dich daran gehindert hat, mehr Geld zu verdienen, und das dich nicht wirklich mag. Deine Fähigkeit, viel Geld zu verdienen – und das gilt übrigens für jeden Bereich, in dem du erfolgreich bist –, erwächst ganz natürlich daraus, dass du deinen Geist richtig einsetzt. Wenn du nicht erfolgreich bist, dann hast du in bestimmten Bereichen stattdessen in dein Ego investiert. Wenn du das, was dir im Weg steht, aus dem Weg räumst, treten entweder noch tiefere Themen zutage, die dich zurückhalten, oder größerer Erfolg stellt sich ganz natürlich ein.

Führe nun deine eigene Kommunikationsübung durch und betrachte noch einmal deine eigenen Dynamiken. Was kannst du wieder ins Gleichgewicht bringen, indem du die Tagesordnungen und die Strategien deines Egos aufgibst? Lass deine Bedürfnisse los. Paradoxerweise bringt das Loslassen dich in einen Fluss, der deine Bedürfnisse erfüllt und deinen Widerstand gegen Geld schmelzen lässt. Lass zu, dass du geheilt wirst, indem du eine Partnerschaft mit dem Himmel und mit deinem eigenen höheren Bewusstsein eingehst. Deine Investition in dein Ego kann aufgegeben werden, und du kannst geheilt werden. Verpflichte dich dir selbst.

Führe diese Übung der Kommunikation und des Loslassens einmal in der Woche durch. Sie ist sehr machtvoll und kann dir helfen, dich selbst besser zu verstehen. Wenn du ehrlich gegenüber dir selbst bist, zeigt sie dir sehr klar nicht nur deinen Widerstand, sondern auch, warum du in einem bestimmten Bereich nicht erfolgreich bist. Jedes Ziel, das du auswählst, um es einer eingehenden Prüfung zu unterziehen, enthält tatsächlich Schlüsselmuster, die dein ganzes Leben betreffen. Wenn du dich in einem bestimmten Bereich deines Lebens verbesserst, wirst du daher in allen Bereichen zu neuen Ebenen der Zuversicht und des Glücklichseins vorangebracht.

Lektion 6

Widerstand durch Integration heilen

D er Verlust der Verbundenheit führt zu einer Spaltung unseres Bewusstseins. Die eine Seite versehen wir mit dem Etikett „schmerzhaft, schlecht, nicht ich". Wir tun so, als ob sie gar nicht vorhanden wäre. Wir verbergen sie und projizieren sie nach außen. Überall dort, wo unser Bewusstsein gespalten ist, widersetzen wir uns dem nächsten Schritt, und das geht mit allem Stress und aller Angst einher, die ein Konflikt hervorruft. Manchmal können wir unsere verborgenen Konflikte nur dadurch erkennen, dass wir uns in unserer Welt umschauen, um zu sehen, wo etwas funktioniert und wo nicht. Ein gespaltenes Bewusstsein bedeutet, dass wir mindestens zwei unterschiedliche Ziele haben und folglich in mindestens zwei unterschiedliche Richtungen laufen, von denen eine durch Leugnung zugedeckt wird. Das, was geleugnet wird, bleibt verborgen, zeigt sich aber in Form von Schwierigkeiten, Menschen oder persönlichen Themen, die sich uns in den Weg stellen.

Leugnung und Dissoziation gehen Hand in Hand. Was wir leugnen, das schneiden wir ab, wie es mit den schmerzhaften Emotionen eines Traumas geschehen kann, durch das wir unsere Verbundenheit fast vollständig verlieren. Ungeachtet dessen, dass wir unsere Emotionen abschneiden und verbergen, sind sie aber dennoch vorhanden und wirken sich negativ auf uns aus, indem sie weitere schmerzhafte Situationen erzeugen, obwohl wir auf eine dissoziierte, unabhängige Weise handeln. Dissoziation rettet uns nicht. Wenn wir „supercool" sind, weil wir unsere abhängige Opferseite verstecken, dann haben wir keinen Erfolg, weil unsere unabhängige „supercoole" Persönlichkeit nicht für eine Partnerschaft gebaut ist. Und obwohl wir so tun, als würde es keine Rolle spielen, dass wir in einer Beziehung nicht erfolgreich waren, weil wir dissoziiert waren, verstärkt es doch unseren heimlichen emotionalen Schmerz und ruft weitere Dissoziation hervor. Dissoziation hat offensichtlich dazu geführt, dass wir in die falsche Richtung gehen. Sie verstärkt die Spaltung unseres Bewusstseins. Das verschärft den inneren Konflikt noch mehr, weil wir kaum mit den Begleiterscheinungen des Stresses umgehen können, der mit der Spaltung des Bewusstseins und der Dissoziation einhergeht, die wir zur Abwehr einsetzen. Stress und Dissoziation bilden einen eigenen Teufelskreis. Unser Konflikt wird so groß, dass es schwierig ist, überhaupt etwas zustande zu bringen. Die unzähligen vergrabenen Emotionen – vom Gewicht der Abwehrmechanismen gegen unsere vielen Dissoziationen ganz zu schweigen – sind eine schwere Last, die unser Geist mit sich herumschleppt. Wenn wir unserem Geist eine Last aufbürden, dann ist das ein sicheres Zeichen dafür, dass es dort vorher schon eine Last gegeben hat.

Wenn wir ein bestimmtes Verhalten – beispielsweise Unabhängigkeit – besonders auffällig verkörpern, dann ist das ein sicheres Zeichen dafür, dass unser Bewusstsein gespalten ist. Es ist fast so, als wollten wir durch die Kraft unseres Verhaltens etwas beweisen, und zeigt, dass wir andere schmerzhafte Emotionen kompensieren. Vor über dreißig Jahren, als ich am Drogenrehabilitationszentrum der US-Marine arbeitete, hatte ich zum Beispiel einen Marine Sergeant im Rehabilitationsprogramm, der so viel redete, dass er die gesamte Etage „in den Wahnsinn" trieb. Eines Tages führte ich mit ihm eine einfache Übung durch, in deren Verlauf er sein geschwätziges Selbst mit seinem stillen inneren Selbst integrierte. Danach redete er ganz normal wie alle anderen Leute, statt eine derartige „Quasselstrippe" zu sein, dass die anderen Marines ihm am liebsten eins auf die Nase gegeben hätten.

Den folgenden Gegensätzen, die eine Bewusstseinsspaltung anzeigen, bin ich im Laufe der Jahre immer wieder begegnet. Meist benutzen wir die positiven Gefühle und Verhaltensweisen, um die negativen Emotionen zu kompensieren, aber mitunter stecken Menschen auch in der negativen Verhaltensweise oder Emotion fest.

Perfektionismus	⇔	Gefühle der Unzulänglichkeit
Überlegenheit	⇔	Gefühle der Unterlegenheit
Unterlegenheit	⇔	Gefühle der Überlegenheit
Unabhängigkeit	⇔	Abhängigkeit
Unabhängigkeit	⇔	Opfer
Unabhängigkeit	⇔	Aufopferung, Verschmelzung
Unabhängigkeit von der Familie	⇔	Die Familie auf den Schultern tragen
Aufopferung	⇔	Ich bin für alle da, aber niemand ist für mich da
Märtyrer, Aufopferer	⇔	Schuld

Überarbeitung	⇔	Faulheit oder Angst
Übermäßig fröhlich	⇔	Deprimiert
Kontrolle	⇔	Angst, Herzensbruch
Rechtschaffenheit	⇔	Gefühle der „Falschschaffenheit"
Etwas beweisen	⇔	Es selbst anzweifeln
Übermäßig empfindlich	⇔	Dissoziiert
Getrieben und antreibend	⇔	Angst und Gefühle der Unzulänglichkeit
Dissoziation	⇔	Schmerzhafte Emotionen
Dissoziation	⇔	Emotionales Schwelgen
Geschäftigkeit	⇔	Angst vor dem nächsten Schritt
Geschäftigkeit	⇔	Langeweile
Es kümmert mich nicht	⇔	Es kümmert mich zu sehr
Zustand des „Tuns"	⇔	Wertlosigkeit
Bedürfnis, etwas Besonderes zu sein	⇔	Sich ungeliebt fühlen
Übermäßig demütig	⇔	Arrogant

Wenn wir eine Seite unseres gespaltenen Bewusstseins in unseren Beziehungen ausleben, dann passiert es sehr häufig, dass die andere, verborgene Seite von unserem Partner oder unseren Kindern ausgelebt wird. Diese Spaltung kann auch im beruflichen Umfeld in unserer Beziehung zu den Menschen auftreten, mit denen wir es dort zu tun haben.

Unser gutes Benehmen ist oft ein Deckmantel für unsere Schatten, bei denen es sich um Konzepte handelt, die wir an uns selbst hassen. Diese Form der Kompensation ist mühelos aufzuspüren, sobald wir erkennen, dass wir keine Belohnung empfangen, wenn unser gutes Verhalten nur eine Rolle ist, die wir spielen. Eine andere Möglichkeit, gegenteilige Kompensationen aufzudecken, besteht darin, nach der Art von Menschen in unserem Leben Ausschau zu halten, die wir absolut nicht ausstehen können. Diese Schattenfiguren liegen als Selbstkonzepte in uns verborgen und zeigen fast immer die kompensierenden Verhaltensweisen, für die wir selbst bekannt sind, wie große Stärke oder Fröhlichkeit. Wir können auch bei historischen, Legenden- oder Märchengestalten Ausschau nach den Menschen halten, denen gegenüber unser Widerstand am größten ist. Auch sie zeigen uns unsere Schatten. Unser Widerstand zeigt uns unsere eigenen vergrabenen Selbstkonzepte. Für das gute Verhalten, das sie kompensiert, werden wir niemals belohnt, denn es ist lediglich eine Abwehr, die beweisen soll, dass wir nicht die Schattenfigur sind, die wir selbst zu sein glauben. Wenn wir die Schattenfigur und die Abwehr integrieren, können wir sowohl zu neuer Integrität als auch zu größerem Erfolg gelangen. Das erlaubt uns größere Zuversicht und Fluss dort, wo es vorher nur einen verborgenen Konflikt und Angst gab.

Wir können uns auch einen Bereich anschauen, in dem wir uns mit einem anderen Menschen in einem Konflikt befinden. Der betreffende Mensch verkörpert Eigenschaften, die wir an uns selbst verurteilen oder bekämpfen, wobei es unerheblich ist, ob wir sie ausleben oder kompensieren. Sobald diese Elemente integriert werden, wird der Kampf durch die Heilung des inneren Konflikts beigelegt. Eine andere hilfreiche Praxis, die es uns ermöglicht, weiterzugehen und endlich das zu empfangen, was wir verdient haben, besteht darin, diejenigen unserer Verhaltensweisen als Kind, Jugendlicher oder junger Erwachsener zu prüfen, die wir verurteilt und abgelehnt haben. In dem Maße, in dem es uns gelingt, diese alten Aspekte unserer selbst, die wir heute ablehnen, zu integrieren, können wir ein höheres Maß an Ganzheit zurückgewinnen. Zu diesen Aspekten gehören Angst, Bedürftigkeit, Wutanfälle, Schwelgen, Faulheit, Selbstsucht, Nehmen, übergroße Scheu, Promiskuität oder Unehrlichkeit. Wenn wir sie ablehnen, verurteilen und nicht integrieren, dann erzeugen wir ein hohes Maß an Widerstand, das uns von unserem natürlichen Erfolg fernhält.

Schließlich können wir uns noch anschauen, in welchen Bereichen unser Leben von Rollen und Aufopferung geprägt ist, denn beide sind eine Kompensation für Schuld. Sie erschöpfen uns, weil wir außerdem unsere Energie verbrauchen, statt die natürliche Belohnung und Erfrischung zu empfangen, die von wahrem Geben herrührt. Eine Rolle sieht zwar gut aus, tut die richtigen Dinge aber aus dem falschen Grund. Rollen wie der Held, der Beliebte, der Kluge, der gute Mensch, der hart Arbeitende, der Schmeichler oder der Spaßvogel sind allesamt Kompensationen, die unsere natürliche Belohnung blockieren.

Es gibt auch negative Rollen, die von der Familie und ihren Mitgliedern fälschlich eingesetzt werden, um zu überleben. Dazu gehören zum Beispiel das schwarze Schaf, der Sündenbock, das Waisenkind und das verirrte Kind. Sie alle sind Kompensationen für Schuld, Versagen und Unzulänglichkeit bei dem Versuch, unserer Familie zu helfen. Wenn es uns gelingt, sie zu integrieren, wächst dadurch nicht nur unsere Zuversicht, sondern wir beziehen uns selbst auch in stärkerem Maße ein. Unser Leben ist stärker im Fluss, unser Bewusstsein dehnt sich aus, und wir gestatten uns in höherem Maße, die guten Dinge des Lebens zu empfangen.

Wenn wir in Rollen und Kompensationen gefangen sind und/oder gegen Schatten kämpfen, dann ist unser Bewusstsein gespalten. Durch die Macht der Integration kann es geheilt werden. Blicke dich in deinen beruflichen und persönlichen Beziehungen um. Erkenne, welche Rollen die Menschen in deiner Umgebung ausleben, die deine eigene verborgene Bewusstseinsspaltung widerspiegeln.

Wenn wir schließlich die Gaben betrachten, die Menschen in unserer Umgebung vorzuweisen haben, können wir erkennen, dass auch sie Teile unseres gespaltenen Bewusstseins widerspiegeln. Es sind Gaben, die uns zu beängstigend erscheinen, um sie anzunehmen. Mehr, als sie bei den Menschen in unserer Umgebung zu erkennen, brauchen wir jedoch nicht als Erlaubnis, sie zu integrieren und genau diese Gaben und Talente selbst zu entwickeln.

Wenn wir ein negatives Selbstkonzept integrieren wollen, ist es besonders wichtig zu wissen, dass dieses negative Selbstkonzept fortfällt, sobald es mit der Wahrheit in Berührung kommt. Wenn zwei negative Aspekte integriert werden, dann liefert die neu entstandene Integrität die Wahrheit, die es möglich macht, dass die Negativität fortfallen kann. Übrig bleiben nur positive Energie und eine Immunität gegen ähnliche Formen der Negativität. In manchen Fällen sollte der Konflikt nur einen anderen Konflikt oder eine dunkle Emotion abwehren, die zutage treten kann, sobald die Integration stattgefunden hat. Ist das der Fall, können wir auch diesen Konflikt ganz einfach integrieren. Alles, was negativ ist, können wir mit unserem höheren Bewusstsein integrieren und so auf neue Stufen der Ganzheit gelangen.

Unser Bewusstsein ist millionenfach gespalten. Jede Integration hilft uns, mehr von unserer Unschuld und Ganzheit zu erkennen, bis wir schließlich den Sprung schaffen und uns selbst als Geist erkennen – als Teil von *Allem, Was Ist* im großen *Ozean des Seins*.

Integration ist die Erinnerung an einen Teil von uns, der unsere wahre Ganzheit widerspiegelt. Integration bringt größeren Fluss und somit weniger Schwierigkeiten. Je mehr wir integrieren, umso weiter gelangen wir voran, und das führt dazu, dass unsere Bewusstheit wächst. In dem Maße, in dem unsere Bewusstheit wächst, bemerken wir neue Spaltungen, Schatten, Urteile über andere Menschen und folglich Urteile über uns selbst, die wir wiederum integrieren können.

Praktiziere nun die folgenden Integrationsübungen. Es empfiehlt sich, eine Übung pro Tag durchzuführen.

Heute

Schau dir die Menschen an, mit denen du dich in einem Konflikt befindest. Jeder Ort, an dem du dich in einem Kampf befindest, ist ein Ort, an dem du nicht weitergehst, weil du Angst hast.

Nimm den Menschen, mit dem du den größten Konflikt hast, und lege eine Hand auf den Bereich deines Körpers, in dem du die Selbstkonzepte vergraben hast, die der betreffende Mensch widerspiegelt. Wenn es zwei verschiedene Stellen sind, lege beide Hände darüber, und nimm diese Bereiche deiner selbst wahr. Lass deine Hände dann über deinen Körper gleiten, bis sie einander berühren, und spüre, wie es sich anfühlt, wenn du die beiden Bereiche deines Bewusstseins zusammenbringst. Wie fühlt es sich an?

Lege nun eine Hand auf den Bereich deines Körpers, mit dem du dich besonders als du selbst identifizierst. Lass deine Hände dann wieder über deinen Körper gleiten, und integriere die Energie, indem du beide Hände zusammenführst. Wenn du kein tiefes und vollkommenes Gefühl des Friedens empfindest, ist eine weitere Schicht aufgetaucht, die bislang unter dem Konflikt verborgen lag. Integriere diese Schicht ganz einfach mit deinem höheren Bewusstsein.

Führe diese Übung anschließend mit drei weiteren Menschen durch, mit denen du dich in einem besonders großen Konflikt befindest.

Zweiter Tag

Unterziehe dein Leben einer Prüfung, und fange mit deiner Kindheit an. Welche Aspekte konntest du als Kind an dir selbst nicht leiden? Diese Aspekte können mehr als ein charakteristisches Merkmal haben. So kann es zum Beispiel sein, dass du sechs innere Kinder hast, die sich verloren fühlen, acht, die an gebrochenem Herzen leiden, drei, die „böse" sind, sieben, die schmollen, zwölf, die sich schuldig fühlen, und so fort. Stelle dir vor, dass sie alle vor dir stehen. Lade sie ein, sich wieder mit dir zu vereinigen. Heiße jedes Kind in deinen Armen willkommen. Während du sie umarmst, stelle dir vor, dass sie wieder mit dir verschmelzen, und verbinde dadurch Drähte wieder neu, die in deinem Herzen und in deinem Geist durchschnitten waren – manchmal sogar in Bezug auf Sex.

Wiederhole die Übung nun mit deinem jugendlichen Selbst. Nimm alle negativen Eigenschaften wieder in dich auf. Wenn die negativen Eigenschaften integriert werden, dann verwandeln sie sich in positive Energie.

Wiederhole die Übung anschließend mit dem jungen Erwachsenen, der du damals warst.

Wiederhole die Übung dann zuerst mit dem reiferen Erwachsenen, der du warst, und zum Schluss mit dem Erwachsenen, der du jetzt bist.

Dritter Tag

Erstelle eine Liste aller Menschen, die du verurteilst. Führe in einer Spalte neben jedem Namen alle Eigenschaften auf, die du an dem betreffenden Menschen verurteilst. Frage dich bei jeder Eigenschaft, ob du sie auslebst, kompensierst oder beides. Frage dich dann, ob du den betreffenden Menschen und dich selbst wegen dieser Eigenschaft weiterhin verurteilen und angreifen oder ob du ihm stattdessen helfen möchtest. Wenn du dich entscheidest, ihm zu helfen, stelle dir vor, dass du die Distanz überwindest, die dein Urteil zwischen euch hervorgerufen hat, ihn in die Arme nimmst und deine Hilfe in ihn einströmen lässt. Das befreit euch beide von dieser Eigenschaft und auch von dem Widerstand, den du im Hinblick darauf erzeugt hast.

Vierter Tag

Überprüfe dein Leben auf Rollen, Kompensationen und Verhaltensweisen, die du entschlossen auslebst oder immer anwendest. Untersuche dein Leben auf Leblosigkeit, Aufopferung und Burnout. Untersuche dein Leben auf Getriebensein, Perfektionismus, Geschäftigkeit, Kontrolle, übergroßen Ehrgeiz oder sogar auf Eigenschaften, die du als Charakterfehler betrachten würdest, wie etwa Gier, Faulheit oder Schlitzohrigkeit. Sie alle verbergen gegenteilige Eigenschaften.

Untersuche deine guten Rollen und was sie verbergen.

Rollen	*Was sie verbergen*
1.	....
2.	....
3.	....

Untersuche dann deine Kompensationen und stark ausgeprägten Verhaltensweisen.

Es kann positive Verhaltensweisen geben, wie etwa Großzügigkeit, die einen Ort der Schuld oder des Geizes verbergen können.

Es kann Verhaltensweisen wie Zynismus oder Verbitterung geben, die einen alten Herzensbruch verbergen.

Kompensationen	*Was sie verbergen*
1.	....
2.	....
3.	....

Untersuche stark ausgeprägte Verhaltensweisen oder Erfahrungen auf das, was sie möglicherweise verbergen, wie etwa Leblosigkeit, die Schuld oder Angst verbirgt, oder Erfolglosigkeit, die Unwürdigkeit und Angst zudeckt.

Stark ausgeprägte Verhaltens- *weise oder Erfahrung*	*Was sie verbirgt*
1.	....
2.	....
3.	....

Nimm nun jeden dieser Aspekte, die sowohl ein gespaltenes Bewusstsein zeigen als auch Widerstand erzeugen. Stelle dir vor, dass du einen Aspekt in der einen Hand und den anderen Aspekt in der anderen Hand hältst. Stelle dir vor, dass beide Seiten deines gespaltenen Bewusstseins schmelzen, bis nur noch ihre reine Energie übrig ist. Nimm wahr, dass die reine Energie beider Seiten des Konflikts genau gleich aussieht und auch gleich ist. Vereinige nun beide Energien, indem du deine Hände verschränkst. Nimm wahr, wie du dich jetzt fühlst.

Wiederhole die Übung einmal für jede Schicht oder Ebene, die der Konflikt in die Tiefe deines Bewusstseins hinabreicht. Er kann auf vielen Ebenen am Werk sein, und es ist am effektivsten, sie alle gleichzeitig zu integrieren.

Fünfter Tag

Wir wollen einmal einen Blick auf Schattenfiguren werfen, denn sie können sehr tief vergraben sein und heimtückisch Stress und Widerstand erzeugen. Prüfe Märchen, Legenden, die Geschichte und die heutige Situation der Welt auf Schatten. Schreibe sie nieder. Betrachte die nachstehende Liste, um festzustellen, ob bestimmte Figuren oder Eigenschaften stärkeren Widerstand hervorrufen.

Häufige Schatten

Versager	Narr	Folterer	Störenfried
Trottel	Opfer	Tyrann	Rüpel
Dieb	Peiniger	Faulpelz	Schwelger
Mörder	Invalide	Prostituierte/r	Vielfraß
Verräter	Verrückte/r	Schlampe	Gierig
Rebell	Alzheimer	Vergewaltiger	Bedürftig

Führe die folgende Übung für jede Kategorie einmal durch, und zwar zuerst mit den Märchen und Legenden, dann mit der Geschichte, dann mit der jetzigen Situation der Welt und schließlich mit einer oder mehreren der obigen Schattenfiguren. Schreibe außerdem alle anderen Schattenfiguren auf, die dir in den Sinn kommen. Dazu können beispielsweise der Dummkopf, der Feigling, der Lügner, der Bürokrat, der Angreifer oder der Teufel gehören.

Stelle dir für jede Kategorie ein Becken der Heilung vor, das mit schimmerndem Wasser gefüllt ist. Stelle dir vor, dass alle deine Schatten aus Märchen oder Legenden mit allen Bildern, die du von ihnen hast, vor dir stehen. Es sind deine verborgenen und verhassten Selbstkonzepte, für die du dich selbst bestrafst. Lass sie in dein Becken der Heilung steigen und schmelzen, bis nur noch ihre reine Energie übrig ist. Steige dann selbst in das Becken, empfange die heilende Energie und nimm sie als Ganzheit wieder in dich auf.

Wiederhole die Übung für jede Kategorie. Nimm den tieferen Frieden wahr, den du mit jeder Wiederholung empfindest.

Sechster Tag

I. Suche nach Konflikten, die bei dir am Werk sind. Suche nach Konflikten, die du mit Menschen in deiner Umgebung erlebst. Bitte dein höheres Bewusstsein darum, alle Schichten zu integrieren, die diese Konflikte in die Tiefe deines Bewusstseins hinabreichen.

II. Erkenne, dass du bei jedem Ziel, das du hast, dem du aber nicht näherzukommen scheinst, in Bezug auf das tatsächliche Erreichen dieses Ziels zwischen negativen und positiven Glaubenssätzen gefangen bist. Du bist außerdem darin gefangen, dass du neben deinem eigentlichen Ziel noch viele andere Dinge willst. Bitte dein höheres Bewusstsein, alle positiven und negativen Glaubenssätze und alle deine Glaubenssysteme zu neuer Ganzheit zu integrieren.

Wenn du einige der versteckten Ziele entdecken möchtest, die du neben dem Ziel, das du vorgeblich erreichen willst – zum Beispiel abnehmen, die wahre Liebe finden, eine neue Stelle finden, befördert werden –, noch hast, dann frage dich: Ich will zwar abnehmen, aber was will ich wirklich?

Stelle dir diese Frage etwa fünfunddreißigmal, und schreibe die Antworten nieder. (Wenn du mehr als sechsmal hintereinander positive Ziele nennst, leugnest du das, was tatsächlich vor sich geht.) Es wäre ratsam, dein kreatives Bewusstsein darum zu bitten, dein Ziel, deine Leugnung und deine versteckten Ziele zu integrieren.

Siebter Tag

I. Beginne heute, indem du dein Ziel, deinen Widerstand und deinen Widerstand gegen deinen Widerstand integrierst. Führe diese Übung für alle Bereiche durch, in denen du Fortschritte machen möchtest, wie etwa Gesundheit, Liebe, Familie oder Erfolg. Benutze dazu eine der Integrationsmethoden, die hier bereits erklärt wurden.

II. Denke über alle Bereiche nach, in denen du gerade Probleme hast. Unter jedem dieser Probleme, jedem Konflikt und jedem Bereich des Mangels liegt eine Gabe verborgen, und je größer das Problem, umso größer auch die Gabe. Bediene dich deiner Intuition oder deines Verstandes, um die Gabe zu entdecken. Berühre das Problem mit der Gabe, und beobachte, wie es dahinschwindet. Wenn du deinen Verstand benutzt, denke daran, dass das Wesen des Problems das Gegenteil des Wesens der Gabe ist. Angsteinflößende Situationen können beispielsweise Gaben von Mut, Gnade, Liebe oder Bereitschaft verbergen. Situationen der Aufopferung können Gaben des wahren Gebens, der Würdigkeit oder der Unschuld verbergen. Sobald du die Gabe entdeckst, teile sie mit allen Menschen, die an der Situation beteiligt sind.

III. Kehre zu drei Situationen zurück, die schmerzhaft für dich waren. Den Schmerz, den du in diesen Situationen erfahren hast, hast du bereits in dir getragen, und er hat dort nur auf einen Auslöser gewartet, um hervorzubrechen. Auf einer anderen Ebene ist er durch den vermeintlichen Peiniger außerdem an alle an der Situation beteiligten Menschen weitergegeben worden. Entdecke die Gabe, und nimm sie von ganzem Herzen an. Teile sie mit allen an der Situation beteiligten Menschen und beobachte, wie der Schmerz sich auflöst und die Situation sich in eine positive Richtung entfaltet. Sollte die Situation nicht restlos positiv sein, gibt es vermutlich noch eine weitere Gabe, die es anzunehmen und zu teilen gilt. Entdecke sie und nimm sie an. Teile sie wiederum mit allen Menschen, die an der Situation beteiligt waren.

Wenn du jeden Tag eine dieser Integrationsübungen durchführst, dann kannst du einen großen Teil des Widerstandes in deinem Leben auflösen und wirst dadurch sehr rasche Fortschritte machen.

Lektion 7

Der Mann mit den vielen Mustern

Dan konnte Veränderungen in seinem Heilungsprozess nur deshalb so schnell erkennen, weil er über große Coaching-Erfahrung verfügte und an so vielen Workshops teilgenommen hatte. Er hatte einen sehr weiten Weg zurückgelegt. Mittlerweile war er verheiratet und hatte einen Sohn, und seine Firma war größer geworden und hatte an Stabilität gewonnen. Dan war bewusst, dass er großartige Gaben besaß und für große Dinge bestimmt war. Wir trafen uns von Zeit zu Zeit, um das zu transformieren, was bei ihm gerade an der Reihe war.

Dan, seine Frau und sein Sohn hatten gerade ein langes Wochenende mit einem Milliardärsfreund in dessen Villa in New England verbracht. Obwohl er ein wunderbares Wochenende gehabt hatte, war Dan nach seiner Rückkehr nicht besonders glücklich. Er fühlte sich mutlos. Seine Firma machte gerade eine kleine Flaute durch, und zehn Tage vorher hatte er sich den Knöchel verstaucht, sodass er kein Tennis mehr spielen konnte, das sein Lieblingsventil war, um Druck abzubauen. Es schien fast so, als ob die Kraft der Erfolgsvision, die er ursprünglich einmal gehabt hatte, schwinden würde. Ich sagte ihm, dass diese „Vergesslichkeit" nicht von einem Mangel an dem herrührte, was er jetzt gab, sondern dass das, was jetzt passierte, auf einen Ort in der Vergangenheit hindeutete, an dem er vergessen hatte, wer er war und wozu er hier war. Als ich ihn fragte, wie alt er gewesen sei, als es passierte, sagte er: „Drei Jahre alt." Auf die Frage, mit wem es zu tun habe, erwiderte er: „Mit meiner Mutter."

Ich fragte ihn, was denn mit seiner Mutter gewesen sei, und Dan antwortete: „Ich habe angefangen, mich schuldig zu fühlen und mich selbst zu hassen. Ich wollte nicht zusehen, wie sie Schmerzen litt, und deswegen habe ich schließlich angefangen, mich selbst anzugreifen."

Ich fragte ihn, welche Gabe er für seine Mutter habe, da sein Selbstangriff ganz offensichtlich ja nicht hilfreich sei. Dan erwiderte: „Ich habe meiner Mutter die Gabe der Gnade mitgebracht." Als er sich vorstellte, wie er diese Gabe im Alter von drei Jahren öffnete und mit seiner Mutter teilte, empfand er große Erleichterung, und ein Teil seiner Energie kehrte zurück.

Als wir uns eingehender mit Dans negativen Empfindungen beschäftigten, konnte er ein Gefühl der Vernachlässigung erkennen. Als ich ihn fragte, wo der Ursprung dieses Gefühls liege, antwortete er, dass es im Alter von fünf Jahren begonnen und mit beiden Eltern zu tun habe. Wegen des ständigen Streits seiner Eltern hatte er an diesem Punkt aufgegeben. Er sagte, er habe angefangen, sich vernachlässigt zu fühlen, sei deprimiert gewesen und habe sogar große Ängste ausgestanden. Er fuhr fort, dass es einfacher gewesen sei, aufzugeben, als ein so hohes Maß an Schmerz zu empfinden. Sein Vater hatte diese Emotionen mit Hilfe seines Ehrgeizes abgewehrt. Ich erklärte, dass Ehrgeiz als Abwehrmechanismus ihn daran hindern würde, erfolgreich zu sein, und dass dieser Abwehrmechanismus irgendwann so durchlöchert sein würde, dass die ursprünglichen Emotionen zur Oberfläche gelangen konnten. Wenn er sich des Musters bewusst wurde, ehe es die Oberfläche erreichte, würde er es auf viel mühelosere Weise transformieren können. Ich erklärte ihm, dass er, wenn er sich in seiner Kindheit vernachlässigt gefühlt hatte, jetzt selbst wahrscheinlich genau dasselbe tat. Ihm wurde bewusst, dass er seine Frau fast genauso vernachlässigte, wie sein Vater ihn und seine Mutter vernachlässigt hatte. Er erkannte, dass er sogar seinen Sohn in gewisser Weise vernachlässigte, den er über alles liebte. Er bemerkte, dass er trotz seines Ehrgeizes sogar sein Geschäft in gewissem Maße vernachlässigte.

Als ich fragte, welche Gabe er für seine Eltern mitgebracht habe, um ihnen durch eine Situation hindurchzuhelfen, die ihm im Alter von fünf Jahren unmöglich erschienen sein musste, sagte er: „Das Licht." Nachdem er seine Gabe des Lichts im Alter von fünf Jahren angenommen hatte, teilte er sie mit seinen Eltern. Er sagte, er habe sowohl bei seinen Eltern als auch bei sich selbst ein unmittelbares Gefühl der Befreiung gespürt. Er sonnte sich einige Minuten in diesem Gefühl, aber das nächste Muster ließ nicht lange auf sich warten. Es war ein Muster, das, wie Dan zugab, in seinem Leben immer wieder eine Rolle spielte und ihm das Gefühl gab, dass er feststeckte. Er sagte, dieses Muster des „Feststeckens" sei mit vielen Emotionen verbunden, die sich um einen Mangel an Liebe und Fülle drehten. Als wir darüber sprachen, äußerte er erst seine Enttäuschung und dann seine Verbitterung darüber, dass er seinem Potenzial nicht gerecht wurde. Im Verlauf des Gesprächs ging Dan wegen seines Feststeckens, das ihm sehr zu schaffen gemacht hatte, durch starke Gefühle von Ärger und Frustration hindurch. Er hatte das Gefühl, dass er sich sein Leben lang angetrieben hatte, um diese Emotionen in Schach zu halten, dass es ihn aber trotz allem nicht von den Fesseln des Feststeckens befreit hatte.

Ich bat Dan, sich ein Becken der Heilung mit wunderbar farbigem Wasser darin vorzustellen. Dann forderte ich ihn auf, seine ganze Enttäuschung, seine Verbitterung, seinen Zynismus, seinen Ärger und seine Frustration in das Becken hineinzulegen und zu beobachten, wie sie alle zu ihrer reinen Energie schmolzen. Während dies geschah, bat ich Dan, in das Becken hineinzusteigen und die nun transformierte positive Energie wieder in sich aufzunehmen. Dan beschrieb die wunderbare Leichtigkeit, die er empfand, als eines der schönsten Gefühle, die er je im Leben gespürt hatte. Kurz nachdem er aus dem Becken herausgestiegen war, spürte er aber schon wieder neues Unbehagen. Ich bat ihn, seine Aufmerksamkeit auf das zu richten, was er erlebte. Er erwiderte, er höre eine innere Stimme, die ihm erkläre, dass das hier nie und nimmer funktionieren und er seinem Potenzial niemals gerecht werden würde. Ich erkannte, dass diese Stimme des Selbstangriffs von einer seiner Schattenfiguren herrührte – dem „Kritiker". Ich fragte ihn, wie viele solcher Schattenfiguren er in sich trage, und er entgegnete, es seien acht. Ich bat ihn, diese acht Schatten zu einem einzigen großen „Kritiker" zu verschmelzen. Ich erklärte Dan, dass dieser Schatten in Wahrheit nicht fest, sondern ein Hologramm war, das sein Ego benutzte, um Pforten zu abgespaltenen Bereichen seines Bewusstseins zu verbergen. Fast immer handelte es sich dabei um Orte der Schönheit und des Lichts, manchmal aber auch um dunkle Orte, die transformiert werden mussten. Ich forderte Dan auf, in das Hologramm des „Kritikers" hineinzutreten, die Pforte zu erkennen und hindurchzugehen. Dan berichtete von einem Ort hellen Lichts und großen Friedens, der jenseits der Zeit zu liegen schien. Er schwebte an diesem Ort und hatte das Gefühl, dass jede seiner Fragen hier beantwortet werden könnte, aber er spürte keine Frage in sich. Dan sagte, er fühle sich wie im Himmel. Er fühlte sich geliebt, geheilt und ganz, und er wollte dieses Gefühl nicht verlieren.

Ich sagte ihm, dass sein denkender Verstand irgendwann wieder einsetzen würde, weil es ja nach wie vor sein Ego gab, mit dem er sich auseinandersetzen musste, dass die heutige Heilung ihm aber ein höheres Maß an Leichtigkeit, Glück und Macht bringen würde.

Von unserer früheren Arbeit wusste Dan, dass die Größe des Problems oder des Musters der Größe der Gabe entsprach, die sich darunter verbarg. Er hatte das Gefühl, sein wahres *Sein* berührt zu haben. Er spürte, dass seine Lebensfreude zurückkehrte, und war gespannt, wie sein Leben sich weiter entfalten würde.

Lektion 8

Erfolg und Freiheit von Schuld

Schuld beschneidet unseren Erfolg, denn sie arbeitet gegen uns, während wir für den Erfolg arbeiten. Schuld ist eigentlich alles, dessentwegen wir uns schlecht fühlen. Wir benutzen Schuld, um an der Vergangenheit festzuhalten, und das hindert uns daran, in der Gegenwart weiterzugehen. Alles, woran wir festhalten – ob gut oder schlecht –, verhindert, dass wir empfangen. Schuld ist in dieser Beziehung jedoch am schlimmsten, denn in dem Maße, in dem wir Schuld empfinden, bestrafen wir uns selbst. Dies kann in Form von Hindernissen, Behinderungen, Unfällen, Krankheiten, Angriffen durch andere Menschen, Selbstangriff, Mangel, Niederlage oder Schwierigkeiten geschehen. Auf der geschäftlichen Ebene ist Schuld in extrem hohem Maße zerstörerisch für uns, weil sie uns begrenzt und uns hart arbeiten lässt, aber nichts oder wenig dafür zurückgibt. Wir benutzen Schuld auch zum Zweck der Selbstsabotage und um uns unwürdig, wertlos und als Versager zu fühlen. Schuld führt dazu, dass wir in Leblosigkeit, Erschöpfung und Depression versinken.

Weil wir das Gefühl der Schuld nicht ertragen können, setzt unser Ego eine ganze Reihe von Strategien ein, um sie zu verstecken. Wir versuchen, sie durch Selbstangriff oder Probleme zu tilgen oder auch dadurch, dass wir dafür sorgen, dass uns negative Dinge zustoßen. Wir opfern uns auf oder spielen Rollen, um sie zu kompensieren. Das bedeutet, dass wir uns eine Last auf den Rücken bürden und andere Menschen dazu bringen wollen, es auch zu tun. Das führt dazu, dass wir nicht mehr empfangen können. Wir versuchen, unsere Schuld zu verstecken, indem wir sie durch Schuldzuweisungen, Urteile und Groll auf andere Menschen projizieren. Damit versuchen wir, unsere Angst vor Erfolg zu verstecken, aber letztlich hindert es uns nur daran, weiterzugehen. Diese Versuche geben nur vor, uns von unserer Schuld befreien zu wollen. Ungeachtet der Tatsache, dass wir sie leugnen, ist die Schuld nach wie vor da. Fast alle Pläne unseres Egos, uns von Schuld zu befreien, wie etwa Selbstangriff oder Angriff auf einen anderen Menschen, verstärken die Schuld nur weiter.

Buddha hat einmal gesagt, Karma bedeute, dass wir mit nichts davonkommen. Das heißt, dass unsere negativen Gedanken und Verhaltensweisen ein Handlungsmuster in Gang setzen, das sowohl direkt als auch indirekt Einfluss auf uns hat. Karma rührt von Schuld her. Anderenfalls würden wir unsere Lektion lernen, den Fehler berichtigen und unser Leben weiterführen. Die gute Nachricht ist, dass Gott weder an Karma noch an Sünde oder Schuld glaubt. Die schlechte Nachricht ist, dass wir es tun. Gott ist Liebe, Licht und Unschuld. Nichts anderes kann im Einssein existieren, und deshalb erfährt Gott uns auch nur so. Gott hat keine Schuld, und deshalb erfährt er uns auch nicht als schuldig. Wir benutzen Schuld jedoch, um uns von anderen Menschen zu trennen und gegen Gott zu kämpfen. Wir, die wir uns schuldig fühlen, betrachten andere Menschen als schlecht, schuldig und verdammungswürdig.

In dem Versuch, das Ego zu retten, sehen wir in Schuld einen Wert, weil das Ego aus Schuld besteht. Das Ego ist eine Illusion, sodass wir in etwas einen Wert sehen, das keinen Wert besitzt. Wir halten eine zerstörerische Illusion am Leben, die uns von anderen Menschen trennt, uns den Lohn unserer Arbeit versagt und uns von der Liebe abschneidet.

Schuld hält uns von Liebe und Erfolg fern. Liebe und Erfolg sind Aspekte unserer wahren Wesensnatur, die reiner Geist ist und zu der hin wir alle uns entwickeln. Schuld sorgt dafür, dass wir steckenbleiben. Sie hindert uns daran, uns weiterzuentwickeln und erfolgreich zu sein. Auf unserem Weg hin zu immer größerem Erfolg und größerer Liebe werden wir viele Schichten der Schuld heilen. Je größer unser Gefühl der Unschuld ist, umso größer ist auch unsere Freude, und dadurch haben wir stärker das Gefühl, alle guten Dinge verdient zu haben.

Ein Weg zum Erfolg auf geschäftlicher Ebene besteht darin, dass wir uns mit Hilfe der „Von-innen-nach-außen"-Methode (bei der wir geistige Prinzipien einsetzen, um die Welt auf positive Weise zu verändern) unserer Unschuld verpflichten. Das gibt uns die Möglichkeit, Glück und Fülle gleichermaßen zu genießen, weil wir wissen, dass Schuld eine Illusion ist. Der Himmel wird uns dabei helfen, uns von Schuld zu befreien, wenn wir bereit sind, sie loszulassen, denn damit helfen wir nicht nur uns selbst, sondern allen Menschen, die uns nahestehen. Der einzige Grund, aus dem wir an Schuld festhalten wollen könnten, ist der, dass unser Ego aus Schuld besteht und wir sie benutzen, um uns nicht ändern zu müssen. Es ist die klassische Methode, mit der wir unseren Kampf gegen Gott führen. Die Schuldigen verurteilen, und der Groll, den Verurteilung hervorruft, führt zu Angriff und Selbstangriff, die eine zerstörerische Wirkung auf unseren Erfolg haben.

Die folgenden zwölf Prinzipien können dir helfen, deine Unschuld zu bewahren und sie in immer höherem Maße zu erkennen.

1. Verpflichte dich deiner Unschuld.

2. Wir alle haben Fehler gemacht, aber Fehler können berichtigt werden. Berichtige deine Fehler.

3. Wir alle haben Dinge getan, die dazu geführt haben, dass wir uns schuldig fühlen. Wir alle haben Dinge nicht getan, von denen wir glaubten, dass wir sie hätten tun sollen, und auch das bewirkt, dass wir uns schuldig fühlen. Schuld verstärkt das Problem aber lediglich. Es ist an der Zeit, die Schuld loszulassen und die Lektion zu lernen.

4. Jede Schuld soll uns vor unserer Angst schützen. Das ist kontraproduktiv, weil es uns daran hindert, den nächsten Schritt zu gehen. Durchschneide mit Hilfe deiner Bereitschaft sowohl deinen Widerstand als auch die Angst. Deine Liebe bringt die Angst zum Schmelzen und gibt dem nächsten Schritt des Erfolges die Möglichkeit, zu dir zu kommen.

5. Schuld heißt, dass wir nicht Liebe und Erfolg die Treue geschworen haben, die der Himmel gemacht hat, sondern unserem Ego, das wir selbst gemacht haben. Das muss nicht länger so sein. Du kannst die Seiten wechseln. Du kannst dich für die Wahrheit entscheiden.

6. Worin besteht die größte Sache, deretwegen du dich schuldig fühlst? Bist du um der Wahrheit willen bereit, diese Schuld loszulassen, indem du sie dem Himmel übergibst, damit er sie für dich auflöst?

7. Jede Schuld dient einer Tagesordnung des Egos.
    Benutzt du sie, um dich zu verstecken?
    Benutzt du sie, um unabhängig zu sein?
    Benutzt du sie, um jemand anderen anzugreifen?
    Benutzt du sie, um zu beweisen, dass du im Recht bist, obwohl du in Wahrheit das Gefühl hast, im Unrecht zu sein?
    Welchen Erfolg blockiert diese Schuld?

8. Wenn du erfolgreich sein willst, dann verpflichte dich deiner Unschuld und der Unschuld aller Menschen in deiner Umgebung. Unschuld ist ein Schlüsselprinzip des Erfolges.

9. Alle Ereignisse aus der Vergangenheit, deretwegen du dich schlecht fühlst – und das gilt auch dann, wenn du selbst dabei verletzt wurdest –, haben sich in Schuld verwandelt, die dich in der Gegenwart in selbst-schädigenden Mustern gefangen hält. Lass sie jetzt alle los.

10. Du hast es verdient, erfolgreich zu sein. Nur dein ärgster Feind, dein eigenes Ego, glaubt das nicht. Es setzt Erfolg nur als Mittel ein, um zu beweisen, dass es etwas Besonderes ist. Deine Treue gegenüber dei-nem Ego ist ein Fehler. Gelobe deine Treue stattdessen dem Himmel, der Liebe und deinem wahren Selbst. Das wird dir Erfolg und Fülle schenken.

11. Erkenne dich selbst als Kind Gottes, das alle guten Dinge verdient.

12. Wenn du andere Menschen als schuldig betrachtest, trägst du selbst verborgene Schuld in dir. Erkenne alle Menschen als unschuldig.

Konzentriere dich in den kommenden zwölf Tagen jeden Tag auf eines der oben beschriebenen Prinzipien. Wähle anschließend ein Jahr lang jeden Tag ein Prinzip aus und lass dich von ihm durch deinen Tag führen, damit du in höherem Maße erfolgreich sein kannst.

Lektion 9

Der Buddha

Al kam aus Hongkong und war die fünfzehnte Fokusperson im Workshop, die für Ganzherzigkeit steht. Es zeigte sich, dass seine Geschichte nur ein weiteres Beispiel dafür war, wie das Ego eine möglichst große Blockade genau dort aufbaut, wo wir eine Gabe besitzen. Der Grund liegt darin, dass Gaben das Ego zum Schmelzen bringen, vor allem dann, wenn wir sie mit anderen Menschen teilen.

Auf dieser Reise hatte ich mit Al und ein paar anderen Sportbegeisterten wieder einmal Basketball gespielt. Sein Spiel hatte sich aufgrund seines stärkeren Einsatzes deutlich verbessert. Obwohl er ein gewisses Talent besaß, hatte er vorher immer eher halbherzig gespielt. Al und ich waren an allen sechs Spieltagen während des zehntägigen Workshops in einer Mannschaft und bildeten ein siegreiches Team. Als Al anfing, seine Geschichte zu erzählen, war das Zusammengehörigkeitsgefühl daher bereits sehr stark, was die Sache deutlich erleichterte.

Al bat sowohl in Bezug auf seine Arbeit als auch in Bezug auf seine Beziehung um Hilfe, denn er hatte das Gefühl, dass er seine Sache in beiden Bereichen nicht gut machte. Als ich mich intuitiv auf Al einstimmte, war ich von dem, was ich fand, sowohl überrascht als auch inspiriert. Ich fragte ihn, ob er als Junge oft verwirrt gewesen sei angesichts dessen, was in der Welt um ihn herum vorgegangen war, ob er das Gefühl gehabt habe, dass keiner ihn jemals wirklich verstanden hatte, und ob es sogar so weit gehe, dass er auch heute nicht wisse, wie er das, was er erlebte, in Worte fassen solle. Das versetzte ihn so genau in seine eigene Erfahrung hinein, dass ihm Tränen in die Augen stiegen, weil es endlich jemanden gab, der verstand, was er durchgemacht hatte. Ich fuhr fort: „Weil keiner dich kannte, hast du dich nie wirklich geliebt gefühlt. Was du in der Welt gesehen hast, kam dir so seltsam vor, dass du dich ihm nie wirklich hingeben konntest. Du hattest nie das Gefühl, dass du hineinpasst." Bei diesen Worten funkelten noch mehr Tränen in seinen Augen. Während ich mich auf Al einstimmte, konnte ich ein außergewöhnlich hohes Maß an mentaler und spiritueller Entwicklung, aber ein nur geringes Maß an Herzensenergie spüren.

Ich fuhr fort und sagte Al, dass er mit einem hohen Maß an Empfindsamkeit und hochentwickelten spirituellen Fähigkeiten geboren worden sei, dass aber das Maß an Leiden, das er bei seiner Geburt in der Welt erblickte, so schmerzhaft für ihn gewesen sei, dass er sein Herz preisgegeben hatte. Dadurch war er niemals fähig gewesen, auf eine effektive Weise in der Welt zurechtzukommen, und fühlte sich immer verloren und ratlos. Ich erklärte Al, dass er sein spirituelles Bewusstsein „mehrere Leben lang" durch Dienst und Meditation entwickelt, in seinem letzten „Leben" aber entdeckt hatte, dass er sich nur mit Buddha zu verbinden brauchte, um noch schneller voranzukommen. Er war in dieses Leben gekommen mit der Absicht, seine Gabe mit der Welt zu teilen, hatte mit dem Verlust seines Herzens zugleich aber auch die Fähigkeit verloren, sich mit Buddha zu verbinden, und sich deshalb selbst verloren gefühlt. An diesem Punkt war Al von dem, was ich sagte, völlig gebannt, weil meine Worte so wahr klangen. Ich habe selten erlebt, dass mich jemand so intensiv angesehen hat.

Ich erklärte Al, dass er in dieses Leben gekommen war, um einen neuen Weg zu gehen. Er hatte viele Leben lang als Mönch gelebt, war nun aber hier, um den Weg der Beziehungen zu lernen, der in der heutigen Zeit der schnellste Weg des Wachstums ist. Ich erklärte ihm, dies sei auch der Grund, warum er sein Herz zurückgewinnen müsse, denn auf dem Weg der Beziehungen würde er ohne sein Herz niemals erfolgreich sein können. Weil Al in seinem Leben nie wirklich Erfolg gehabt hatte, führte er gegenwärtig eine heimliche Beziehung, denn sowohl er als auch seine Freundin waren sicher, dass er von ihrer Familie niemals akzeptiert werden würde.

In der Übung, die ich Al nun als Aufgabe stellte, ging es darum, zuerst die Gabe der Ganzherzigkeit und anschließend seine spirituelle Gabe des Buddha anzunehmen. Ich erklärte ihm, dass seine Verbindung zu Buddha ihm alle Führung geben würde, die er brauchte. Um die Verbindung zu Buddha herstellen zu können, brauchte er aber erst die Verbindung zu seinem eigenen Herzen, damit er seine Verbindung zu Buddha und die Wahrheit der Führung, die er empfangen würde, spüren konnte. So würde Al zeigen können, wie mühelos Erfolg und Glück zu erreichen waren, denn nicht er selbst war es, der es herausfand oder es machte. Der Weg würde durch Gnade empfangen und durch Gnade vollbracht werden.

Ich erklärte Al, dass eines der wichtigsten Dinge, die ich im Laufe meiner vielen Berufsjahre gelernt hatte, darin bestand, auf Inspiration zu warten, bevor ich ein neues Projekt in Angriff nahm, und es den Himmel dann durch mich vollbringen zu lassen. Auf diese Weise nahm ich keine Aufgaben an, die nicht meine Aufgaben waren. Ich sagte, dass es viele äußerst erfolgreiche Menschen gibt, die weder zum Gleichgewicht noch zur Partnerschaft gelangt sind. Sie haben jeden Tag hundert gute Ideen, aber nur etwa vier davon sind echte Inspirationen. „Gute Ideen" enden in zusätzlichen Projekten, die weder wahr noch notwendig sind. Sie führen nur zu Ablenkung und Aufopferung. Durch seine Verbindung zu Buddha würde Al imstande sein, seine wahren Anweisungen zu hören, und der Buddha würde sie für ihn vollbringen.

Al war präsenter, als ich es jemals bei ihm erlebt hatte. Er nahm seine Gabe der Ganzherzigkeit an und teilte sie mit seiner Freundin. Dann nahm er auch die Gabe des Buddha an. Er hatte mich gebeten, die Rolle des Buddha zu übernehmen, weil meine „heroische" Statur der des Buddha seiner Meinung nach am stärksten glich. Als er vor mich hintrat, um die Gabe seiner Verbindung zu Buddha anzunehmen, strahlte Al von einem Ohr zum anderen und war beseelter, als ich ihn je erlebt hatte. Der Schatten der Depression war verflogen, und er sah aus wie ein Mann, dem gerade Macht geschenkt worden war.

Welche geistige Verbindung kannst du heute annehmen, um dir helfen zu lassen? Du hast Freunde an hoher Stelle, die dir stets voller Liebe, Mitgefühl und Erbarmen die Hand reichen, um dich in deinem Ringen zu unterstützen.

Erkenne deine Verbindung. Empfange heute die Führung und die Gnade, damit du auf einer ganz neuen Ebene erfolgreich sein kannst.

Lektion 10

Der Held, die Heldenrolle und der Antiheld

Der Held ist ein Archetypus, ein positives Muster, das Teil des Bewusstseins der Menschheit und ein Bestandteil des mythischen Bewusstseins geworden ist. Der wahre Held ist jemand, der sich so großherzig hingibt, dass er Grenzen überwindet und den Menschen in seiner Umgebung eine Lösung für ihre Probleme bringt. Ein Held inspiriert seine Mitmenschen als Vorbild der Menschlichkeit.

Die „Rolle des Helden" ist dagegen eine Abwehr. Wir kompensieren Schuld, und das macht die Heldenrolle zu einer Form der Aufopferung, die uns nicht empfangen lässt. Wir können noch so großartige und wunderbare Dinge tun, erlauben uns aber niemals, die natürliche Erfüllung zu erlangen, die mit selbstlosem Geben verbunden ist. Wir wehren auch die Anerkennung ab, die uns für unser heldenhaftes Handeln zuteil wird, weil wir uns wegen einer Sache innerlich schuldig fühlen. Die mit der Heldenrolle einhergehende Unfähigkeit und fehlende Bereitschaft, uns dem Empfangen zu öffnen, führt zum Burnout. Wenn wir nicht den Schritt in Selbstbeziehung und Partnerschaft gehen, werden wir die dissoziierte Unabhängigkeit, die der größte Unterschied zwischen dem Helden und der Heldenrolle ist, nicht überleben. Die Rolle versucht, alte Schuld und Versagensgefühle zu sühnen, während der Archetypus eine Gabe an uns selbst und an die Menschen in unserer Umgebung ist. Der Ursprung der heimlichen Schuld und des Versagens, von denen die Heldenrolle gekennzeichnet ist, liegt meist in der Familie, obwohl es natürlich auch Wurzeln auf Ahnenebene oder auf unbewussten Ebenen geben kann.

Der Antiheld ist ein Rebell und damit auch eine Rolle, die uns vom Erfolg fernhält. Der Antiheld rebelliert gegen Autorität und das eigene Selbst, weil er sich vor seiner eigenen Autorität fürchtet. Der Antiheld tritt auf als jemand, der das System bekämpft, als Taugenichts oder als Versager. Der Antiheld kann in einigen Bereichen des Lebens erfolgreich sein, während er in anderen Bereichen niemals von der Stelle kommt. Es gibt Antihelden, die sich so sehr selbst bekämpfen, dass sie es schaffen, dem sicheren Erfolg auf unerklärliche Weise eine Niederlage zu entreißen. Der Antiheld kämpft nicht nur gegen denjenigen, der eine Heldenrolle spielt, sondern auch gegen den Archetypus des Helden, weil er den Unterschied nicht erkennt. Das bringt ihn dazu, nicht nur seinen eigenen Erfolg und den Erfolg anderer Menschen zu sabotieren, sondern letztendlich alles, was er selbst an schöpferischen, künstlerischen, heilenden, glücklichen, erfüllten, heroischen oder visionären Eigenschaften in sich trägt. Je stärker jemand in den Rollen und Persönlichkeiten des Antihelden gefangen ist, umso geringer ausgeprägt ist seine soziale Kompetenz. Als Antiheld sind wir uns unseres Handelns entweder nicht bewusst oder rechtfertigen es mit selbstgerechter Empörung. Dabei entgeht uns völlig der Sinn des Beitrags, den zu leisten wir aufgerufen sind. Der wichtige Beitrag, den der Antiheld im Hinblick auf das zu leisten hat, was in unserer Welt unwahr ist, geht verloren in der Negativität der Form, in der die Botschaft überbracht wird. Der Antiheld greift rasch an und wird ebenso rasch zum Oper gemacht.

Wir tragen sowohl die Rolle des Helden als auch die Rolle des Antihelden in uns. Beide können uns in Schwierigkeiten bringen. Wenn die Rolle des Antihelden sehr stark ausgeprägt ist, kann sie verheerende Auswirkungen auf unser Leben haben, sodass wir scheinbar keine Fortschritte machen.

Frage dich, wie viele Antihelden du in dir trägst. Stelle dir vor, dass sie alle vor dir stehen. Fordere sie auf, in das Becken der Heilung zu steigen, das du ebenfalls direkt vor dir siehst und das mit wunderbar schimmerndem Wasser gefüllt ist. Sobald deine Antihelden in das Becken steigen, schmelzen sie, bis nur noch ihre reine Energie übrig bleibt.

Frage dich dann, wie viele Heldenrollen du spielst. Stelle dir vor, dass sie alle vor dir stehen. Erkenne, dass sie eine Last der Schuld auf ihren Schultern tragen. Fordere sie auf, mit dieser Schuld in das Becken der Heilung zu steigen, und beobachte, wie sie schmelzen, bis nur noch ihre reine Energie übrig ist.

Du kannst diese Übung auch mit dem Archetypus des Helden durchführen, wenn du möchtest, damit dein *Sein* in höherem Maße für dich verfügbar ist, kannst ihn aber auch behalten.

Steige nun selbst in das Becken der Heilung und nimm alle Energien in dich auf, die dir jetzt Frieden und neue Ganzheit bringen können. Das schenkt dir auf natürliche Weise größere Zuversicht und mehr Energie, die du mit anderen Menschen teilen und selbst empfangen kannst.

Lektion 11

Partnerschaft bringt Stärke

Wenn du größeren Erfolg mit größerer Leichtigkeit erreichen willst, dann baue auf die Stärke, die Partnerschaft dir bringen kann, denn langfristige Belohnung kommt durch Partnerschaft zustande. Ohne Partnerschaft arbeiten wir hart und sind zwar erfolgreich, aber „das Geld brennt ein Loch in unsere Tasche", weil wir so gestresst sind, dass wir es gleich wieder ausgeben, um Stress abzubauen.

Partnerschaft bringt unsere männlichen und weiblichen Aspekte ins Gleichgewicht, sodass wir eine Partnerschaft mit uns selbst eingehen und uns treu sein können. Dann geben wir die Falle harter Arbeit und Geschäftigkeit zugunsten von Konzentriertheit und Leichtigkeit auf. Wir beziehen uns selbst und andere Menschen ganz natürlich auf einer neuen Ebene der Zugehörigkeit ein. Das bringt sowohl ein Gefühl der Mühelosigkeit als auch ein Gefühl der Freiheit in unsere Arbeit hinein.

Verbundenheit mit anderen Menschen bringt Spannung und Fluss in unser Leben hinein. Das setzt der Mühsal ein Ende, die unsere Arbeit und unser Leben prägt. Wenn wir Gefühle der Leblosigkeit spüren und immer wieder darin versagen, auf die nächste Stufe des Erfolges zu gelangen, dann ist das ein Zeichen dafür, dass wir Angst haben. Unsere Angst zeigt sich in Form von Machtkämpfen und Auseinandersetzungen oder in Konkurrenz und Leblosigkeit. Verbundenheit bewirkt eine grundlegende Änderung. Je stärker wir in einer Partnerschaft verbunden sind, umso tiefer ist unsere Partnerschaft, und das zeigt sich daran, wie reibungslos unser Leben verläuft und wie mühelos wir erfolgreich sind. Partnerschaft löst Schwierigkeiten auf, und viele chronische Probleme werden gelöst, wenn durch Verbundenheit eine neue Ebene der Partnerschaft erreicht wird.

Um Belohnungen im Leben empfangen und wirklich genießen zu können, müssen wir eine tiefe Partnerschaft mit einem Menschen eingehen. Wenn zwei Menschen in einer Angelegenheit einer Meinung sind, dann wird dieses Ziel zu einer klaren Sache. Wenn wir die Messlatte des Erfolges laufend höher legen wollen, muss stärkere Partnerschaft unser Ziel sein. Das führt im

Privatleben zu Liebe und im Beruf zu Zusammenarbeit und Freundschaft. Je mehr wir von den Dingen haben, die Verbundenheit entstehen lassen, umso weiter springen wir im Leben voran.

Die folgende Übung kann dir helfen, auf geschäftlicher Ebene in einen stärkeren Fluss zu gelangen, um erfolgreicher zu sein.

Überprüfe dein Leben jeden Morgen und jeden Abend auf Auseinandersetzungen, Rückzug und passive Aggression. Statt dich in Machtkämpfe zu verwickeln, verpflichte dich der Partnerschaft mit diesen Menschen. Deine Auseinandersetzungen verhindern Erfolg und zeigen deine Angst vor Erfolg. Du brauchst die Energie und die Erkenntnisse beider Seiten in einem Machtkampf, um dich und den anderen Menschen auf eine neue Ebene des Erfolges zu bringen. Das bedeutet mit anderen Worten, dass du mit dem Menschen, den du bekämpfst, eine Partnerschaft eingehen musst, um erfolgreicher zu sein und eine Lösung für dein jetziges Problem zu finden.

Achte auf Orte, an denen du dich in einem Konkurrenzkampf befindest. Du willst damit zeigen, dass du Recht hast und der Beste bist. An jedem dieser Orte befindest du dich nicht in einer Situation, in der ihr beide gewinnt, sondern bist in einer Gewinner-Verlierer-Situation gefangen. An jedem dieser Orte bist du in einem Teufelskreis von Überlegenheit und Unterlegenheit gefangen. Wenn du dich überlegen fühlst, prahlst du und benimmst dich herrisch. Wenn du dich unterlegen fühlst, greifst du dich selbst an statt eines anderen Menschen, dem du eine höhere Stellung als dir selbst zugewiesen hast. Keine dieser Verhaltensweisen ist erfolgreich, weil jede von ihnen eine Falle und ein Teufelskreis ist.

Wenn du dich zu Hause oder im Beruf bei einem Machtkampf oder bei Gefühlen der Leblosigkeit oder der Konkurrenz ertappst, dann ist es an der Zeit, dich einer neuen Ebene der Partnerschaft zu verpflichten. Mit jeder Verpflichtung gewinnst du ein Stück deiner selbst zurück, das du in einem Trauma verloren hattest. Mit jeder Verpflichtung erlangst du neue Zuversicht und Ganzheit, die wesentliche Voraussetzungen für Erfolg sind.

Verpflichte dich jeden Tag zur Partnerschaft sowohl mit den Menschen in deiner Umgebung als auch mit den Menschen, mit denen du dich in Konkurrenz oder in einem Kampf befindest. Verpflichte dich zuallererst jedoch dir selbst. Damit gibst du dir und anderen Menschen auf eine so unwiderstehliche Weise, dass alle, die an der Situation beteiligt sind, auf eine vollkommen neue Ebene der Verbundenheit und des Erfolges gelangen.

Solange Partnerschaft und Zusammenarbeit nicht zu einer Lebenseinstellung für dich geworden sind, verurteilst du andere Menschen und beklagst dich über sie. Das nährt deine Angst vor Erfolg. Solange du dich Partnerschaft und Zusammenarbeit nicht verpflichtest, wirst du des öfteren feststellen, dass es noch eine tiefere Schicht gibt, die geheilt werden muss. Verpflichtung zur Partnerschaft ist einer der mühelosesten Wege, um große und chronische Probleme zu heilen. Bei jedem Schritt und mit jeder Schicht, die hochkommt, verpflichtest du dich ganz einfach der Partnerschaft, bis du erreicht hast, dass alle Beteiligten erfolgreich sind. Alle anderen Verhaltensweisen und Denkweisen bauen nur dein Ego auf, dem es ziemlich gleichgültig ist, ob du gewinnst oder verlierst. Dein Ego kümmert es nicht, ob du die überlegene oder die unterlegene Rolle in deinem Teufelskreis spielst. Es ist nur daran interessiert, sich selbst stärker zu machen. Das Ego blockiert Liebe und Vergnügen. Es benutzt Erfolg nur, um sich selbst zu verherrlichen und zu beweisen, dass es der Beste ist.

Gib dein Ego auf. Verpflichte dich stattdessen der Partnerschaft, Freundschaft und Zusammenarbeit mit deinem Partner, deiner Familie und deinen Arbeitskollegen. Dies sind die Elemente des Erfolges in Beruf und Familie.

Lektion 12

Sieben Elemente des Erfolges

Nimm dir ein wenig Zeit und denke einmal darüber nach, was dir in deinem Leben scheinbar fehlt.

Um erfüllt zu werden, musst du offen sein, das anzunehmen und zu empfangen, was dir gegeben wird. Du musst dich seiner würdig fühlen. Wir alle sind in unzähligen Teufelskreisen aus Schuld und Unwürdigkeit gefangen, die zu Schuldzuweisungen und Urteilen führen, weil wir versuchen, unsere Schuld jemand anderem in die Schuhe zu schieben. Dadurch werden nicht nur unsere Gefühle der Schuld und der Unwürdigkeit verstärkt, sondern die Unwürdigkeit hindert uns auch daran, uns dem zu öffnen, was uns angeboten wird. Es gibt einen ganz einfachen Weg, der aus dieser Falle hinausführt, wenn wir ihn nur gehen würden. Wenn wir selbst erfolgreich sein wollen, dann müssen wir anderen Menschen die Möglichkeit geben, erfolgreich zu sein. Das bringt uns zu den Schlüsselprinzipien zurück, die Erfolg ausmachen.

Die nachstehend beschriebenen sieben Prinzipien führen zum Erfolg, wenn er uns angeboten wird.

Das Prinzip der positiven Einstellung

Das erste Prinzip, das Erfolg bringt, ist eine positive Einstellung. Ohne sie kannst du nichts erreichen. Wenn du nicht in eine positive Richtung gehst, dann gehst du auch nicht in Richtung Erfolg. Eine negative Einstellung hat mit Urteil, Widerstand, Mangel an Integrität, Klagen, Schuldzuweisungen, Angriff, Rache, Schuld, Groll und Angst zu tun. Die gute Nachricht lautet, dass alle diese Emotionen nur Fehler oder Illusionen sind und deshalb geheilt oder ganz einfach losgelassen werden können. Die schlechte Nachricht lautet, dass wir glauben, sie seien echt, und sie deshalb oft dissoziieren und verstecken. Alle diese Dinge erzeugen noch mehr Selbstangriff, Schuld und Angst. Dann drücken sie uns nieder mit Problemen und Bürden, die scheinbar aus dem Nichts entspringen und verhindern, dass wir erfolgreich sind.

In Wirklichkeit kannst du mit ihrer Hilfe alte Familienmuster auflösen, aber nicht, indem du dich aufopferst und schwere Bürden auf deinen Schultern trägst, sondern indem du auf wahre Weise mehr von dir selbst gibst. Eine positive Einstellung birgt sowohl Optimismus als auch eine „Ich-kann-es"-Haltung in sich.

Das Prinzip der Zuversicht

Das zweite Prinzip, das erforderlich ist, um erfolgreich zu sein, ist Zuversicht. Mit Zuversicht setzt du deinen Geist auf positive Weise ein. Zuversicht ist das *Wissen*, dass etwas getan werden kann und dass etwas von dir oder durch dich getan werden kann. Zuversicht bedeutet, deinen Glauben in alles zu setzen, was wahr ist. Sie bedeutet, an dich selbst, an andere Menschen und an den Erfolg zu glauben. Zuversicht ist einfach unwiderstehlich. Du weißt, dass du Erfolg verdient hast. Der Himmel steht hinter dir. Die Gnade vollbringt es durch dich.

Das Prinzip des Gebens

Das dritte Prinzip des Erfolges hat mit Geben zu tun. Nur wenn du gibst, kannst du erfolgreich sein und gerätst nicht in einen der Teufelskreise, zu denen Aufopferung, Burnout, Erschöpfung, Dissoziation, Leblosigkeit und Begrenzung gehören. Dein Geben lässt dich empfangen. Es verleiht dir selbst und anderen Menschen einen Wert. Geben lässt dich weiter werden und führt dich über die selbstauferlegten Begrenzungen deiner Vergangenheit hinaus. Die größte Macht, die dem Geben innewohnt, hat damit zu tun, dass du dich selbst gibst. Wenn du dich voll und ganz gibst, gewinnst du Anteile deiner selbst zurück, die du in der Vergangenheit verloren hattest, und kannst neue Stufen des Erfolges erreichen. Das bringt dich in dem Maße, in dem du dich selbst gibst, in einem schrittweisen Prozess über die Tyrannei deiner familiären Dynamiken hinaus. Dadurch, dass du dich unaufhörlich und aufrichtig gibst, durchschneidest du auch Abhängigkeit, Opferverhalten, dissoziierte Unabhängigkeit und deren Unfähigkeit, zu empfangen oder erfüllt zu sein, und gehst zur wahren Partnerschaft voran.

Das Prinzip der Partnerschaft

Das vierte Prinzip des Erfolges ist Partnerschaft. In der Partnerschaft bist du über die Angst und den Konflikt, die Konkurrenz entstehen lassen, hinausgelangt und hast die Stufe der Zusammenarbeit erreicht. Das Maß deiner Partnerschaft entspricht dem Maß, in dem du geben und empfangen kannst. Wenn du geben und empfangen kannst, dann hast du deine männlichen und weiblichen Energien in ein Gleichgewicht gebracht und genießt die Leichtigkeit und die Freiheit, die damit einhergehen. Partnerschaft ist das Erfolgselement, das Verbundenheit und Zusammenhalt erneuert und die dunklen Geschichten deiner Vergangenheit in Erfolgsgeschichten umschreibt. Partnerschaft lässt dich den Lohn für deine Arbeit genießen. Sie erzeugt einen Fluss, der Glück, Chancen und freudige Überraschungen mit sich führt.

Das Prinzip der Geistes- und Herzenskraft

Das fünfte Prinzip des Erfolges ist der Einsatz unserer Geistes- und Herzenskraft, weil sie zu Partnerschaft und zu noch höheren Stufen des Erfolges führt. Dieses Prinzip nutzt die Kraft des Geistes, um die Zukunft als bereits erfolgreich zu manifestieren, zu erschaffen und zu sehen. Wir nutzen Liebe, Mut und Herzenssehnsucht, um auf jede neue Stufe des Erfolges zu gelangen. Der gemeinsame Einsatz von Geisteskraft und Herzenskraft trägt zur Entstehung eines noch machtvolleren Willens bei, erfolgreich zu sein. Dieser Wille, der ein Aspekt des reinen Geistes ist, stellt den machtvollsten Faktor des Erfolges dar.

Die Prinzipien von Verantwortung und Eigenverantwortlichkeit

Die Prinzipien von Verantwortung und Eigenverantwortlichkeit sind unverzichtbare Elemente, wenn es darum geht, Erfolg zu einer Lebenseinstellung zu machen. Ohne Eigenverantwortlichkeit gibst du immer anderen Menschen die Schuld an dem, was dir zustößt, und wirst immer wieder in Opfersituationen gefangen sein. Du dissoziierst und versteckst Entscheidungen, die du selbst getroffen hast, die aber zu Misserfolgen und Rückschlägen geführt haben. Die daraus resultierende Bewusstseinsspaltung und dein Mangel an Integrität führen zu Niederlage, Herzensbruch oder Rache und lassen einen Teufelskreis aus Schmerz und Opferrollen entstehen. Ohne Verantwortung nimmst du niemals die Veränderungen vor, die *du* vornehmen musst, um Erfolg zu haben, weil ein riesiger blinder Fleck dich glauben lässt, dass nicht du selbst, sondern jemand anderer die Verantwortung für deine Erfolglosigkeit trägt. Nur wenn du die volle Verantwortung übernimmst, kannst du dich ändern oder den Himmel darum bitten, dir zu helfen, deine Hindernisse vollständig zu transformieren. Wenn dein Mangel an Erfolg der Fehler oder die Verantwortung eines anderen Menschen ist, dann lernst du niemals die Lektionen, die mit Erfolg zu tun haben, und tust niemals das, was du tun musst, um erfolgreich zu sein. Eigenverantwortlichkeit und Verantwortung sind von entscheidender Bedeutung, wenn es darum geht, im Leben erfolgreich zu sein.

Freundschaft

Erfolg baut sich nicht zuletzt auch durch Freunde und Freundschaft auf, und das nicht nur durch den Beistand und den Fluss, die Freundschaft mit sich bringt, sondern auch durch die Bereitschaft, die sie in dir erzeugt. Bei Freunden gehst du über den Ruf der Pflicht hinaus und kannst dir im Gegenzug ihrer Unterstützung gewiss sein. Diese Großzügigkeit lässt auch die Menschen erfolgreich sein, die direkt oder indirekt in deine berufliche Laufbahn einbezogen sind. Freundschaft lässt Fluss in deinem Leben und in deinem Beruf entstehen. Die Gegenseitigkeit der Freundschaft stärkt Zusammenarbeit. Wenn das Schließen von Freundschaften dein Geschäft ist, baust du viel mehr als nur dein Geschäft auf. Du erschaffst ein glückliches Leben sowohl für andere Menschen als auch für dich selbst.

Nachstehend habe ich die Reihenfolge der Prinzipien vertauscht. *Wähle nun drei Zahlen zwischen eins uns sieben.* In der Reihenfolge, die du gewählt hast, stehen sie für dein wichtigstes, zweitwichtigstes und drittwichtigstes Erfolgsprinzip. Schaue dir die Prinzipien des Erfolges nun entsprechend der Zahlen an, die du gewählt hast, sodass du erkennen kannst, auf welche Prinzipien du dich besonders konzentrieren musst, um noch erfolgreicher zu sein.

1. Freundschaft
2. Verantwortung und Eigenverantwortlichkeit
3. Geistes- und Herzenskraft
4. Partnerschaft
5. Geben
6. Zuversicht
7. Positive Einstellung

Konzentriere dich in der ersten Woche auf dein wichtigstes Erfolgsprinzip und tu alles, was du kannst, um es in die Tat umzusetzen.

Konzentriere dich in der zweiten Woche auf dein zweitwichtigstes Erfolgsprinzip und gleichzeitig auf dein wichtigstes Erfolgsprinzip.

Konzentriere dich in der dritten Woche auf dein drittwichtigstes Erfolgsprinzip und gleichzeitig auf dein wichtigstes und zweitwichtigstes Erfolgsprinzip. Bemühe dich, diese Prinzipien jeden Tag bewusst einzusetzen, bis sie dir in Fleisch und Blut übergegangen sind.

Beginne in der vierten Woche wieder mit deinem wichtigsten Prinzip. Konzentriere dich jeden Tag auf ein Prinzip und spüre jeder Inspiration nach, die dir für die beiden anderen Prinzipien in den Sinn kommt. Wende deine Aufmerksamkeit am letzten Tag allen drei Prinzipien in gleichem Maße zu.

Lektion 13

Hingabe

Wir beginnen unser Leben in Abhängigkeit. Je stärker unsere Familie verbunden war, desto schöner und besser war die Zeit des Heranwachsens. War unsere Familie nicht verbunden, sind wir offen jeder schmerz- oder schuldbehafteten Erfahrung zum Opfer gefallen, die unseres Weges kam. Das hat dazu geführt, dass wir noch mehr von unserer Verbundenheit verloren haben. Wir haben allerdings fast sofort angefangen, die verlorene Verbundenheit zu kompensieren, zuerst durch angemessenes Verhalten, um Zustimmung und Lob zu ernten, und später durch harte Arbeit, die jedoch eine Rolle und kein Akt authentischen Gebens war. Fast alle Kompensationen für den Verlust unserer Verbundenheit haben die Form von Abhängigkeit („ich bin bedürftig"), Unabhängigkeit („es kümmert mich nicht") oder Aufopferung („es kümmert mich zu sehr") angenommen. Diese drei Rollen sind Teil der klassischen Abwärtsspirale eines der Abwehr dienenden „Brandungsrückstroms", der Kindheitsverluste zudecken soll. Aus psychologischer Sicht ist ein Brandungsrückstrom ein Teufelskreis, der aus drei anstelle von zwei Elementen besteht. Wenn wir zu lange in der Opferrolle verharren, sind wir schließlich verletzt und gebrochen. Wenn wir zu lange in der Rolle der Aufopferung verharren, kommen Burnout und Depression und das darunter verborgen liegende Muster aus Schuld und Versagen zum Vorschein. Mit dem Maß unserer Unabhängigkeit nehmen auch unsere Dissoziation und Starrköpfigkeit zu. Wir haben unser Herz verloren, unsere Gefühle abgetrennt und unsere schmerzhafte Vergangenheit in uns eingeschlossen. Folglich sind wir für andere Menschen, die Gnade und uns selbst nicht mehr offen. Das ist gewiss kein Erfolgsrezept, sondern führt dazu, dass wir nicht mehr empfangen können.

Für alle, die Aufregung lieben, wird Hingabe zu einem spannenden Weg, unseren Konflikt zu integrieren, indem wir die beiden Seiten unseres gespaltenen Bewusstseins miteinander verbinden. Die Seite, mit der wir uns am wenigsten identifizieren, haben wir als Problem, Hindernis oder den Menschen, mit dem wir das Problem haben, bereits nach außen projiziert.

Wir wollen beispielsweise einmal annehmen, dass wir mit unserem Vorgesetzten ein Problem haben. Wir sind mit seiner harten Vorgehensweise nicht einverstanden, was zu einem unausgesprochenen Autoritätskonflikt führt. Würden wir uns ihm dagegen hingeben, dann *würden wir uns mit ihm verbinden*, wie er ist. Hingabe bedeutet nicht, dass wir aufgeben. Damit wäre keinem von uns geholfen. Sie bedeutet, dass wir seinen Standpunkt nicht als Grund benutzen, uns nicht mit ihm als Mensch zu identifizieren. Wir müssen nicht mit ihm einverstanden sein, um uns mit ihm zu identifizieren, aber wir müssten unsere verborgene Schuld aufgeben, die sich als unser Urteil über ihn zeigt. Dann würden wir erkennen, dass er der Unterstützung würdig und sein Verhalten ein Hilferuf ist. Unser Vorgesetzter kann sich nicht bessern, solange er keine Unterstützung erhält, und wir haben die Chance, sie ihm zu gewähren. Das Maß, in dem wir unseren Vorgesetzten wirklich verstehen und unterstützen, entspricht dem Maß, in dem er uns unterstützt. Wenn wir uns einem anderen Menschen hingeben, dann gibt er sich uns im gleichen Maße hin. Du wirst sehen, dass nicht nur Hingabe, sondern auch Unterstützung gewähren sowie Verpflichtung in gleicher Weise in dieses Prinzip der Wechselseitigkeit hineingehören.

Hingabe ist so, als ob du dich von Klippe zu Klippe schwingen würdest. Die Kluft dazwischen besteht aus der Angst, dem Bedürfnis, der Verletzung, dem Urteil und der Schuld, die uns von dem betreffenden Menschen trennt. Auf einer unbewussten Ebene stellt er einen Teil von uns dar, den wir verurteilt, abgelehnt und abgespalten haben. Indem wir uns also auf einer zwischenmenschlichen Ebene mit ihm verbinden, heilen wir unser gespaltenes Bewusstsein durch Integration. Wenn wir uns ihm hingeben, dann gibt er sich uns in gleichem Maße hin und bringt damit uns beiden nicht nur die Vorteile beider Seiten, sondern auch einen neuen und besseren Weg. Von innen heraus wächst neue Zuversicht, die von der aus der Integration hervorgegangenen Ganzheit getragen wird.

Hingabe setzt dem Machtkampf der Differenzen, die durch Konkurrenz entstehen, ein Ende. Hingabe lässt uns Mitgefühl für andere Menschen empfinden und öffnet uns der Führung. Auf eine gesunde Weise bringt sie uns einen Teil unserer selbst zurück, den wir verurteilt hatten. Sie erzeugt neuen Fluss und verbindet die Drähte in unserem Herzen und in unserem Geist, die wir durch unser Selbsturteil durchtrennt hatten, wieder neu. Hingabe bringt uns zur Partnerschaft und zu einem Gleichgewicht unserer eigenen männlichen und weiblichen Energien voran. Wenn sie vollständig im Gleichgewicht sind, dann haben wir in unserem Leben das Stadium der

Partnerschaft erreicht, das ein Leben jenseits der Stadien des Machtkampfs und der Leblosigkeit ist. Dann wird Partnerschaft in unserem Beruf zu einer Lebenseinstellung, die zum Erfolg führt. Wenn wir jederzeit von einem Standpunkt der Partnerschaft aus handeln, werden auch die Menschen in unserer Umgebung zur Partnerschaft ermutigt.

Hingabe ist nichts für zartbesaitete Gemüter, denn wir durchlaufen die gesamte Palette an Gefühlen zwischen uns und dem Menschen, der für den abgespaltenen Teil unseres Bewusstseins steht. Wir gehen mutiger mit unseren eigenen Emotionen um, wenn wir durch sie hindurchgehen, und das ist eine wichtige Voraussetzung für unsere Fähigkeit, eine Partnerschaft einzugehen. Es gibt aber auch einen leichteren Weg. Wir bitten unser höheres Bewusstsein einfach darum, die Hingabe für uns zu bewirken. Das bringt uns gleichsam auf dem Luftweg über die Kluft zwischen den Klippen hinweg. So haben wir nicht das Gefühl, ein Kriegsgebiet zu durchqueren, um uns einem anderen Menschen hinzugeben. Außerdem verringert es das Bedürfnis, am Recht-haben-Wollen festzuhalten.

Denke über deine berufliche Situation nach. Bei wem fühlst du dich aufgerufen, dich ihm oder ihr hinzugeben? Ein Machtkampf zeigt, wo eine Situation feststeckt und sich nicht weiterentwickelt. Konkurrenz zeigt, wo eine Situation sich bestenfalls langsam und zu einem hohen Preis weiterentwickelt. Das alles sind wunderbare Gelegenheiten, dich hinzugeben.

Eine fast ebenso machtvolle Chance zur Hingabe bieten dir deine private Situation und dein Partner. Hier lässt Hingabe sowohl Erfolg als auch Nähe wachsen. Ein Kampf zu Hause zeigt, wo deine männlichen und weiblichen Energien nicht im Gleichgewicht sind. Er zeigt auch, wo dein Geben und Empfangen nicht im Gleichgewicht sind, und das wirkt sich immer auch auf deine berufliche Situation aus.

Nachdem du über deine Beziehung zu deinem Partner nachgedacht hast, prüfe deinen weiteren Familienkreis, denn er weist auf Seelenmuster und unbewusste Muster hin, die dich zurückhalten. Denke daran, dass Hingabe nicht Aufgabe bedeutet, sondern Verbindung, und wo es Machtkampf gibt, gibt es immer auch Angst vor Erfolg. Hingabe heilt diese Angst.

In dem Maße, in dem du dich in deinen Familienbeziehungen hingibst, kannst du verborgene Themen auflösen, die mit deiner Arbeit zu tun haben, und gleichzeitig dafür sorgen, dass dein Leben und deine Arbeit leichter werden, während du deine berufliche Laufbahn vorantreibst.

Wenn es dir gelingt, dich mit dem betreffenden Menschen zu verbinden und dich ihm hinzugeben, wirst du ein neues Maß an Nähe und Loyalität zu ihm spüren. Auch der Konflikt wird dadurch aufgelöst. Wenn es sich nicht um ein Problem, sondern um ein Thema handelt, an dem du arbeitest, wird durch deine Hingabe nur die oberste Schicht transformiert, was die Situation erleichtert, aber auch noch größere Hingabe erfordert. Wenn du dich halbherzig hingibst und Kompromisse schließt, hast du das Gefühl, dich aufzuopfern. Wenn du nur so tust, als ob du dich hingibst, ärgerst du dich und hast das Gefühl, zum Opfer gemacht zu werden.

Strebe deshalb nach vollständiger Hingabe. Dieses paradoxe Prinzip wird dich aus der Unabhängigkeit herausheben und dir den Erfolg und die Leichtigkeit schenken, die mit einem neuen Schritt in Partnerschaft und wechselseitiger Abhängigkeit verbunden sind.

Entscheide dich in der kommenden Woche jeden Tag für einen Menschen, bei dem du dich dazu aufgerufen fühlst, und gib dich ihm hin. Gehe erst dann zum nächsten Menschen weiter, wenn es dir gelungen ist, dich dem Menschen, mit dem du arbeitest, vollkommen hinzugeben. Hingabe lernen bedeutet, dein Erfolgsarsenal um ein weiteres Werkzeug der Transformation zu bereichern.

Lektion 14

Gleichgewicht

Das Maß, in dem wir im Gleichgewicht sind, entspricht dem Maß, in dem wir im Fluss sind. Das Maß, in dem wir im Fluss sind, entspricht dem Maß, in dem unser Leben sowohl leicht als auch sorgenfrei ist. Wenn wir im Gleichgewicht sind, übernehmen wir nicht nur ganz natürlich Verantwortung für uns selbst und andere Menschen, sondern gehen ebenso natürlich auf uns selbst und andere Menschen ein. Das Ego lehrt uns, mehr Verantwortung zu übernehmen, als wir tatsächlich müssen, oder uns ihrer soweit wie nur irgend möglich auf unverantwortliche Weise zu entledigen. Wenn wir nicht im Gleichgewicht sind, dann handeln wir entweder verantwortungslos oder aber übermäßig verantwortungsbewusst und haben das Gefühl, alles auf unseren Schultern tragen zu müssen. Diese Aufopferung führt irgendwann dazu, dass wir ausgebrannt sind. Dann schlägt das Ego vor, dass wir unseren Burnout als genau die Ausrede benutzen sollen, die wir brauchen, um aufzugeben und uns von unserer Verantwortung – und damit auch von unserer Fähigkeit, zu empfangen und zu genießen – zu dissoziieren. Weil wir das Gleichgewicht, das Aufopferung berichtigt, nicht kennen, scheint der Vorschlag des Egos unsere einzige Alternative zu sein. Ausreden sind Lösungen des Egos, die von unserem Mangel an Gleichgewicht herrühren, ihn gleichzeitig aber noch verstärken und damit das Ego stärker machen. Das mag zwar ein guter Lohn für unser Ego sein, nicht aber für unseren Erfolg.

Ein Leben im Gleichgewicht ist nicht nur durch ein Gleichgewicht zwischen Arbeit und Beziehung, sondern auch durch ein Gleichgewicht zwischen Arbeit und Vergnügen gekennzeichnet. Wenn wir dieses Gleichgewicht gefunden haben, ist das ein Zeichen dafür, dass wir zur Partnerschaft mit einem uns wichtigen Menschen gelangt sind. Das zeigt ein Gleichgewicht zwischen den männlichen und weiblichen Energien in uns an und erlaubt uns, gleichermaßen zu geben und zu empfangen. Ehe wir zur Partnerschaft und zum Gleichgewicht gelangen, ist unsere männliche Seite normalerweise übermäßig stark ausgeprägt. Es ist unsere dissoziierte unabhängige Seite, die dafür sorgt, dass wir alles aus eigener Kraft tun, aber kaum etwas dafür empfangen. Dies führt schnell zu Burnout und Rückzug in noch größere Unabhängigkeit und Dissoziation und ist gewiss nicht der richtige Weg. Den Weg zu wechselseitiger Abhängigkeit schlagen wir ein, wenn wir erkennen, dass Gleichgewicht der einzig gangbare Weg ist. Wenn wir es schätzen lernen, fangen wir an, uns auf natürliche Weise wieder in unser Leben einzubeziehen. Selbsteinbeziehung und Gleichgewicht gehen Hand in Hand. Ohne Selbsteinbeziehung kann es kein echtes Gleichgewicht geben.

Es gibt einige einfache Wege, die dein Leben ins Gleichgewicht bringen und dich über die Konflikte und die Leblosigkeit der Unabhängigkeit hinausführen. Der erste Weg besteht darin, dass du dich verpflichtest, die Liebe deiner Mutter und deines Vaters in gleichem Maße zu empfangen und ihnen deine Liebe in gleichem Maße zu geben. Es ist wichtig zu wissen, dass du die Liebe deiner Mutter und die Liebe deines Vaters in gleichem Maße annehmen darfst. Wenn du das erkennst, musst du nicht fehlerschaffen, indem du ein schmerzhaftes Drama arrangierst, das mit einem oder beiden Elternteilen zu tun hat. Ohne das Gleichgewicht, das mit der gleichwertigen Liebe beider Elternteile einhergeht, machst du fast immer einen Elternteil zum Problemelternteil und den anderen Elternteil zu dem, mit dem du dich im Zustand der Verschmelzung oder Co-Abhängigkeit befindest, in dem es keine natürlichen Grenzen mehr gibt. Bei diesem Elternteil opferst du dich auf, weil du deine Liebe zu ihm mit deiner Co-Abhängigkeit verwechselt hast. Dadurch, dass du dich beiden Elternteilen in gleichem Maße verpflichtest, gleichst du deine eigenen männlichen und weiblichen Energien aus und setzt Unabhängigkeit und Verschmelzung damit ein Ende. Es kann hilfreich sein, in die Zeit zurückzukehren, in der du dieses Gleichgewicht mit deinen Eltern verloren hast. Es ist wichtig zu wissen, dass du die Liebe beider Elternteile verdient hast, und es hilft euch allen dreien, wenn du dich dieser Liebe und ihnen verpflichtest.

Du kannst dich auch dem Gleichgewicht der weiblichen und männlichen Energien in dir verpflichten, bis du in Bezug auf Partnerschaft ein Gleichgewicht von 50:50 erreicht hast. Durch Verpflichtung gelangst du von hier aus weiter zu noch höheren Stadien der Partnerschaft, wie etwa 60:60 oder 70:70. Sobald du bei 100:100 angelangt bist, geht sie einfach in 100 über, was nicht nur Gleichgewicht, sondern Integration bedeutet. Dies ist ein hoher Zustand der Vision, der von großer Kreativität, Liebe und Originalität erfüllt ist. Von hier aus kann Partnerschaft sich noch weiterentwickeln und zunächst höchst kreative und dann mystische Zustände erreichen.

Ein weiterer Schritt zu größerem Gleichgewicht besteht darin, dich der Gleichheit mit allen Menschen in deiner Umgebung zu verpflichten. Immer wenn eine Beziehung in Bezug auf Gleichheit nicht in einem Gleichgewicht von mindestens 50:50 ist, gibt es Urteil, Machtkampf oder Leblosigkeit. Wo Gleichgewicht herrscht, gibt es Fluss, und je größer das Gleichgewicht, umso größer ist auch das Maß an Kreativität und Fülle, das aus der Verbundenheit innerhalb der Beziehung hervorgeht. Es ist wichtig, dass du dich der Gleichheit mit allen Menschen verpflichtest, weil du anderenfalls einen Teil deines eigenen Bewusstseins ausschließt und deinem Leben damit nicht die Möglichkeit gibst, ins Gleichgewicht zu gelangen. Wenn du einen anderen Menschen von der Gleichheit ausschließt, gerätst du entweder in die Falle von Beherrschung und Unterwerfung, oder du trittst den Rückzug an, damit du dich wegen der Fallen, in die du schon geraten bist, weniger schlecht fühlst. Verfalle nicht in den irrigen Glauben, alles sei in Ordnung, wenn du in Wirklichkeit nur derjenige bist, der kontrolliert oder beherrscht. Wenn der andere nicht den Schritt geht und versucht, die Sache durch Kommunikation ins Gleichgewicht zu bringen, greift er entweder an oder sabotiert. Wenn du zuhörst und auf ihn eingehst, werdet ihr beide das Gefühl haben, erfolgreich zu sein, und neues Gleichgewicht kann entstehen. Wenn du dich der Gleichheit immer wieder verpflichtest, trägst du zu immer größerer Ganzheit in der Beziehung auch dann bei, wenn neues Ungleichgewicht aus dem Unterbewusstsein zutage tritt, um geheilt zu werden.

Dein eigenes Gleichgewicht bringt dich zu einer Partnerschaft mit den Menschen in deiner Umgebung und mit dem Himmel. Du gibst und empfängst auf ganz natürliche Weise. Je mehr du selbst im Gleichgewicht bist, umso mehr kannst du Antworten und Gnade empfangen und dadurch den Menschen in deiner Umgebung helfen, Erfolg und Nähe zu vergrößern.

Verpflichte dich zu einem Leben im Gleichgewicht. Nimm wahr, wenn du aus dem Gleichgewicht geraten bist, damit du dich dafür entscheiden kannst, es sowohl durch deine Verpflichtung als auch durch die Gnade zu berichtigen, um die du bittest, damit es für dich vollbracht werden kann.

Lektion 15

Es ist ungerecht

Viele Menschen, die in Workshops oder Coaching-Sitzungen ihre schmerzhaften Ereignisse schildern, rufen aus: „Es ist ungerecht!" Als jemand zum letzten Mal diesen Satz zu mir sagte, fing ich an, über das Thema und die Dynamiken der Ungerechtigkeit im Hinblick darauf nachzudenken, wie dieses unglückselige Lebensmuster transformiert werden kann. Da Ungerechtigkeit kein einmaliges Ereignis, sondern ein Lebensmuster ist, wäre es gut für uns, wenn wir es heilen würden.

Wenn wir das Gefühl haben, etwas sei ungerecht, dann ist das ein Zeichen dafür, dass wir ein Glaubenssystem in uns tragen, demzufolge Dinge ungerecht *sein können*. Es ist nicht schwer, ein Glaubenssystem zu heilen. Der Schlüssel liegt darin, dich dabei zu ertappen. Alles, was du tun musst, um ein bestimmtes Glaubenssystem zu ändern, wenn du erkennst, dass du es hast, besteht darin, nicht länger in es zu investieren. Du kannst dir vorstellen, dass du es loslässt, es in Gottes Hände legst oder es mit einem positiven Glaubenssystem integrierst, wodurch alles, was negativ ist, aufgelöst wird. Du kannst dir auch vorstellen, dass du das negative Glaubenssystem schmelzen lässt, bis nur noch seine reine Energie übrig ist, und dass du diese reine Energie dann wieder in dich aufnimmst. Führe diese Übung jetzt mit allen Glaubenssystemen durch, die du in Bezug auf Ungerechtigkeit hast.

Der Glaube, dass Dinge ungerecht sein können, deutet andererseits auch darauf hin, dass wir womöglich dafür sorgen, dass uns „negative" Dinge zustoßen, von denen wir glauben, sie seien gerecht. Auch das ist nicht wahr, und du solltest es loslassen, weil du – ebenso wie alle anderen Menschen – Mitgefühl und Gnade in jeder Hinsicht verdient hast. Lass jeden Glauben daran los, dass „schlechte Dinge" gerecht sind und dir zustoßen können.

Eine Erfahrung der Ungerechtigkeit zeigt uns, dass unser Bewusstsein gespalten ist. Einerseits lenkt die natürliche Energie unserer Bereitschaft, den nächsten Schritt zu gehen, uns in eine positive Richtung. Auf der anderen Seite *zeigt* unsere Erfahrung der *Ungerechtigkeit* jedoch *einen Aspekt unseres eigenen Bewusstseins*, den wir verurteilt, abgespalten und nach außen projiziert haben und der jetzt ein Hindernis für unser Leben darstellt. Das macht uns glauben, dass wir auf ungerechte Weise ausgenutzt werden. Erfahrungen der Ungerechtigkeit bedeuten auch, dass wir glauben, *wir* seien ungerecht gewesen und die jetzige Situation sei deshalb eine Form von Rache oder Karma. Alle Überzeugungen, dass *wir* ungerecht sind, können jetzt losgelassen werden. Auf einer bestimmten Ebene sind sie entweder Teil eines Musters, in dem *wir uns* infolge unseres eigenen Selbstangriffs *auf ungerechte Weise selbst ausnutzen,* oder aber Teil eines Musters, in dem wir versuchen, die Schuld zu tilgen, die wir fühlen, weil wir irgendwann einmal ungerecht gewesen sind.

Die Abspaltung, die ein Selbstkonzept verbirgt und nun als Hindernis zutage tritt, ist der Versuch, eine positive Selbstidentität zu bewahren. Jede Abspaltung funktioniert auf der Grundlage von Leugnung. Wir vertuschen einen Teil unserer selbst, den wir nicht mögen. Wir geben tatsächlich vor, dass das, was wir abgespalten haben, kein Teil von uns ist, damit wir unser Selbstwertgefühl aufrechterhalten können. Dann vergessen wir die ganze Sache. Leugnung ist jedoch eine Abwehr, die uns irgendwann einmal eine böse Überraschung beschert. Die Spaltung bedeutet, dass unser Bewusstsein in zwei verschiedene Richtungen gleichzeitig strebt. Die eine Richtung scheint unserem Selbst zu gleichen, die andere dagegen überhaupt nicht, und darüber hinaus birgt sie dunkle Überzeugungen, die wir in Bezug auf uns selbst haben. Das ruft Angst und Widerstand hervor. Jeder Teil unseres gespaltenen Bewusstseins fürchtet, der jeweils andere Teil könne seine Ziele erreichen, und jeder Teil fürchtet, dass seine Bedürfnisse nicht erfüllt werden könnten. Das lässt Konkurrenz, Konflikt, Angst und Widerstand vor dem nächsten Schritt entstehen.

Selbstverurteilung kann zu einer Spaltung unseres Bewusstseins führen, die den zurückgewiesenen Teil als Schattenfigur in unserem eigenen Bewusstsein erzeugt. Wir projizieren diese Schattenfigur dann nach außen, weil wir das Gefühl der Schuld nicht ertragen. Diese Projektion kann auf Menschen in unserer Umgebung gerichtet sein und sie zum Bösewicht erklären, der uns zum Opfer macht. Ein innerer Schatten kann uns dazu bringen, uns anderen Menschen gegenüber ungerecht zu verhalten, ohne dass uns bewusst ist, dass das Drehbuch des Schattens in uns selbst am Werk ist. Weil wir den Teil, den wir an uns selbst verurteilen, abgespalten haben, kann es passieren, dass wir uns einem anderen Menschen überlegen fühlen und ihn deshalb ungerecht behandeln. Diese Spaltung führt dazu, dass wir uns – zumindest eine Zeitlang – in unserer eigenen Haut wohl- und anderen

Menschen überlegen fühlen. Wir glauben, dadurch zumindest uns selbst bewiesen zu haben, dass wir den Konkurrenzkampf gewonnen haben. Doch Überlegenheit ist immer ein Teufelskreis, der mit versteckter Unterlegenheit einhergeht. Auch die damit verbundene Ungerechtigkeit stellt sich meist sehr schnell ein. Das alles kann nun als schlechte Investition losgelassen werden.

Wir können uns aus dem Teufelskreis von Überlegenheit und Unterlegenheit auch dadurch befreien, dass wir ihn integrieren, indem wir beide Seiten einschmelzen, bis nur noch ihre reine Energie übrig geblieben ist, und diese nun gereinigte Energie wieder in uns aufnehmen. Dasselbe können wir auch mit einer Schattenfigur tun. Wir können alle Schatten eines bestimmten Typs, wie etwa den *Schatten des Bösewichts*, integrieren, die gereinigte Energie wieder in uns aufnehmen und so unser gespaltenes Bewusstsein heilen.

Das Gefühl, etwas sei ungerecht, ist eine Opferhaltung. Es ist die schwächste Haltung, die es im Hinblick auf Erfolg gibt. Wenn wir zum Opfer gemacht wurden, dann brauchen wir Liebe, Trost und Mitgefühl. Wenn wir aber über das schmerzhafte Muster hinausgelangen wollen, müssen wir uns selbst heilen. Dazu müssen wir unsere Schuld entschlossen aufgeben, denn Schuld hat zu dem ungerechten Ereignis geführt, das wir benutzt haben, um uns zu bestrafen. Wenn wir ein Hindernis, das wir als ungerechtes Ereignis betrachten, nicht heilen, kann daraus später eine ganze weitere Schicht an schlechten Gefühlen und Schuld hervorgehen. Dies ist möglich, weil die ursprüngliche Schuld nicht geheilt wurde und der Selbstangriff, der stets Folge eines Opferereignisses ist, Schuld und Selbstangriff verstärkt.

Es ist an der Zeit, jede und alle Schuld loszulassen, die wir im Hinblick auf unsere ungerechten Opfersituationen haben, und sie als Illusion zu erkennen, die das Ego am Leben erhält. Diese Schuld stärkt unser Ego, nicht aber unsere Wesensnatur. In jeder ungerechten Situation kannst du dich intuitiv fragen, wofür du dich selbst bestraft hast. Lege die Illusion der Schuld aus dieser Situation in Gottes Hände. Gott ist das Prinzip der Unschuld, und er weiß, dass wir uns in unserem wahren Wesen, in dem er uns als unschuldig geschaffen hat, nicht verändern können. Gott erkennt uns als grundsätzlich unschuldig. Das gestattet es uns, Verantwortung zu übernehmen, indem wir die Schuld und ihre Opfersituationen loslassen. Verantwortung ist eine Haltung der Ermächtigung, die uns hilft, alle Fehler zu berichtigen, die unser Ego in Schuld verwandeln will, um sich selbst stärker zu machen.

Wenn wir sagen, etwas sei ungerecht, dann ignorieren wir außerdem das Prinzip, demzufolge wir ernten, was wir säen, und demzufolge alles, was geschieht, unserem eigenen Denken oder Handeln entsprungen ist. Es ist das Gesetz des Karma, dem wir alle unterliegen. Zum Glück für uns glaubt Gott nicht an Karma. Er weiß, dass wir seine geliebten Kinder sind. Für Gott ist die Geschichte damit zu Ende. Um über das Gesetz des Karma hinausgelangen zu können, brauchen wir Vergebung und die Bereitschaft, uns als Kind Gottes zu erkennen und zu wissen, dass wir nur gute Dinge verdient haben und nicht das, was das Ego uns zugedacht hat.

Durch Vergebung kannst du dich selbst, das ungerechte Ereignis und alle daran beteiligten Menschen befreien. Wenn wir zulassen, dass uns ein ungerechtes Ereignis zustößt, dann greifen wir damit gleichzeitig einen Menschen an, der uns nahesteht. Es ist wichtig, auch ihm zu vergeben.

Wenn wir uns auf die Seite des Egos stellen und auf seine Schmeicheleien, die uns niemals glücklich machen können, hereinfallen, dann binden wir uns an ein Muster der Ungerechtigkeit. Der Plan des Egos, der zum Beispiel darin bestehen kann, Schuld durch Selbstangriff zu tilgen, uns vor Angst zu schützen oder zu beweisen, dass wir im Recht sind, führt ganz einfach zu noch mehr Schmerz. Wir müssen diese Investition in das Ego aufgeben, weil sie ein schlechtes Geschäft ist.

Kehre in die Zeit zurück, in der du dich dafür entschieden hast, den Weg des Egos einzuschlagen, der die jetzige Ungerechtigkeit in Gang gesetzt hat.

Wenn du es wüsstest, wie alt warst du?

Wenn du es wüsstest, wer war anwesend?

Wenn du es wüsstest, was ist geschehen?

Was hat das Ego dir angeboten, damit du seinen Weg einschlägst?

Hat es dich glücklich gemacht?

Was haben dir der Himmel und dein höheres Bewusstsein andererseits an Gaben angeboten, die der negativen Situation vorbeugen und dir einen besseren Weg hätten zeigen können?

Kehre zu der Wegkreuzung zurück, an der du unmittelbar vor dem Moment warst, in dem du den Teil deines Bewusstseins abgespalten hast, der dann zu Ungerechtigkeit wurde, und in dem du den Weg des Egos hinabgegangen bist und damit dieses Muster der Ungerechtigkeit in Gang gesetzt hast. Triff nun eine andere Entscheidung. Du kannst stattdessen die Gabe annehmen, die dir von deinem höheren Bewusstsein angeboten wird, sie mit allen Menschen teilen, die in der Situation anwesend waren, und den Weg hinaufgehen, der Problemlosigkeit und Leichtigkeit bringt und nicht von Hindernissen und Ungerechtigkeit durchkreuzt wird.

Wir sind derjenige, der das Drehbuch der Ungerechtigkeit im Leben schreibt. Wir sind derjenige, der Träume von Ungerechtigkeit träumt. Es ist unser Traum, und es ist an der Zeit, ihm und den Menschen zu vergeben, die in unserem Traum ungerecht zu uns gewesen sind. Auch uns selbst als dem Träumer des Traums müssen wir vergeben. Vergib allen Menschen, die dir im Hinblick auf Ungerechtigkeit und dein Drehbuch der Ungerechtigkeit in den Sinn kommen. Es wird Zeit, dass wir auf dieser tiefsten Ebene unseres Lebens die Verantwortung übernehmen. Das bringt uns von Erfahrungen der Ungerechtigkeit zur Vergebung und schließlich zum Bewusstseinserwachen für das, was wir wirklich verdient haben – alle guten Dinge.

Lektion 16

Selbstkonzepte

Ein Selbstkonzept ist eine Überzeugung, und es entsteht durch eine Entscheidung, die wir im Hinblick auf uns selbst treffen. Es ist ein Teil unseres Egos, der uns auf eine subtile Weise von anderen Menschen trennt. Dieses Selbstkonzept wird dann in unserem Bewusstsein statisch verankert, und es lenkt unsere Wahrnehmung und Erfahrung. Wir haben eine Entscheidung getroffen, und sie hat zu einer Überzeugung geführt, die nun ihrerseits zu bestimmten, sich aus diesem und anderen Selbstkonzepten ergebenden Emotionen, Erfahrungen und Verhaltensweisen führt. Diese Verhaltensweisen verstärken unweigerlich sowohl unsere Emotionen als auch unsere Selbstkonzepte. Wenn wir zum Beispiel beschließen zu glauben, wir seien schuldig, dann fühlen wir uns schuldig und handeln so, wie ein schuldiger Mensch handeln würde, das heißt, wir machen Vorwürfe, urteilen, opfern uns auf, greifen an, ziehen uns zurück oder handeln ohne Wert. Diese Verhaltensweisen verstärken unweigerlich unser Schuldgefühl. Das heißt, dass unsere Selbstkonzepte sich im Hinblick auf unsere Schuld sowohl selbst am Leben erhalten als auch verstärken. Alle Überzeugungen, die wir haben, sind tatsächlich Selbstkonzepte oder Überzeugungen im Hinblick auf uns selbst. Unsere Überzeugungen bilden unsere Wahrnehmung. Unsere Wahrnehmung wird damit zu unserer Welt, und sie ist von den Selbstkonzepten bevölkert, die wir nach außen projiziert haben. Wir sehen in der Welt nur uns selbst. So ist das Sprichwort entstanden, das ich vor ein paar Jahren erfunden habe, als ich von der Torheit sprach, die darin liegt, andere Menschen anzugreifen, weil wir damit unweigerlich uns selbst angreifen.

> *„Menschen, die im Spiegelhaus leben,*
> *sollten nicht mit Steinen werfen."*

Selbstkonzepte verlangen, dass sie eingehalten werden. Sie setzen uns nicht nur Ziele, sondern bestrafen uns auch, wenn wir nicht nach ihren Regeln leben. Unser Ego besteht aus unseren Selbstkonzepten, und sie sind es, die

Befangenheit, Selbstangriff und Selbstqual verkünden. Unsere Persönlichkeiten setzen sich im Grunde aus unseren Selbstkonzepten zusammen. Unsere Selbstkonzepte gleichen einem dünnen Furnier der Trennung zwischen uns und der Welt. Sie hindern uns am Empfangen und daran, im Fluss zu sein. Unsere Persönlichkeiten sind die Bausteine unseres Egos, und darauf gründet die Gesellschaft. Sie gleichen Zellophanverpackungen, in *denen wir gemeinsam mit anderen Menschen allein sind.* Letztendlich sollen sie die Trennung aufrechterhalten und wahre Zugehörigkeit und Liebe verhindern. Unsere Selbstkonzepte geben uns die Möglichkeit, uns einander zu nähern, ohne einander wirklich zu berühren. Das blockiert sowohl den Fluss als auch die Freude. Liebe ist dagegen das Prinzip, dem Verbindung wichtiger als unsere Selbstkonzepte ist.

Wir haben zahllose Selbstkonzepte, die alle um eine Vormachtstellung wetteifern. Jedes Selbstkonzept weist uns in eine bestimmte Richtung. Jedes Selbstkonzept hat sein eigenes Ziel, von dem es glaubt, dass es zum Erfolg führen und ihm die Möglichkeit geben wird, die speziellste unserer vielen Persönlichkeiten zu sein. Es verspricht, dass wir dadurch zu einem ganz speziellen Menschen werden. Selbstkonzepte sind deshalb von Konkurrenz und Konflikten geprägt, die ihrerseits Angst, Stress und einen Mangel an innerem Fluss erzeugen. Wir tragen auch kompensierende Selbstkonzepte in uns, um die Selbstkonzepte unserer Schattenfiguren zu verstecken. Obwohl wir gute Arbeit leisten, blockiert eine Kompensation das Empfangen, denn sie ist nur eine Abwehr, die beweisen soll, dass wir nicht das sind, was wir verborgen haben. Außerdem lässt das hautenge Korsett eines Selbstkonzeptes nicht zu, dass wir den Lohn für unsere Arbeit empfangen. Selbstkonzepte verhindern die Erfrischung und Verjüngung, die Geben auf natürliche Weise mit sich bringt. Das verstärkt unseren Stress nicht nur, sondern führt außerdem auch zu neuem Stress aufgrund der Forderungen, die ein Selbstkonzept an uns stellt.

Ein Selbstkonzept stärkt das Ego, das sich stets selbst den Vorrang geben und schützen will. Es ist darauf bedacht, uns größer oder kleiner zu machen, damit es sich selbst stärker machen kann. Unsere Persönlichkeiten liefern die Stimmen in unserem Kopf, die uns befehlen, etwas Bestimmtes zu tun, und die uns angreifen, indem sie uns erklären, dass wir alles andere als etwas Besonderes und ganz gewiss nicht das sind, was unser Ego benutzen würde, um seine einzigartige Überlegenheit zu bekunden. Das Ego sorgt meist dafür, dass wir so mit uns selbst beschäftigt sind, dass die Menschen in unserer Umgebung und ihre Bedürfnisse uns gar nicht bewusst sind. Wir werden für ihre Hilferufe taub. Würden wir auf die Hilferufe eingehen, entstünde dagegen ein Maß an Verbindung, das Fluss entstehen ließe und eines unserer Selbstkonzepte mit seiner Befangenheit und seinem Selbstangriff zum Schmelzen brächte. Die Stimmen der vielen Persönlichkeiten in unserem Kopf greifen uns an, um dafür zu sorgen, dass wir nur auf uns selbst schauen. Wenn wir auf den Hilferuf eines anderen Menschen eingehen, dann platzt das Selbstkonzept, das auf uns eingeredet hat, wie ein Ballon, den man mit einer Nadel durchsticht.

Sobald du eine Stimme in dir dabei ertappst, dass sie dich befangen macht, frage dich intuitiv: „Wer braucht meine Hilfe?"

Du bist aufgefordert, dem Menschen zu helfen, der dir in den Sinn kommt. Frage dich nun: „Wie kann ich ihm helfen?"

Wenn dir nichts Konkretes in den Sinn kommt, sende dem betreffenden Menschen deine Liebe. Das lässt die von deinem Selbstkonzept erschaffene Zellophanverpackung aufplatzen, gibt dir die Möglichkeit, dich mit ihm zu verbinden, und bringt euch beide in einen Fluss hinein.

Wenn du dich wegen einer Sache schlecht fühlst, dann wird dieses Gefühl immer durch ein Konzept hervorgerufen, das du von dir selbst hast. Frage dich, wer deine Hilfe braucht, und gehe darauf ein. Du kannst diese Methode bei jedem Problem einsetzen, das du hast.

˙ *„Wer braucht meine Hilfe?"*

Sollte sich dadurch, dass du liebevoll und hilfsbereit auf einen anderen Menschen eingehst, nicht das ganze Problem auflösen, nimmt es doch zumindest eine Schicht des Problems fort. Wenn neuer Selbstangriff aus einer anderen Richtung kommt oder mehr hinter dem Schmerz oder dem Problem steckt, dann kannst du die Übung ganz einfach wiederholen. Dein Selbstgewahrsein nutzt Selbstangriff als Indikator dafür, dass jemand in deiner Welt deine Hilfe braucht. Du kannst Selbstangriff als Chance nutzen, um einem anderen Menschen zu helfen, und indem du es tust, erschaffst du neuen Fluss für euch beide. Höre erst auf, wenn du Frieden spürst und alle negativen Stimmen sich aufgelöst haben. Auf diese Weise entwickelst du dich weiter. Dein Geist wird still, und du bist im Fluss. Wenn du alle negativen und fordernden Selbstkonzepte schließlich aufgegeben hast, erlangst du Zugang zu den positiven Selbstkonzepten, die dich für die Freude und die Gnade deines *Seins* öffnen.

Alle Glaubenssysteme sind Überzeugungen, die du von dir selbst hast. Was du in der Welt siehst, rührt von deinen Überzeugungen her, bei denen es sich in Wirklichkeit um Selbstkonzepte handelt, die deine Wahrnehmung prägen. Du siehst in der Welt das, was du von dir selbst glaubst. Um deine Wahrnehmung zu verändern, kannst du deine Selbstkonzepte loslassen oder der Welt und dir vergeben. Das ersetzt die Selbstkonzepte durch Frieden, und es befreit dich und die Welt.

Blicke heute auf deine Welt und nimm die Selbstkonzepte, die du in dir trägst, in der Form wahr, in der sie dir durch das gezeigt werden, was du in deiner Welt siehst. Vergib dir für alles, was du „da draußen" nicht magst, und lass die Überzeugungen los, die du in Bezug auf dich selbst hast. Sie bereiten dir in deiner Welt nur Probleme, weil sie deinen inneren Konflikt widerspiegeln. Du kannst alles durch Vergebung, Loslassen und dadurch verändern, dass du anderen Menschen hilfst.

Lektion 17

Du trägst die Vergangenheit nicht in dir

Die Vergangenheit existiert nicht mehr. Sie ist vorüber und vorbei. Dennoch taucht kein Problem *ganz einfach* auf. Alle Probleme rühren aus der Vergangenheit her. In der Psychiatrie nennt man das Übertragung. Wenn deine Gegenwart also nicht von Liebe, Glück und Erfolg geprägt ist, dann ist sie von Übertragung geprägt. Aller Schmerz ist deshalb Schmerz aus der Vergangenheit, der in der Gegenwart ausgelöst wird. Jedes Problem ist ein Problem aus der Vergangenheit, das sich als gegenwärtiges Problem maskiert hat. Die Vergangenheit existiert jedoch nicht mehr. Alle Probleme rühren aus einer Vergangenheit her, die nicht mehr existiert, und wir benutzen die Vergangenheit, um uns selbst am Weitergehen zu hindern und die Vergangenheit am Leben zu halten. Wir benutzen die Vergangenheit als Ausrede. Wir sind ihr verhaftet. Sie erteilt uns die Erlaubnis, das, was wir jetzt tun wollen, zu tun oder Dinge, die wir nicht tun wollen, nicht zu tun. Wir benutzen die Vergangenheit, um unsere Angst zu schützen, aber dadurch, dass wir sie am Leben erhalten, vergrößern wir nur die Angst. Wir versuchen, alte Schuld zu tilgen, indem wir gegenwärtige Probleme benutzen, um uns selbst zu bestrafen, aber das lässt die Schuld nur größer werden. Wir versuchen zu verhindern, dass wir verletzt werden, indem wir verlangen, dass alles nach unserem eigenen Willen gehen soll, und indem wir sowohl Menschen als auch Situationen kontrollieren. Das führt jedoch nur zu Kampf und Verletzung. Wir benutzen die Vergangenheit, um zu beweisen, dass wir mit unseren Überzeugungen und mit unserer Sicht auf die Welt recht haben, aber Recht-haben-Wollen verbirgt nur, wie sehr wir uns schuldig fühlen, und nichts davon macht uns glücklich.

Die Wurzeln jedes Problems liegen in der Vergangenheit, aber die Vergangenheit existiert nur noch in der Form, in der wir sie als Waffe einsetzen, um in der Gegenwart unseren Willen durchzusetzen. Wir glauben an eine Tagesordnung des Egos, aber jede Tagesordnung des Egos steuert auf Amnesie, Schlaf und schließlich Tod zu. Das ist ein äußerst schlechtes Geschäft. Unsere Probleme folgen Tagesordnungen unseres Egos, zu denen neben der bereits erwähnten noch eine Reihe weiterer Dynamiken gehören: in einem Machtkampf benutzt werden, ein Wutanfall, ein Racheakt oder ein Werkzeug im Kampf gegen Gott. Weitere Dynamiken, die uns dazu bringen, die Vergangenheit in die Gegenwart zu tragen, um sie zu überdecken und zu ersetzen, sind der Wunsch nach Unabhängigkeit, der Wunsch, uns zu verstecken oder klein zu sein, und der Versuch, unserer Lebensaufgabe aus dem Weg zu gehen. Unabhängig davon, welche Dynamik an der Wurzel eines Problems liegt, ist sie ganz einfach immer ein schlechtes Geschäft, und wir müssen nicht länger an sie glauben. Wir können die Vergangenheit loslassen und mit ihr die Ausreden, für die wir sie benutzen. Wir können stattdessen die Wahrheit wertschätzen und die Entfaltung, die sie uns bringt.

Die folgende, aus drei Schritten bestehende Übung ist eine schnelle Möglichkeit, die du benutzen kannst, um Probleme aufzulösen.

1. Schließe deine Augen, und denke über dein Problem nach. Wofür benutzt du es jetzt?
Was kannst du tun, weil du dieses Problem hast?
Welche Ausrede liefert es dir?
Überlege, ob diese Dinge dich glücklich machen.
Falls nicht, lass es los. Betraue dein höheres Bewusstsein damit, dich davon zu befreien, denn das ist seine Aufgabe.

2. Wenn du es wüsstest, welchen Zwischenfall aus der Vergangenheit benutzt du als Wurzelmuster für deine gegenwärtigen Probleme?
Auf welche Weise dient es dir jetzt?
Was brauchst du nicht zu tun, indem du daran festhältst?
Hat der Lohn, den du dafür empfängst, dich jemals glücklich gemacht?
Wärest du bereit, es jetzt loszulassen?

3. Würdest du dieses Wurzelereignis und das dazugehörige Muster deinem höheren Bewusstsein übergeben, damit es sie für dich auflösen kann?
Welche Gabe hat dein höheres Bewusstsein dir anstelle dieses Wurzelproblems angeboten?
Nimm die Gabe an, und teile sie mit den Menschen, die anwesend waren, als das Wurzelereignis eingetreten ist.
Teile die Gabe zum Schluss auch mit den Menschen, die in dein jetziges Problem verwickelt sind.

Dort, wo du festgesteckt hast, bringt diese Übung neuen Fluss in dein Leben hinein. Sie nimmt dir deine Angst vor Erfolg, die du unter diesem Muster versteckt hattest, und bringt dich auf natürliche Weise zur nächsten Stufe des Erfolges voran, die bereits für dich verfügbar ist.

Lektion 18

Was unser Stress uns zeigt

S tress im Leben ist ein Hinweis darauf, dass wir einen Fehler machen. Die Wurzel unseres Stresses liegt im Verlust unserer Verbundenheit. Der Stress in unserem Leben hat an dem Punkt in der Vergangenheit begonnen, an dem wir unsere Verbundenheit verloren oder vielmehr entschieden haben, sie zu verlieren. Im Laufe meiner Arbeit mit traumatisierten Menschen habe ich festgestellt, dass es ihre eigenen unterbewussten Entscheidungen waren, die zum Verlust der Verbundenheit geführt hatten, der Ursache ihres Stresses war. Als ich anfing, das Unterbewusstsein zu erforschen, war ich äußerst verblüfft, als ich entdeckte, dass wir sogar im Mutterleib schon Entscheidungen treffen, die uns unser Leben lang beeinflussen. Sobald sie rückgängig gemacht wurden, lösten sich auch die damit verbundenen Probleme auf.

Unmittelbar vor dem Moment, in dem wir unsere Verbundenheit verlieren, treffen wir eine falsche Entscheidung, weil wir glauben, dass wir durch unsere Unabhängigkeit und Dissoziation etwas von Wert gewinnen. Das führt zu Stress und Dissoziation, und es blockiert unsere Fähigkeit zu empfangen. Der Verlust unserer Verbundenheit lässt uns glauben, dass wir alles aus eigener Kraft tun müssen und dass die Last allein auf unseren Schultern liegt. Stress ist der hohe Preis, den wir für den so genannten „Lohn" der Unabhängigkeit bezahlen.

Unser Stress fügt sich in heimliche – oder auch weniger heimliche – Formen von Etwas-Besonderes-sein-Wollen und Aufmerksamkeit-erregen-Wollen ein. Er ruft: „He! Schaut mich an. Schaut euch an, was ich alles zu tun habe. Ich bin eine sehr wichtige Person!" (Wenn wir die Verbundenheit verloren haben, dann ist das eine Sache, derer wir uns immer wieder selbst versichern müssen.) Es kann auch „dunkler Glanz" damit verbunden sein, der unser Etwas-Besonderes-Sein in Bezug darauf nährt, wie schwer und schlimm die Situation ist, in der wir uns befinden. So erregen wir Aufmerksamkeit auf eine negative Weise, und damit stärken wir nicht unseren Erfolg, sondern nur unser Ego.

Unser Stress zeigt uns nicht nur, wo wir Verbundenheit verloren haben, sondern auch, wo wir ihr jetzt Widerstand leisten. Durch den Verlust unserer Verbundenheit ist die Trennung zwischen uns und den Menschen, mit denen wir uns verbinden möchten, von Angst und Widerstand geprägt. Hinzu kommt, dass, wenn wir bedürftig sind, unser gespaltenes Bewusstsein, das durch den Verlust unserer Verbundenheit entstanden ist, versteckte Zwiespältigkeit in Bezug darauf erzeugt, ob wir verbunden sein oder unsere Bedürfnisse erfüllt haben wollen. Unsere Zwiespältigkeit hält uns von genau der Sache fern, die wir brauchen. Sie erklärt außerdem, warum Strategien, die dazu dienen sollen, unsere Bedürfnisse zu erfüllen, so selten erfolgreich sind. Der von unserem gespaltenen Bewusstsein hervorgerufene Verlust der Verbundenheit sorgt dafür, dass wir eine Sache wollen und gleichzeitig nicht wollen. Das ist – um es milde auszudrücken – anstrengend. Man könnte es damit vergleichen, dass wir versuchen, auf zwei Pferden gleichzeitig zu reiten, die noch dazu in entgegengesetzte Richtungen laufen. Partnerschaft verringert emotionalen Stress, weil sie dafür sorgt, dass wir uns in unserem eigenen Bewusstsein und auch zusammen mit anderen Menschen für eine gemeinsame Richtung entscheiden. Diese Gemeinsamkeit kann auch dazu führen, dass wir körperlich weniger hart arbeiten müssen, denn bereits das altbekannte Sprichwort sagt: „Viele Hände machen bald ein Ende."

Stress zeigt uns, wo wir Widerstand leisten und wo unser Bewusstsein gespalten ist. Wir haben zwei unterschiedliche Ziele, auch wenn wir uns vorgeblich für das positive Ziel entschieden haben. Das *muss* ganz einfach stressig sein. Wir leisten genau dem Widerstand, was wir wollen, und je näher wir ihm kommen, umso stärker wird dieser Widerstand. Das weist eindeutig auf eine Erwartung hin. Wir haben Erwartungen in Form von subtilen oder auch weniger subtilen Forderungen, die wir benutzen, um den Verlust unserer Verbundenheit zu kompensieren. Dann stellen wir Forderungen in dem Versuch, verlorene Verbundenheit wettzumachen und unsere Bedürfnisse erfüllt zu bekommen. Diese Forderungen sind kontraproduktiv und führen zu Enttäuschung und Frustration. Auf einer unterbewussten Ebene zeigen diese Emotionen natürlich einen Ort, an dem wir uns unseren eigenen Zielen widersetzen.

Stress zeigt, dass wir Widerstand geleistet haben, statt anzunehmen, dass wir verurteilt haben, statt zu segnen, und dass wir Groll gehegt haben, statt zu vergeben. Widerstand, Urteil und Groll halten uns im schlimmstmöglichen Szenario gefangen, statt zu erlauben, dass eine Situation sich auf gesunde Weise entfalten kann. Widerstand, Urteil und Groll blockieren den Fluss und sorgen dafür, dass wir in unserem Problem steckenbleiben. Urteil verhindert Inspiration und lässt uns verzweifelt nach Antworten suchen.

Stress zeigt, dass wir nicht mehr im Fluss sind und kein Gefühl für den richtigen Zeitpunkt haben. Wenn wir nicht mehr im Fluss sind, dann müssen wir diese Tatsache wettmachen, indem wir uns antreiben. Das verbraucht unnötige Energie und ist noch dazu kontraproduktiv. Diese Art von Stress zeigt deutlich, dass wir unseren Motor auch dann noch auf Hochtouren laufen lassen, wenn wir von einer roten Ampel zum Anhalten gezwungen werden.

Stress zeigt uns, wo wir anhaften. Nicht nur aller Schmerz rührt von Anhaftung her, sondern auch aller Stress. Anhaftung erfüllt uns mit Angst, weil wir das blockieren, wovon wir glauben, es zu brauchen. Das ist frustrierend, enttäuschend und stressig. Je stärker wir verhaftet sind, umso ängstlicher, drängender und gestresster sind wir. Das hat eindeutig negative Auswirkungen sowohl auf unsere Zuversicht als auch auf unser Empfangen.

Stress zeigt uns, dass wir nicht nur uns selbst, sondern auch andere Menschen antreiben. Die Tatsache, dass wir uns selbst antreiben, beruht auf Angst und Bedürfnis und wirkt unseren vorgeblichen Zielen entgegen. Es ist so, als ob wir an einem Rennen teilnehmen und von hinten geschoben werden. Nichts könnte uns stärker aus dem Tritt bringen. Stress zeigt, dass wir uns zu sehr anstrengen und uns zu sehr antreiben. Das verringert unsere Attraktivität, weil unsere Unsicherheit dadurch nur allzu offen zutage tritt.

Angst und Stress werden zu einem Teufelskreis, der noch mehr Angst und Stress hervorruft. Stress verschmilzt gleichermaßen mit Anhaftung, Etwas-Besonderes-sein-Wollen und Widerstand und erzeugt dadurch nicht nur einen Teufelskreis, sondern einen „Brandungsrückstrom", der ein Teufelskreis ist, an dem drei oder noch mehr Dynamiken beteiligt sind. Ohne Verbundenheit geraten wir sehr leicht in einen Teufelskreis, dessen Spirale immer weiter abwärts führt und uns selbst und andere Menschen mitreißt. Sehr häufig führt er auch zu Krankheit oder dazu, dass wir im Beruf, in Beziehungen und im Leben aufgeben.

Unser Stress entspricht dem Maß unserer Dissoziation und Leugnung. Obwohl wir unsere dunklen Emotionen möglicherweise vergraben haben, erzeugen sie auch dann Stress und Schmerz, wenn wir sie wegen der Abwehrmechanismen, die wir gegen sie in Stellung gebracht haben, nicht spüren können. Stress, Dissoziation und der darunter liegende Schmerz können ihre eigenen Teufelskreise erzeugen. In dem Maße, in dem wir uns immer stärker abschneiden, nehmen unsere Gefühllosigkeit und unser Stress in einem selbstzerstörerischen Muster immer mehr zu.

Unser Stress entsteht auch aufgrund bestimmter negativer Selbstkonzepte, die anfällig für Stress und Glaubenssysteme über Stress sind. Jedes Selbstkonzept ist ein wenig Trennung und birgt daher immer auch ein wenig eigenen Stress. Überzeugungen gehen von Selbstkonzepten aus, sodass wir die Bedürfnisse dieser Persönlichkeiten früher oder später befriedigen, indem wir sie ausleben. Diejenigen Persönlichkeiten, die wir stärker verurteilt haben, projizieren wir nach außen in die Welt. Natürlich haben alle diese Persönlichkeiten oder Selbstkonzepte andere Vorstellungen davon, was Erfolg ist, und steuern deshalb alle in verschiedene Richtungen auf ihre eigenen Ziele zu. Unsere Schattenfiguren wirken sich in der Tat zerstörerisch auf unseren Erfolg aus, und sie tun es entweder direkt dadurch, dass wir sie ausleben, oder indirekt dadurch, dass wir uns für sie bestrafen.

Einige Gegenmittel gegen Stress

1. **Anhaftung loslassen**
   Wenn du gestresst bist, liste alle Dinge auf, an denen du anhaftest. Sie beruhen auf Bedürfnissen, die ein Versuch sind, zu bekommen oder zu nehmen. Lass deine Anhaftungen los. Lass alle Konflikte los, derer du dir bewusst wirst, und auch alle Teufelskreise, die du entdeckst. Lass alle negativen Überzeugungen los, die du findest.

2. **Partnerschaft**
   Erkenne die Partnerschaft, die dir von Menschen in deiner Umgebung angeboten wird, und nimm sie von ganzem Herzen an. Beginne mit der Gnade und der Liebe des Himmels, damit sie dich dabei unterstützt. Schlage den Weg zur Partnerschaft ein. Verpflichte dich der Partnerschaft sowohl auf der Arbeit als auch zu Hause. Werde zu einem Meister der Partnerschaft.

3. **Bewusstheit und Entscheidung**
   Werde dir bewusst, worin deine heimlichen Belohnungen für Stress bestehen. Triff eine neue Entscheidung, in eine lebensbejahende Richtung zu gehen, statt in eine Richtung, die nur dein Ego stärker macht.

4. **Vergebung**
   Vergib allem, was dich ärgert, und jedem, der dich ärgert. Tu es so lange, bis du Frieden spürst. Denke daran, dass du möglicherweise einen unbewussten Konflikt heilst. Verpflichte dich deshalb der Vergebung, bis sich ein Gefühl des Friedens einstellt.

Beobachte, welche Wirkung die Übungen im Hinblick darauf haben, deinen Stress zu verringern. Wiederhole sie, soweit es notwendig ist, jeden Tag. Jede der Übungen kann dich von Stress befreien, und gemeinsam oder in beliebiger Kombination können sie dir eine reiche Palette an Heilungswerkzeugen bieten.

Lektion 19

Weitere Heilmittel für Stress

Es gibt noch weitere Heilmittel für Stress, die hilfreich für dich sein können. Zwei davon möchte ich hier vorstellen. Die erste Methode ist hilfreich, um sowohl Widerstand als auch Stress zu überwinden. Bei ihr geht es darum, Urteil und Schuld auszuräumen. Wenn wir einen anderen Menschen verurteilen, dann heißt das, dass wir ihm Widerstand leisten. Wir wollen uns von ihm abtrennen, ihm überlegen sein oder beweisen, dass wir nicht so sind wie er. Es liegt jedoch im Wesen der Wahrnehmung, dass wir das nach außen projizieren, was wir bei uns selbst ablehnen. Wenn wir deshalb etwas außerhalb von uns selbst sehen können, glauben wir es unterbewusst oder – bei Schattenfiguren – unbewusst von uns selbst. Was wir über einen anderen Menschen denken, entspricht dem, was wir über uns selbst denken. Es ist sehr verlockend, jemanden zu verurteilen, aber es verschärft eine ohnehin schlimme Situation noch weiter. Der Mensch, den wir verurteilen, braucht offenkundig Hilfe. Verurteilen wir ihn, oder helfen wir ihm? Sind wir ein Teil der Lösung oder ein Teil des Problems? Segnen wir, oder greifen wir an? Wenn wir segnen, dann segnen wir uns selbst. Wenn wir angreifen, dann greifen wir uns selbst an.

Urteile führen dazu, dass uns eine Situation so, wie wir sie verurteilt haben, real erscheint. Das führt dazu, dass wir uns aufopfern und damit die Situation so, wie wir sie verurteilt haben, auf unseren Schultern tragen oder bereinigen müssen oder durch sie zumindest belastet werden. Das Gegenteil von Urteil ist Segen. Wenn wir einen anderen Menschen segnen, dann erkennen wir uns selbst als gesegnet. Das bringt den Fluss für uns beide wieder in Gang. Unser Geist öffnet sich der Inspiration, und wir handeln lösungsorientiert. Wenn wir alle Menschen und alle Dinge segnen, öffnen wir uns für die Fülle des Himmels. Wir erzeugen ein gewisses Maß an Reibungslosigkeit und Fluss für sie und uns selbst, statt im Widerstand oder in der schwächenden Negativität gefangen zu bleiben, die mit einem Urteil einhergeht. Reibungslosigkeit, Leichtigkeit und Fluss sind gleichbedeutend mit Segen, und sie sind eine natürliche Folge des Segens, den wir schenken.

Vergebung ist ein weiteres Prinzip der Heilung, das Widerstand, Urteil und Stress klärt. Wir können uns nur dann schlecht fühlen oder leiden, wenn wir Angriffsgedanken haben, die sich gegen einen anderen Menschen richten. Der Groll, den wir gegen einen anderen Menschen hegen, nagelt uns sprichwörtlich ans Kreuz. Er ist zudem fehlgeleitet, vom Ego ins Leben gerufen, um uns selbstgerecht und starr zu machen. Dieser Mangel an Veränderung schützt das Ego, ist für uns selbst aber weder erfolgversprechend noch gesund. Unser Groll richtet sich gegen die Menschen, die dafür stehen, wie wir einmal waren oder gewesen zu sein glauben. Unsere Schuld ist dadurch zum Angriff auf einen anderen Menschen geworden, der nur unsere Hilfe und unser Mitgefühl verdient hat, wie auch wir nur Hilfe und Mitgefühl und nicht diesen Angriff auf uns selbst und andere Menschen verdienen.

Vergebung hilft und befreit uns. Sie hilft uns, nach dem alten Motto zu leben, das ich mir letztes Jahr ausgedacht habe:

Es gibt keine bösen Jungs.
Nicht einmal du gehörst dazu.

Immer wenn wir uns schlecht fühlen oder unser Leben von Widerstand oder Stress geprägt ist, hegen wir Groll gegen einen anderen Menschen. Durch unsere Vergebung können wir ihn heilen.

Die folgende ganz einfache Übung der Vergebung ist für jede Situation geeignet. Denke an jeden Menschen, gegen den du einen Groll hegst, und mache die folgenden Worte zu einem Mantra, bei dem du lediglich die Namen der Menschen austauschst, die dir in den Sinn kommen.

Ich vergebe dir, (Name),
wie ich mir selbst vergebe.
Ich lege es dir nicht zur Last,
weil ich es mir selbst nicht zur Last lege.
Durch Gottes Liebe
vergebe ich dir und mir selbst.

Vergebung lässt die unterbewusste und unbewusste Schuld los, die wir unter all unserem Groll vergraben haben. Sie ist eine heilende Gabe, die Stress durch Frieden ersetzt.

Lektion 20

Das Haus des Friedens

Bei diesem Heilmittel für Stress wirst du deine Vorstellungskraft benutzen, um ein Haus des Friedens zu erschaffen. Du kannst dir vorstellen, dass es dein liebster Ort auf der ganzen Welt ist. Es hat vielleicht ein großes Aussichtsfenster oder eine Seite, die sich zur Natur hin öffnet. Stelle dir vor, dass in deinem Bad eine Dusche eingebaut ist, die verschiedenfarbiges Licht aussendet, das nicht nur über dich hinweg, sondern auch durch dich hindurchfließt und dir Frieden, Energie und Verjüngung bringt. Es gibt auch einen heilenden Whirlpool, der mit herrlich schimmerndem Wasser gefüllt ist, um Stress, schmerzhafte Emotionen und Konflikte aufzulösen. Wenn du möchtest, kann dein Haus auch einen Baumgarten haben, in dem vielfältige Blumen- und Pflanzenarten wachsen. Richte in deinem Haus dann einen kleinen Raum ein, in dem zwei Schatztruhen stehen und von dem aus eine Tür dich an einen Ort unendlichen, reinen Lichts und unendlicher, reiner Liebe führt.

Wenn du gestresst bist, setze dich in deinen Baumgarten und erfülle ihn mit den wunderbaren Klängen und Gerüchen des Waldes. Du kannst dir den Klang fließenden Wassers, viel Grün und Blumen vorstellen. Du kannst aber auch entspannen, indem du die Aussicht genießt, die dein Haus des Friedens dir bietet und die eine deiner liebsten Naturlandschaften sein kann. Wenn du ein wenig Zeit darauf verwendest, dein ganz besonderes Haus zu bauen, dann wird es mit jedem deiner Besuche lebendiger. Und wie dein Baumgarten kann auch der Platz, von dem aus du den Blick auf die Landschaft genießt, sehr entspannend sein. Schon ein Besuch in deinem Haus des Friedens, der nur zehn Sekunden dauert, kann sehr hilfreich sein, wenn du gestresst bist. Du kannst im Becken der Heilung sitzen und den Stress, die Anspannung, die negativen Emotionen und deinen Widerstand ganz einfach schmelzen lassen. Du kannst in Grün-, Blau- oder Pastelltönen duschen, um dich zu entspannen, in Orangetönen, um produktiv zu sein, in Rottönen, um pure Energie zu tanken, in Gelbtönen, um mentale Energie, Intelligenz und Erhellung in dich aufzunehmen, in Purpurtönen, um metaphysisches oder höheres Wissen zu erlangen, in Blautönen, um Frieden und Heilung zu erfahren, in Grüntönen, um Wachstum und Heilung zu erlangen, und in Weißtönen, um spirituelle und heilende Energien in dich aufzunehmen. Die erste Schatztruhe zeigt dir die Gabe, die du in dir trägst, um jede Situation zu verbessern. Die zweite Schatztruhe steht für das Wunder, das der Himmel dir anbietet, um zur Verbesserung deiner Situation beizutragen. Öffne die Schatztruhen einfach und empfange die Gaben, die dir als Gegenmittel für Stress oder Probleme angeboten werden.

Die Tür, die sich zum Licht und zur Liebe – oder dem Geist Gottes, wie manche es nennen – hin öffnet, ist ein Ort, an dem du wie eine Wolke schweben kannst. Lass dich tragen und dich von Liebe und Licht erfüllen. Zweimal fünf Minuten am Tag, die du hier verbringst, öffnen dich der Inspiration und bringen dir Antworten auf jedes Problem, an dem du gerade arbeitest.

Du kannst in dein Haus auch eine pneumatische Rutsche einbauen. Jede Bürde, die du hineinlegst, wird direkt dem Himmel oder deinem eigenen höheren Bewusstsein übergeben, damit sie für dich aufgelöst wird. Du kannst beispielsweise deine Arbeit, eine bestimmte Beziehung, deinen ganzen Tag und sogar deine Zukunft in diese Rutsche hineinlegen.

Die nächste Methode kommt aus der Neurolinguistischen Programmierung (NLP). Immer dann, wenn du in deinem Haus des Friedens ein Gefühl von tiefer Entspannung, Erholung und Behaglichkeit spürst, sammle die Energie des Friedens auf und streiche sie auf eine Stelle deines Körpers, die du sonst selten berührst, wie etwa die Innenseite deines Ellenbogens. Mache es dir zur Gewohnheit, die Energie des Friedens an dieser Stelle zu sammeln. Du kannst dir auch vorstellen, dass du jeden Verdienst, den du dir erworben hast und dessen Lohn in Frieden besteht, ebenso an dieser Stelle verankerst. Wenn dann eine besonders stressige Zeit kommt, kannst du diese Stelle berühren und zulassen, dass ihre entspannende und zentrierende Energie dich erfüllt. Dieser Bereich deines Körpers kann gleichsam zu einem mit Frieden gefüllten Rucksack werden. Dein Frieden ist dort, wo dein Erfolg geboren wird. Wenn du dir während des Tages also Zeit nimmst, deinen Frieden zu vertiefen, dann verstärkst du Energie, Fluss, Inspiration und Produktivität, ohne an den üblichen Abnutzungserscheinungen zu leiden, die mit Stress normalerweise einhergehen.

Stelle dir nun vor, dass du dein Haus des Friedens betrittst. Verbringe zuerst fünf Minuten vor deiner Aussicht und danach fünf Minuten unter der Dusche, um dich von deiner Lieblingsfarbe durchströmen zu lassen. Wähle anschließend etwas aus, das du in die Rutsche legen möchtest, damit der Himmel sich darum kümmern kann. Halte dich dann mindestens fünf Minuten in deinem Baumgarten auf. Du kannst dich hineinsetzen oder darin herumlaufen. Wiederhole die Übung jeden Tag in der Reihenfolge, die sich richtig für dich anfühlt.

Sammle wiederum allen Frieden an einer Stelle deines Körpers. Setze dich dann in den Whirlpool und lass dich von seinem schimmernden Wasser nicht nur umhüllen, sondern sogar durchströmen. Gehe anschließend in den Raum der Unendlichkeit, den Ort des reinen, grenzenlosen Lichts und der reinen, grenzenlosen Liebe. Tritt hinaus in die Wolken und gestatte dir, in Licht und Liebe zu schweben. Lass zu, dass sie dich tragen. Lass zu, dass sie dich mit Frieden erfüllen. Gehe dann in deine Schatzkammer. Wähle ein Problem in deinem Leben. Öffne die Truhe, die deine Gabe enthält, und teile sie mit allen Menschen, die zusammen mit dir an der Situation beteiligt sind. Öffne dann die Truhe, die das Wunder des Himmels enthält. Lass jede vorgefasste Meinung los. Nimm das Wunder dann von ganzem Herzen an und teile es mit allen Menschen, die an deiner problematischen Situation beteiligt sind. Speichere deinen gesamten Frieden an der Stelle deines Körpers, die du dafür ausgewählt hast.

Wenn du in einer stressigen Situation bist, berühre die Stelle deines Körpers, an der du deinen Frieden gespeichert hast. Wenn du die Möglichkeit hast, dein Haus des Friedens während des Tages zu besuchen, dann tu es. Schon eine oder zwei Minuten können hilfreich sein. Besuche dein Haus des Friedens nach Möglichkeit jeden Morgen und jeden Abend, um deinen Frieden zu vermehren, damit er dir zur Verfügung steht, wenn du ihn brauchst. Manchen Menschen gefällt diese Übung so sehr, dass sie zu einem festen Bestandteil ihres Lebens wird.

Lektion 21

Sich mit Schattenfiguren verbinden

Schattenfiguren sind Selbstkonzepte, die wir verurteilt haben und die wir uns selbst zur Last legen. Wir projizieren sie nach außen in unsere Welt, nachdem wir sie von dem Bereich unseres Geistes abgespalten haben, den wir mit unserem Selbst gleichsetzen. Schattenfiguren sind heimtückisch, denn sie bergen sowohl Schuld und Selbsthass als auch die Selbstbestrafung, die damit verbunden ist. Dies wiederum blockiert Erfolg und unsere Fähigkeit zu empfangen auf eine äußerst negative Weise. Weil Schattenfiguren abgespalten und projiziert werden, erkennen wir nicht einmal, dass sie etwas mit uns zu tun haben. Wir geraten in selbstgerechten Zorn, wenn wir diese Charakterzüge oder Verhaltensweisen bei den Menschen beobachten, auf die wir unsere Schatten projiziert haben. Selbstgerechter Zorn ist ein verräterisches Zeichen, wenn es darum geht, uns selbst zu ertappen, weil Zorn immer auf die Projektion einer besonders zerstörerischen Schattenfigur hinweist.

Dadurch, dass wir unsere Umwelt als Spiegel benutzen, können wir einen Blick in unser eigenes Unbewusstes werfen, das wir nach außen projiziert haben. Die Fähigkeit, sich mit einem anderen Menschen von Geist zu Geist zu verbinden, ist die Erkenntnis, dass andere Menschen unsere Brüder sind. Sie hilft uns, unsere Verbindung mit allen Menschen zu erkennen, und bringt uns durch die Schuld hindurch, die wir nach außen projiziert haben. Verbindung heißt, dass wir auf einen anderen Menschen zugehen, bis wir uns von Herz zu Herz mit ihm verbunden haben. Wenn sie geschieht, haben wir die Distanz überwunden, weil wir über die Trennung, die vermeintlich zwischen uns besteht, hinaus- und auf ihn zugegangen sind. Verbindung hebt das Urteil über einen anderen Menschen und damit auch unser eigenes Selbsturteil auf. Dadurch werden sowohl wir selbst als auch derjenige, mit dem wir uns verbunden haben, aus dem Gefängnis und von der Strafe der Verurteilung und Selbstverurteilung befreit. Wir erkennen ein Maß an Gemeinsamkeit, und wir gelangen in einen Fluss der Mühelosigkeit und des Erfolges zurück.

Schattenfiguren errichten unsichtbare Mauern auf unserem Weg zum Erfolg. Wenn wir gegen eine dieser unsichtbaren Mauern prallen, brauchen wir uns nur nach einem Menschen umzuschauen, mit dem wir gerade große Schwierigkeiten haben. Sobald wir die Projektion geheilt haben, werden wir feststellen, dass wir über die unsichtbare Mauer hinausgelangen, die ein Symptom von Schattenfiguren ist. Schattenfiguren können sehr frustrierend sein, weil wir scheinbar alles richtig machen, aus irgendeinem Grund aber niemals auf ganzer Linie erfolgreich sind. Unsere Urteile, die versuchen, einen anderen Menschen für die Dinge „festzunageln", deretwegen wir uns schuldig fühlen, nageln uns selbst an Ort und Stelle fest.

Ich möchte nun zwei Methoden der Verbindung vorstellen, die jede Persönlichkeit oder Eigenschaft auflösen können, die du zu einem Schatten gemacht hast. Die erste Methode ist das „Eingestehen". Sie beginnt damit, dass du zunächst den Menschen erkennst, der dich „zu Recht" wütend gemacht hat. Dann greifst du die Eigenschaften heraus, die dir Schwierigkeiten bereiten. Wenn es viele sind, ist es hilfreich, eine Liste zu erstellen. (Wenn du es nicht tust, wirst du ganz erstaunt feststellen, wie gut das Ego dafür sorgen kann, dass du alles vergisst, was du erst wenige Minuten zuvor gesagt hast!) Erkenne dann, dass jede Eigenschaft eine Überzeugung ist, die du von dir selbst hast. Sie ist vielleicht mit Leugnung zugedeckt oder sogar im Unbewussten verborgen, aber je mehr Schwierigkeiten eine Eigenschaft dir bereitet, umso mehr glaubst du, dass du selbst so bist. Natürlich wehrst du dich gegen diese Vorstellung ebenso wie gegen alles andere, was du zu einer Schattenfigur gemacht hast. Genau deshalb ist es eine Schattenfigur. Wo es keinen Widerstand gibt, dort gibt es keine Schattenfigur. Vielleicht kompensierst du sie sogar durch positives Handeln. Die betreffende Eigenschaft „wieder in Besitz zu nehmen"[1] heißt, sie in die richtige Perspektive zu rücken und keine große Sache daraus zu machen. Das führt dazu, dass du sie loslässt oder die Überzeugung integrierst, was dir wiederum neue Ganzheit bringt und es dir ermöglicht, eine positive Richtung einzuschlagen. Wenn du kompensierst, ist dein Widerstand dagegen, dir eine Eigenschaft einzugestehen, unter Umständen sehr groß. Wenn du großen Widerstand findest, dann kompensierst du durch korrektes Handeln, um den Schatten abzuwehren. Du kannst dir vorstellen, dass alle deine Schatten dieser Art und alle Kompensationen, die sie verbergen, zu neuer Ganzheit verschmelzen. Durch diese Integration sollte es dir leicht fallen, deine Schattenfiguren zurückzunehmen.

---

1 Anm. der Übersetzerin: Das englische Verb „to own" hat die doppelte Bedeutung von „etwas besitzen" und – im übertragenen Sinne – „(sich) etwas eingestehen".

Wir wollen beispielsweise einmal annehmen, dass du Schatteneigenschaften der Klatschsucht, der Bösartigkeit, der Verleumdung und des Angriffs besitzt. Dies mögen Eigenschaften sein, die von deinem tatsächlichen Verhalten meilenweit entfernt sind, aber irgendwann und irgendwo hast du einmal geglaubt, dass du so bist. Es kann ein karmisches Element geben, das bewirkt, dass jemand in deiner Umgebung nun diese Eigenschaft dir gegenüber auslebt. Das Selbstkonzept der Schattenfigur trägst du aber nach wie vor in dir, und das Karma kann mühelos aufgelöst werden, sobald du dir diese Eigenschaften eingestehst. Fange mit der Eigenschaft der Klatschsucht an. Erkenne dich selbst als Klatschmaul. Es ist nicht die höchste Wahrheit über dich, aber es ist eine Überzeugung, die du von dir selbst hast.

Wiederhole die Worte „Ich bin ein Klatschmaul." Das hohe Maß an Widerstand, auf das du möglicherweise stößt, rührt von der Kompensation her, die du zur Abwehr benutzt hast. Kompensationen, die der Abwehr dienen, handeln auf entgegengesetzte Weise. Wiederhole in dieser Übung die Worte „Ich bin ein Klatschmaul" ganz einfach so lange, bis du über all deinen Widerstand, dein Selbsturteil, deine Schuld und deinen Selbsthass hinausgelangt bist und dir schließlich eingestehen kannst, dass du diese Eigenschaft besitzt. Sobald das „Klatschen" keine große Sache mehr ist, kannst du es endlich loslassen. Es wird in die richtige Perspektive gerückt und hält dich nicht länger zurück. Setze die Übung dann mit der Eigenschaft der Bösartigkeit fort. Wenn du auf ein hohes Maß an Widerstand stößt, verschmelze deine Abwehr und deine verborgenen Selbstkonzepte darüber, bösartig zu sein, wie ich es bereits beschrieben habe. Es wird deiner Heilung „auf die Beine" helfen.

Die zweite Methode der Verbindung ist das „Vortreten". Bei dieser Methode geht es darum, dir vorzustellen, wie groß die Entfernung zwischen dir und dem Menschen ist, der deine Schattenfigur darstellt. Es können zehn, aber auch hundert Schritte sein. Falls es hundert Schritte sind, kann jeder Schritt, den du gehst, für zehn emotionale Schritte stehen.

Komm nun in Berührung mit dem, was du fühlst. Frage dich dann: „Will ich das tatsächlich fühlen, oder will ich einen Schritt auf den anderen Menschen zugehen?" Die meisten Menschen sind sehr schnell bereit, vorzutreten, um über die negative Emotion hinauszugelangen. Unabhängig davon, ob das Gefühl dann besser oder schlechter wird, liegt die einzige Lösung für das Problem darin, dass du auf den betreffenden Menschen zugehst und dich mit ihm verbindest. Setze den Prozess fort, bis du unmittelbar vor ihm stehst. Stelle dir die Frage noch einmal, wenn du zum letzten Schritt gelangst, und stelle dir vor, dass du in den betreffenden Menschen hineintrittst und eins mit ihm wirst. Nimm den neugefundenen Frieden wahr. Er wird dich von dem Schatten oder zumindest von einer ersten größeren Schicht befreien. Der Schatten kann erneut in Erscheinung treten, wenn du in tiefere Bereiche des Geistes vorstößt, aber die erste Heilung ist fast immer am schwierigsten. Wenn auch die zweite Heilung noch schwierig ist, trägst du starke unbewusste Selbstkonzepte in dir, und es wäre in deinem eigenen Interesse, dich von ihnen zu befreien. Diese Form der Verbindung bringt dir ein neues Maß an Frieden und Fluss.

Praktiziere jeden Tag eine dieser beiden Übungen.

Lektion 22

Verantwortung und Mangel an Verantwortung

Wenn du erfolgreich sein willst, besteht der allererste Schritt immer darin, sowohl für deinen Erfolg als auch für deine Erfolglosigkeit die Verantwortung zu übernehmen. Menschen, die sich antreiben oder perfektionistisch veranlagt sind, nehmen sich weder Zeit, um zu erkennen, dass sie für ihren Erfolg selbst verantwortlich sind, noch die Zeit, sich darüber zu freuen. Je mehr wir uns über unseren Erfolg freuen, umso mehr neue Energie haben wir für unsere zukünftige Arbeit. Die Zeit der Freude an unserem Erfolg gibt uns eine ausreichende Perspektive, um unser nächstes Ziel zu erkennen. Wenn wir unseren Erfolg genießen und stolz auf das sind, was wir erreicht haben, werden wir für die Zukunft ermächtigt.

Es ist wichtig, dass wir die Verantwortung für unseren Erfolg übernehmen, aber noch wichtiger, dass wir auch die Verantwortung für unsere Erfolglosigkeit übernehmen. Dazu gehören Misserfolge, Rückschläge und chronische Erfolglosigkeit. Es gibt viele Gründe, warum diese Dinge geschehen, und du kannst die an späterer Stelle in diesem Kapitel beschriebene Übung benutzen, um die drei wichtigsten Themen herauszufinden, die deinen Erfolg blockieren. Du kannst diese Übung auch benutzen, um vergangene Rückschläge einer Prüfung zu unterziehen und herauszufinden, welche Dynamiken zu dieser Zeit bei dir am Werk waren.

Eine Veränderung zum Besseren tritt selten ein, solange wir keine Verantwortung für das übernehmen, was in unserem Leben geschieht. Während der Zeit, in der ich das Unterbewusstsein erforscht habe, habe ich immer wieder festgestellt, dass wir zu jedem negativen Ereignis, das uns zugestoßen ist, insgeheim unser Einverständnis gegeben haben. Wir haben das negative Ereignis miterschaffen, weil wir Angst vor Erfolg hatten. Sobald du durch deine Angst hindurchgelangst, wirst du feststellen, dass Erfolg ganz natürlich ist. Er fühlt sich mehr an wie „du" und steht deinem Wesen weit näher als der Widerstand und die Angst, die dich von ihm ferngehalten haben. Wenn wir Angst haben, entscheiden wir uns dafür, nicht unseren wahren Erfolg, sondern unser Ego zu stärken. Unser Ego hat versteckte, unterbewusste Tagesordnungen, die uns dauernd Probleme bescheren. Wenn wir in eine dieser Fallen tappen, gibt sie uns mitunter vielleicht sogar, was wir wollen, aber sie macht uns niemals glücklich. Durch unseren Misserfolg mögen wir uns manchmal zwar an einem anderen Menschen rächen, aber glücklich macht uns das *niemals*.

Denke an ein Problem, das du jetzt gerade hast. Wähle dann drei Zahlen zwischen eins und dreißig. Sie zeigen dir Gründe für deine jetzige Erfolglosigkeit auf.

Denke dann an ein zweites Problem, das du jetzt hast, oder an einen Rückschlag, den du in der Vergangenheit erlitten hast, und wähle wieder drei Zahlen. Sie zeigen die Dynamiken auf, die du in Gang gesetzt hast und die dein jetziges Problem oder deinen Rückschlag in der Vergangenheit hervorgerufen haben.

1. Angst
2. Angst vor Veränderung
3. Angst vor dem nächsten Schritt
4. Angst vor Erfolg
5. Versuch, zu nehmen oder zu bekommen
6. Rache
7. Schuld
8. Überlegen handeln
9. Unterlegen handeln
10. Widerstand
11. Aufopferung
12. Unwürdigkeit
13. Selbstangriff
14. Kämpfen
15. Suche nach Aufmerksamkeit
16. Bedürftigkeit
17. Forderungen
18. Kontrolle
19. Festhalten
20. Etwas beweisen
21. Unabhängigkeit
22. Eine Ausrede
23. Zwei unterschiedliche Ziele wollen
24. Konkurrenz

25. Mangel an Verpflichtung
26. Recht haben
27. Klein bleiben
28. Eine Rolle spielen
29. Drehbuch einer dunklen Geschichte
30. Negative Glaubenssysteme

In deinem Bewusstsein liegen natürlich noch andere Dynamiken verborgen, aber wenn du die oben genannten Hauptdynamiken loslässt, bringt dich das einen großen Schritt voran. Manchmal fragst du dich vielleicht, weshalb eine bestimmte Dynamik bei dir am Werk war – weshalb du Angst davor hattest, weiterzugehen, was deiner Meinung nach geschehen würde, wenn du weitergingest, oder was es dir deiner Meinung nach bringen würde, wenn du diese Dynamik auslebst.

Wenn du die Tagesordnungen des Egos betrachtest, die dir in den Sinn kommen, während du dir diese Fragen stellst und für die Antworten offen bist, wird es leicht, nicht länger in diese falschen Entscheidungen zu investieren.

Übernimm Verantwortung. Finde das, was dich zurückhält. Lass es los, und triff neue, positive Entscheidungen für dein Leben und deinen Erfolg. Du kannst dich endlich dafür entscheiden, diese Fallen loszulassen. Triff stattdessen eine positive Entscheidung für deinen Erfolg. Bitte den Himmel, die Falle für dich aufzulösen. Bitte ohne Unterlass darum.

Lektion 23

Stress zeigt dir, wo du Erfolg abwehrst

Je mehr Stress wir haben, umso verschlossener werden wir und umso weniger können wir empfangen. Wenn wir nicht empfangen können, obwohl es so aussieht, als ob wir viel erreichen, dann können wir weder genießen noch erfolgreich sein. Alles, was wir erreichen, benutzen wir dann, um Stress abzubauen. Es entsteht ein Teufelskreis, in dem wir uns aufreiben und schließlich völlig verausgaben, bis ein Punkt kommt, an dem wir nicht mehr weitermachen können.

Stress rührt letztlich von Trennung her. Wenn wir nicht verbunden oder in Kontakt sind, dann leisten wir Widerstand gegen das, was geschieht. Wir kompensieren, indem wir versuchen, alles aus eigener Kraft zu schaffen. Wenn wir nicht in einem Zustand der Partnerschaft sind, dann treiben wir uns an und fühlen weder Fluss noch Gnade. Wir glauben, dass wir allein sind und dass *wir* das, was getan werden muss, tun müssen, dass die Erledigung der Aufgabe allein von uns abhängt. Dies ist eine Falle, in der wir das Ausmaß unseres Stresses benutzen, um unser Besonderssein und unsere große Wichtigkeit zur Schau zu stellen.

Angesichts dessen, dass wir in unserer Kindheit alle die Verbundenheit verloren haben oder sie gar nicht erst hatten, weil unsere Eltern sie auch nicht besessen haben, um sie an uns weiterzugeben, tragen wir alle Stress oder die Veranlagung dazu in uns. Wir können Stress letztlich loslassen, indem wir Zugehörigkeit erlangen. Dies kann auf jede Weise geschehen, die uns größere Partnerschaft bringt. Die Einheit, die wir damit erlangen, befreit uns nicht nur, weil „viele Hände bald ein Ende machen", sondern auch, weil aus Partnerschaft und Gruppen, in denen großer Zusammenhalt besteht, Synergie und Genialität hervorgehen. Je größer die Einheit, umso größer sind auch Leichtigkeit und Fluss, und das hat zur Folge, dass die Genialität innerhalb der Gruppe umso stärker zutage tritt. Dann kann Gnade wirken und in stärkerem Maße empfangen werden, um nicht nur Lösungen zu bieten, sondern auch die Arbeit zu vollbringen, die getan werden muss.

Durchleuchte einen Bereich in deinem Leben, in dem du gestresst bist. Mit wem könntest du eine Partnerschaft eingehen? Auf welche Weise könntest du dich mit ihm verbinden?

Die folgenden Prinzipien können ein höheres Maß an Zugehörigkeit bewirken:

1. Akte der Freundschaft
2. Andere Menschen segnen
3. Unterstützung
4. Geben
5. Vergebung
6. Eine innere Gabe mit einem anderen Menschen teilen
7. Verbundenheit
8. Hilfsbereitschaft
9. Anhaftungen loslassen
10. Verpflichtung
11. Annehmen
12. Auf Führung hören
13. Brücken bauen
14. Gnade empfangen

Alle diese Dinge bringen größere Verbundenheit und bewirken ein höheres Maß an Fluss, weil sie von Stress befreien. Tu dir selbst einen Gefallen und praktiziere sie, um Frieden und Fluss zu erlangen. Du kannst jeden Tag ein anderes Prinzip wählen und praktizieren, kannst aber auch ein einziges Prinzip so lange praktizieren, bis du das Gefühl hast, es vollkommen gemeistert zu haben, und die Ergebnisse sehen kannst. Wenn du Stress loslässt, ersetzt du ihn durch Erfolg.

Lektion 24

Überwinde dich selbst,
damit deine Träume wahr werden

Wenn du nur mit dir selbst beschäftigt bist und sich das Leben nur um dich dreht, dann stehst du deinen eigenen Träumen im Weg. Du bist so sehr in dir selbst gefangen, dass du die Inspiration abschaltest, die dir den Weg zum Erfolg weisen würde. Sofern wir nicht bereits zur Meisterschaft gelangt sind und ständig unserer Inspiration folgen, sind wir alle in mehr oder weniger großem Maße davon betroffen. Wenn *du* darüber nach*denkst*, wie du deine Träume verwirklichen kannst, dann ist dieses *DU*, das denkt, dein Ego. Das Ego ist das Prinzip der Trennung, das dafür bekannt ist, dass es nicht empfangen kann. *Ein Kurs in Wundern* zufolge lautet das Motto des Egos: „Suche, aber finde nicht." Dein Ego versucht zu bekommen oder zu nehmen, aber selbst dann, wenn es damit Erfolg hat, befriedigt es dich nicht, weil das Ego – als Prinzip der Trennung – auf Mangel beruht.

Wenn du selbstbesessen bist, ist es noch schwieriger, deine Bedürfnisse erfüllt zu bekommen. Es geht nur um dich, darum, wie *du* den Berg bezwungen hast, wie *du* es geschafft hast und was *du* brauchst. Damit dein Traum wahr werden kann, halte deinen Geist auf dein Ziel ausgerichtet, als ob du es bereits erfährst. Das führt dazu, dass du deine Träume auf ganz natürliche Weise viel schneller und viel müheloser verwirklichen kannst.

Je mehr es dir gelingt, dich zu überwinden, umso stärker kommst du mit anderen Menschen und mit dem Leben selbst in Kontakt. Kontakt ist ein Schlüsselelement sowohl für deinen Erfolg als auch dafür, dass du deinen Erfolg wirklich genießen kannst. Durch die Verbindung mit anderen Menschen wird dein Leben gesegnet, und du erfährst dich als gesegnet.

Wenn wir Opfer sind, dann drehen sich unsere Geschichte und unser Leben nur um uns selbst, und unsere Ichbezogenheit wird zu einem Hindernis. Das Ziel unserer Träume wird von anderen Tagesordnungen unterminiert. Statt auf unsere Ziele ist das Scheinwerferlicht auf uns selbst gerichtet. Dieser *Götze des Egos* zählt zu den Götzen, denen wir am stärksten verhaftet sind. Wir wollen ihn noch nicht einmal zugunsten des Himmels aufgeben. Deshalb sind Vergebung und Loslassen so wichtig, wenn es darum geht,

Erfolg von innen heraus zu erschaffen. Es lenkt die Aufmerksamkeit von uns fort, und dadurch „bleibt unser Auge auf den Ball gerichtet" – ein Schlüsselelement sowohl im Sport wie auch im Erfolg. Darauf zu beharren, dass sich alles um uns drehen muss, ist eine Form des Schwelgens, die von dem Bedürfnis herrührt, das einer ungeheilten Situation entspringt. Wir tragen das Bedürfnis in uns und setzen das Schwelgen an die Stelle, die eigentlich unser Erfolg einnehmen sollte.

Der Kreislauf aus Schmerz, Bedürfnis, Groll und Schuld, der in jeder Opfersituation entsteht, richtet das Scheinwerferlicht auf uns und nimmt die Stellung ein, die eigentlich unserem Erfolg vorbehalten ist.

Wenn wir die Opfersituation nicht heilen, wird sie Teil eines Musters, sofern sie es nicht ohnehin schon ist. Dann bleiben wir entweder in unserer Opferrolle gefangen, oder wir spielen eine Rolle, die eine Form von Aufopferung ist, oder aber wir dissoziieren den Schmerz, werden unabhängig und sind uns unseres Schmerzes und unserer Bedürfnisse nicht mehr bewusst. Dadurch sind uns auch der Schmerz und die Bedürfnisse anderer Menschen nicht mehr bewusst, sodass wir sie absichtlich oder unabsichtlich zum Opfer machen. Wir sind noch immer im selben Muster gefangen, obwohl wir nun die genau entgegengesetzte Seite des Konflikts ausleben. Wir halten den Konflikt an dem Ort fest, den unsere verwirklichten Träume einnehmen sollten. In der dissoziierten Unabhängigkeit dreht unser Leben sich einzig und allein um uns, und wir sind stolz darauf, weil es uns besser erscheint als die Zeit, in der wir abhängig und Opfer waren, oder die Zeit, in der wir in Aufopferung gefangen waren. Wahrer Erfolg liegt allerdings in der wechselseitigen Abhängigkeit, in der unsere Aufmerksamkeit auf das Leben, andere Menschen und den Erfolg gerichtet ist. Nur durch Partnerschaft können wir empfangen, und wir befinden uns nur in dem Maße im Zustand der Partnerschaft, in dem es uns gelingt, uns selbst zu überwinden.

Überprüfe dein Leben auf folgende Kriterien der Partnerschaft:

*   Wie viel Aufmerksamkeit lässt du deinem Partner zuteil werden?
*   Wie viel gibst du deinem Partner auf direkte und innige Weise?
*   Wie sehr unterstützt du deinen Partner auf direkte Weise in emotionaler, mentaler und körperlicher Hinsicht?
*   Wie sehr bist du bereit, ihm zu vergeben?
*   Wie sehr geht es sowohl zu Hause als auch auf der Arbeit immer nur um dich?

- Wie sehr geht es um dich und darum, dass deine Träume wahr werden, und wie sehr geht es darum, seine Träume zu erfüllen?
- In welchem Maße bringst du dich in dein Team auf der Arbeit ein und lässt ihnen direkte Unterstützung zuteil werden?
- Wie sehr machst du andere Menschen sowohl zu Hause als auch auf der Arbeit zu Geiseln deines Etwas-Besonderes-sein-Wollens?
- Wie sehr geht es um dich und deine Bedürfnisse?

Was willst du im Hinblick auf die vielen Dinge unternehmen, die deinem Erfolg im Weg stehen?

Ist es dir wichtiger, dass deine Träume wahr werden oder dass sich alles um dich dreht?

Stehe dir selbst nicht länger im Weg!

Vergib der Vergangenheit.

Lass deine Geschichte los. Eine bessere, wahrere Geschichte wird ihren Platz einnehmen.

Überwinde dich selbst, damit du Liebe und Erfolg erlangen kannst!

Lektion 25

Deinen Träumen vergeben

U nser Geist erschafft die Welt, und deshalb ist es möglich, die Welt in dem Maße zu transformieren, in dem es uns gelingt, heil zu werden. In der Therapie kennt man viele Traumtechniken, und die meisten davon kann man ebenso gut auf unseren Alltag oder unseren Wachtraum anwenden. Im Wachtraum haben wir mitunter Alpträume, die zwar auch unterbewusste, aus Familienmustern oder Herzensbrüchen herrührende Wurzeln haben können, meist aber unserem Unbewussten entspringen. Dem grundlegendsten Verständnis zufolge sind Träume *ein Ausdruck unserer Selbstkonzepte und rühren von Wunscherfüllung her.* Wir können das ganze Leben als unseren Wachtraum betrachten. Wir können uns vorstellen, dass es nur von dem bevölkert ist, was wir über uns selbst glauben. Alles in unserer Welt besteht aus unseren Selbstkonzepten. Jeder Feind, jeder Konkurrent, jede Schattenfigur, jeder, der uns angreift, ist schlicht das, was wir über uns selbst glauben und was im Film des Alltags zusammenläuft. Wie in unseren nächtlichen Träumen werden wir auch im Tagtraum von Traumfiguren angegriffen, die aus vielleicht widerstreitenden Selbstkonzepten bestehen. Wir können auf unsere Welt schauen und wissen, dass alles ein Traum ist. Die Welt ist unser Traum, und sie ist bevölkert von den Glaubenssätzen, die wir von uns selbst haben. Das gibt uns die Macht, äußere Dinge zu verändern, weil wir dem vergeben können, was in uns ist.

Zunächst einmal können wir akzeptieren, dass wir diese Glaubenssätze über uns selbst haben. Annehmen beendet den Zustand des Widerstandes und der Spaltung, in dem wir uns wegen dieser Selbstkonzepte befunden haben und der sie durch Leugnung zugedeckt hat. Das gibt uns die Möglichkeit, unsere Selbstkonzepte wieder in die richtige Perspektive zu rücken und loszulassen. Wir können unseren Selbstkonzepten vergeben, diesen Gestalten in unserem Traum, die unsere unbewussten Muster und damit unsere unbewussten Wünsche und Entscheidungen widerspiegeln. Wenn Vergebung scheinbar keine Wirkung zeigt, liegt es oft an der Zahl ähnlicher Muster und Selbstkonzepte in uns, die geheilt werden müssen. Dennoch durchschneidet Vergebung diese unterbewussten und unbewussten Muster. Damit bringt sie uns Frieden und kann manchmal sogar eine große Veränderung in unserer Welt bewirken. Wir können unsere Konzepte loslassen, indem wir herausfinden, worin die Glaubenssätze bestehen. Wenn wir aufhören, in sie zu investieren, können sie uns nicht länger beeinflussen.

Eine andere Heilmethode besteht darin, das zu integrieren, was uns zuwiderläuft oder nicht vollkommen harmonisch ausgerichtet ist. Wir können uns dafür entscheiden, das, was scheinbar gegen uns ist, mit dem Selbst zu integrieren, mit dem wir uns als wir selbst identifizieren. Das bringt uns entweder Frieden oder führt uns zu einer tieferen Schicht des Konflikts, die es zu integrieren und zu heilen gilt. Schließlich können wir auch den Himmel darum bitten, alle dunklen Träume unseres Lebens für uns ungeschehen zu machen. Dies geschieht in dem Tempo, in dem wir bereit sind, die Antwort und die Lösung zu erfahren. Du glaubst vielleicht, dass du die Antwort sofort haben willst, aber du solltest nicht vergessen, dass eine unbewusste Motivation diese Situation überhaupt erst hat entstehen lassen. Immer dann, wenn wir erkennen, dass wir nicht wissen, was die gegenwärtige Situation bedeutet oder wie wir effektiv darauf reagieren sollen, können wir den Himmel bitten, uns den besten Weg zu zeigen.

Tritt in unserem Leben eine traumatische Situation ein, handelt es sich um eine karmische Seelenlektion, und wir haben bereits vor unserer Geburt entschieden, dass sie eintreten soll. Wir haben sie selbst herbeigeführt, um die Möglichkeit zu bekommen, einen Bereich unseres Geistes zu erlösen, der in negativen Selbstkonzepten gefangen ist. Den an der Situation beteiligten Menschen, uns selbst und der Situation zu vergeben gibt uns die Möglichkeit, das alte, verdrängte Muster loszulassen, das nicht nur dunkle Geschichten, Verschwörungen und Schatten, sondern auch heimliche Götzen enthält, zu denen zum Beispiel der Götze des Leidens oder der Wunsch nach Kreuzigung gehören. Durch unsere Vergebung bringen wir entschlossen zum Ausdruck, dass es ein anderer Mensch nicht verdient, gekreuzigt zu werden. Folglich werden weder er noch wir selbst verurteilt oder gekreuzigt. Wir können Frieden für uns beide wählen, der das unbewusste Fundament von Glück und Erfolg ist. Vergebung nimmt die falschen Entscheidungen zurück, die uns dazu gebracht haben, nicht nur dunkle Geschichten, sondern überhaupt zu träumen. Vergebung bringt uns Schritt um Schritt zu glücklicheren Träumen zurück, bis wir endlich erneut zum Einssein erwachen. Dann hören wir auf, andere Menschen zu verurteilen und unseren Geist in zahllose Fragmente zu spalten, die wir auf die Welt projizieren und aus denen der Film unseres Lebens besteht.

Segne heute die Menschen in deinem Traum. Vergib ihnen und dir selbst. Alles, was du ihnen antust, tust du dir selbst an. Alles, was du über sie denkst, denkst du über dich selbst. Alles, was du ihnen wünschst, wünschst du dir selbst. Integriere die Teile deines Bewusstseins, die nicht wollten, dass das negative Ereignis geschieht, mit dem Teil, der es wollte. Integriere das, was dem Wunsch deines Egos nach in der negativen Situation geschehen sollte, mit deinem höheren Bewusstsein, das die Verantwortung für deine Heilung und Ganzheit trägt. Dazu gehören alle Urteile, Schuldzuweisungen und Angriffe, die das Ego stärker machen, indem sie den Fehler vergrößern. Wann immer Negatives mit Positivem zusammengebracht wird, fällt das Negative fort. Wann immer Dunkelheit mit Licht zusammengebracht wird, fällt die Dunkelheit fort. Unsere Probleme sind Teil unseres Traums, und sie werden meist von Bewusstseinsschichten gewählt, die weit unterhalb der bewussten Wahrnehmung liegen. Durch unsere Vergebung und Heilung können wir jedoch größere Bewusstheit, Macht und Freiheit erlangen. Jedes negative Ereignis ist eine Chance, einen Sprung nach vorne zu tun und zu einem noch höheren Maß an Frieden als vor dem Trauma zu gelangen.

Wenn du die Welt als den Traum betrachtest, den du dir selbst gewünscht hast, kannst du viel leichter vergeben, als wenn du in deinem üblichen Kampf gefangen bist, in dem du auf dem Weg zur Vergebung fast immer darum ringst, durch unterbewusste und manchmal sogar unbewusste Emotionen zu dringen.

Denke daran, dass es deine Vergebung und nachfolgende Heilung sind, die das, was ein Problem oder sogar ein Trauma zu sein scheint, in Frieden, Ganzheit und Erfolg verwandeln.

Lektion 26

Euch muss es zuerst um sein Reich gehen

Ein spirituelles Prinzip, das sich anbietet, wenn es um Erfolg geht, besteht darin, vor allem anderen nach dem Himmelreich zu streben. Echter Erfolg ist Erfolg, der eine bleibende Wirkung hat, die noch über dieses Leben hinausreicht. Viele Menschen wären natürlich schon zufrieden, wenn sie in diesem Leben nur ein wenig mehr Erfolg hätten. Worin besteht der Erfolg, der über dieses Leben hinaus bewahrt werden kann? Jesus sagte: „Euch aber muss es zuerst um [Gottes] Reich und um seine Gerechtigkeit gehen; dann wird euch alles andere dazugegeben" (Mt 6,33). Er sagte auch: „Das Reich Gottes ist in euch" (Lk 17,21). Wir haben unser Ziel von etwas, das außerhalb von uns ist, nun also auf etwas verlagert, das in uns liegt. Der Himmel ist die Erfahrung des Einsseins, die über das Bewusstsein hinausgeht.

Ein Freund von mir sagte einmal, dass er, wenn er einen Marathon laufen würde, sich zuerst das Ziel setzen würde, durch ganz Kalifornien zu laufen. Wenn er dann den Marathon laufen würde, käme es ihm so vor, als ob die zweiundvierzig Kilometer des Marathons eine vergleichsweise kurze Distanz wären. Diese Strategie können wir auch in Bezug auf unseren Erfolg einsetzen. Strebe nach dem Einssein. Richte deinen Geist auf das Himmelreich aus. Selbst wenn wir es nicht erreichen, sind wir der Konkurrenz immer noch weit voraus.

Wie erreichen wir diese ekstatische Erfahrung des Einsseins? Wir müssen sie vor allem erreichen wollen. Wir machen sie zu einem Ziel. Dadurch, dass wir einen Wert in ihr sehen, geben wir ihr Zeit. Die Erfahrung des Einsseins ist die ursprüngliche Erfahrung, die uns in der Schöpfung geschenkt wurde, die in unserem Geist seither aber durch alle möglichen Glaubenssätze des Egos und Dissoziation zugedeckt worden ist. Wenn alle Trennung in unserem Geist geheilt ist, werden wir über ihn hinaus zur Erfahrung unseres höheren Bewusstseins gelangen, das Einssein ist.

Es gibt zwei Wege, die zum Einssein führen, das auch das Reich Gottes oder das Himmelreich genannt wird. Ein Weg ist Heilung, der andere Weg ist Gnade. Gnade ist etwas, um das wir bitten und das wir empfangen. Sie wird uns immer gegeben, aber wir sind nicht immer offen für sie. Die Bitte um Gnade öffnet uns für das, was uns bereits gegeben wird. Gnade ist insofern praktisch, als dass sie damit beginnt, die Probleme in unserem Leben mit Hilfe des Himmels zu beseitigen. Jedes Problem zeigt zwiespältige Gefühle in Bezug auf Erfolg. Es zeigt, wo wir andere Ziele verfolgen. Die Erfahrung des Himmels ist die Erfahrung von Glück und Ganzheit. Es ist die Rückkehr zu unserem ursprünglichen Zustand, der von Liebe, Kreativität und Freude geprägt ist.

Heilung ist der zweite entscheidende Faktor, wenn es darum geht, zur Erfahrung des Einsseins zu gelangen. Sie beseitigt den Schutt, den wir in unserem Geist angehäuft haben. Sie heilt die Spaltung unseres Bewusstseins auf der unterbewussten Ebene, der Seelenebene, der kollektiven unbewussten Ebene und der ursprünglichen Ebene. Von den vielen Prinzipien, Techniken und Methoden der Heilung, die es gibt, ist Vergebung der grundlegendste Weg. Auf diesem Weg der Vergebung erlangen wir die Bereitschaft, anderen Menschen, uns selbst und allen Situationen zu vergeben, die unseren Frieden gestört haben. Mit der Entscheidung zur Vergebung entscheiden wir uns gleichzeitig für die Unschuld aller Beteiligten, und das schließt unsere eigene Unschuld ein. Ohne Schuld und Urteil gibt es weder Mangel an Erfolg noch Selbstbestrafung. Es gibt weder ein gespaltenes Bewusstsein noch Zwiespältigkeit, sondern nur Ganzheit und Erfolg. Vergebung bringt die Erfahrung von Frieden und Freiheit. Wenn wir den Zustand des Friedens, in dem wir geruht haben, verlieren, entscheiden wir uns immer wieder für die Vergebung, bis unser Frieden wiederhergestellt ist. Dabei spielt es keine Rolle, wie viele Schichten hochkommen, um geheilt zu werden. Schritt für Schritt wird mit jedem Akt der Vergebung die Schuld in uns geheilt, die unseren Geist von der Ganzheit und dem Erfolg abspaltet, die unser Anrecht sind. Sie hilft uns, Menschen zu helfen, die zu lieben unsere eigentliche Aufgabe ist.

Verwende heute und für den Rest deines Lebens jeden Tag morgens und abends jeweils fünf Minuten darauf, um Gnade für dich selbst, für Problemsituationen und für Menschen zu bitten, die dir nahestehen und sich gerade in einer misslichen Situation befinden. Verwende anschließend weitere fünf Minuten darauf, dir selbst, allen an einer Problemsituation beteiligten Menschen und der Situation selbst zu vergeben. Du kannst dich intuitiv fragen, wem du vergeben kannst, damit eine bestimmte Situation oder ein Problem geklärt werden kann. Manchmal kommen uns unsere Eltern, Familienmitglieder oder Menschen aus der Vergangenheit in den Sinn, denen wir vergeben müssen, um ein Problem zu bereinigen, das wir in der Gegenwart haben.

Strebe heute vor allem nach dem Himmelreich, und lass dich von der Welt nicht ablenken. Sei ein „Vorübergehender", wie Christus im Thomasevangelium gesagt haben soll.

Lektion 27

Versagen heilen

Im Reich des Unterbewusstseins ist Versagen eine Entscheidung. Wir glauben, dass wir durch unser Versagen gewinnen, indem wir verlieren. Wir glauben, dass wir einen anderen Menschen bezwingen können. Wir versuchen etwas zu beweisen, und zwar in der Regel, dass man von uns nichts erwarten kann. Versagen ist ein Finger der Anklage, der auf einen wichtigen Menschen weist und sagt: „Du hast mir das angetan. Deinetwegen habe ich versagt." Versagen offenbart, dass wir mit uns selbst, einem uns wichtigen Menschen und dem Himmel hadern. Wir sind in einem Konflikt gefangen und wollen zwei Dinge – Erfolg und Versagen – gleichzeitig, und wir regeln die Sache, indem wir unser Versagen zumindest für einen Teil unseres Geistes zu einem Erfolg machen. Nach außen hin leiden wir wegen unseres Versagens. Wir tun es, um Aufmerksamkeit zu erlangen, um Bedürfnisse erfüllt zu bekommen, um das Besonderssein des dunklen Glanzes zu erfahren, der mit dem Versagen einhergeht, um Recht zu haben, um uns zu verstecken oder um uns durch Unabhängigkeit zu trennen. Noch stärker sind jedoch die Dynamiken, in denen wir Versagen als Teil eines Kampfes mit einem uns wichtigen Menschen benutzen. Unser tiefstes Geheimnis in Bezug auf Versagen ist die Tatsache, dass wir es für Angriff und Rache einsetzen.

Versagen kann als Rolle benutzt werden, wenn wir und unsere Familie glauben, dass ein Sündenbock sie retten kann. In einer unverbundenen Familie ist Versagen die häufigste unterbewusste Erfahrung. Wir ertragen das Gefühl des Versagens ebenso wenig wie die Schuld, zu deren Merkmalen das Versagen gehört. Wenn es zu lange andauert, ruft es Todessehnsucht hervor. Wir kompensieren das Gefühl des Versagens meist durch die beliebteren Rollen des Helden, des Märtyrers, des Schmeichlers oder der Waise. Wir versuchen zu beweisen, dass wir kein Versager sind, indem wir ein guter Mensch sind, sehr hart arbeiten, uns aufopfern oder erfolgsbesessen werden. Eine Rolle bedeutet, dass wir hart daran arbeiten, nirgendwo hinzugelangen. Leider erhalten solche Abwehrstrategien den Glauben an das Versagen nur aufrecht. Wenn sich die Abwehr durch Erschöpfung oder durch die selbstzerstörerische Wirkung des Ungleichgewichts abgenutzt hat, sind die Gefühle des Versagens und die damit verbundene Wertlosigkeit und Todessehnsucht noch da und verfolgen uns weiter. Weil wir die Gefühle vergraben, verstecken wir unser Versagen vor der Heilung, die notwendig ist, damit wir es als reine Illusion erkennen und an ihm vorbeigelangen können.

Wertlosigkeit und Versagen bilden einen Teufelskreis, der uns in eine Abwärtsspirale führt. Wertlosigkeit ist die größte emotionale Falle, die das Ego benutzt, um uns von der Meisterschaft und von unserem *Sein* fernzuhalten. Wertlosigkeit, die von unbewussten Gefühlen der Schuld und des Versagens herrührt, ruft Todessehnsüchte hervor, um uns vom wahren Erfolg abzulenken. Sie ist eine der besten Abwehrstrategien, derer das Ego sich bedient, um uns daran zu hindern, über die bewusstseinsgespaltene Welt der Dualität hinauszugelangen, damit wir die Fülle erfahren können, die unser *Sein* bringt. Dualität bringt Höhen und Tiefen, Erfolg und Versagen. Unser Versagen lässt das Ego aufblühen, nicht aber unser Erfolg. Das Ego glaubt an Zerstörung, und Krieg macht es stark. Wenn wir uns mit dem Ego identifizieren, dann investieren wir letztlich in unsere eigene Zerstörung.

Auch mit wichtigen Schattenfiguren müssen wir uns im Stadium der Meisterschaft befassen, in dem die Gefühle der Wertlosigkeit gewöhnlich zum ersten Mal aufbrechen. Gleich die erste Station auf der Ebene der Meisterschaft wird von der Schattenfigur des Versagers blockiert. Hier haben wir unsere Selbstkonzepte des Versagers abgespalten und verdrängt. Sie drücken uns nieder und sorgen dafür, dass wir sterben wollen. Wir projizieren diese Schattenfigur manchmal auf andere Menschen, was es doppelt schwer macht, weil wir das Problem dann als außerhalb von uns selbst und nicht wirklich als unser Problem wahrnehmen. Nur mit einer heilenden Einstellung suchen und finden wir die unbewusste Schuld und den Glauben, dass wir ein Versager sind. Wenn wir diese Selbstkonzepte des Versagers finden, dann können wir sie ganz einfach als schlechte Investition loslassen.

In unseren Familienmustern zeigen sich vor allem Gefühle des Versagens und der Wertlosigkeit, die von Ahnen- und Seelenebenen herrühren. Sie lassen die wichtigsten Muster und Erfahrungen unserer Kindheit entstehen. Die Entwicklung unserer Kindheit wurde durch unbewusste Einflüsse bestimmt. Dabei handelt es sich um die chronischen Muster, die wir in diesem Leben transformieren wollten, die aber so schwierig sind, dass die meisten Menschen die Hoffnung auf den Versuch, ihrer Familie zu helfen, aufgeben. Wir wollen unsere Familie durch Aufopferung retten, was irgendwann dazu führt, dass wir ausbrennen und unabhängig werden. Diese Unabhängigkeit funktioniert selten, und sie setzt Muster der Leblosigkeit in unserer Arbeit, unseren Beziehungen und unserer jetzigen Familie in Gang. Das bedeutet, dass der Mangel an Verbundenheit innerhalb der Familie und die damit verbundene Schwierigkeit an jede nachfolgende Generation weitergegeben werden. Wo es einen Mangel an Verbundenheit gibt, dort gibt es immer auch Schuld.

Zentrierung ist eine der wenigen Methoden, die diese Familienmuster und deren unbewusste Wurzeln heilen können. Die einfachste Möglichkeit besteht darin, Christus, Kuan Yin, dein eigenes höheres Bewusstsein oder irgendjemand anderen, dem du dich eng verbunden fühlst, um Hilfe und darum zu bitten, in deiner geistigen Mitte zu stehen. Stell dir dann vor, dass alle deine Glaubenssysteme über Versagen und Wertlosigkeit, alle deine Schattenfiguren und insbesondere die Schattenfigur des Versagers sich in der Form zeigen, die sie in deinem Geist angenommen haben. Bitte dann darum, dass alle deine Geschichten des Versagens, alle Verschwörungen des Versagens, alle Seelen- und Ahnenmuster des Versagens und alle deine Götzen des Versagens in diese dunkle Aufstellung einbezogen werden. Nimm wahr, wie viele Fallen es gibt, und nimm auch den Schmerz und die Bürden wahr, die sie deinem Geist auferlegen. Erweitere diese Aufstellung in deinem Geist nun um alle Rollen, Kompensationen und Abwehrstrategien sowie um das Versagen und die Wertlosigkeit, die sie verbergen. Zum Schluss frage dich, zu wie viel Prozent diese selbstzerstörerischen Investitionen und Muster dich aus deiner Mitte gebracht haben. Deine Verschwörungen des Versagens können dich zum Beispiel zu 30 % und deine Ahnenmuster des Versagens zu 50 % aus deiner Mitte gebracht haben.

Wenn du zwischen 1 % und 30 % aus deiner Mitte geraten bist, dann bist du in den schmerzhaften Fehltritten der Illusion gefangen. Zwischen 30 % und 80 % bist du in Aufopferung gefangen, und zwischen 80 % und 99 % bist du in selbstzerstörerischem Verhalten gefangen. Wenn du zu 100 % aus deiner Mitte gebracht bist, dann ist dieses Selbst gestorben. Jeder weitere Zuwachs von 100 % zeigt dir, wo weitere Selbste oder Selbstanteile gestorben sind.

Wir wollen einmal annehmen, dass es sich bei der Gestalt, die in deiner geistigen Mitte steht und dich in deiner Heilung unterstützt, um Buddha handelt. Er gibt dir ein Zeichen, in deine Mitte zu kommen. Wenn das Selbst gestorben ist, weckt er dich auf, bevor er dich in deine Mitte zurückruft. Buddha ruft gleichermaßen alle Glaubenssätze, Schattengeschichten, Verschwörungen, Seelen- und Ahnenmuster und Götzen sowie die damit verbundenen Abwehrstrategien und vergrabenen Gefühle des Versagens in deine Mitte zurück. Dort lösen sie sich als die Illusionen auf, die sie sind, und bringen dir größeren Frieden, der nicht nur die Geburtsstätte von Erfolg und Fülle, sondern auch von Liebe und Freude ist.

Diese Übung der Zentrierung ist eine einfache Möglichkeit, alte Erfahrungen des Versagens zu überwinden, die wir wie eine Last mit uns herumtragen, die wir niemals absetzen können. Sie hilft uns auch, die mehr oder minder verborgenen Verstecke des Versagens und der Schuld zu finden, die wir in uns vergraben haben.

Bitte um die Hilfe des Himmels und benutze diese Übung, um unterbewusste und unbewusste Versagensmuster zu heilen.

Lektion 28

Positive und negative Glaubenssysteme

Negative Glaubenssysteme gehören zu den größten Hindernissen auf unserem Weg zum Erfolg. Aufrechterhalten werden sie sowohl auf unterbewussten Ebenen, die unsere tiefsten Familienmuster seit dem Zeitpunkt unserer Empfängnis bergen, als auch auf unbewussten Ebenen, die unsere Seelenmuster und die Muster bergen, die unsere Ahnen von Generation zu Generation weitergegeben haben. Unsere Glaubenssysteme – ob positiv oder negativ – rufen unsere Wahrnehmung und damit unsere Erfahrung hervor. Unsere negativen Glaubenssysteme drehen sich nur um uns selbst, denn alle Glaubenssätze sind Selbstkonzepte. Alle unsere negativen Glaubenssysteme sind die Grundlage unserer Schuld und der daraus folgenden Selbstbestrafung. Es wäre selbst dann schon schwierig für uns, erfolgreich zu sein, wenn unser Selbstangriff nur halb so stark ausgeprägt wäre.

Es ist nicht immer leicht, unsere negativen Glaubenssysteme zu erkennen, weil wir sie geleugnet, dissoziiert und in den Bereich unseres Bewusstseins verbannt haben, in dem wir unseren Müll lagern. Jede negative Situation gibt uns die Chance, operante negative Glaubenssysteme zu finden und loszulassen. Mit Hilfe unseres Verstandes und unserer Intuition können wir die Glaubenssysteme aneinanderfügen, die vorhanden sein müssen, damit wir ein bestimmtes negatives Ereignis erfahren können. Eine negative Erfahrung ist immer mit Glaubenssystemen der Schuld und des Opferseins verbunden. Außerdem gibt es Glaubenssysteme der Rache und des Selbstangriffs. Über die bereits genannten Glaubenssysteme hinaus kann es auch Glaubenssysteme im Hinblick auf Bedürfnis, Unabhängigkeit oder Aufopferung geben. Sie rühren von Verlust her, und wir haben sie als Abwehrstrategie und als Ausrede benutzt. Sie bilden ihre eigenen Muster. Ein negatives Ereignis ist also umgeben von Glaubenssystemen der Abwehr und von Glaubenssystemen, die uns als Ego sehen. Einzig und allein in unseren Glaubenssätzen existiert das Ego als ein eigenständiges Selbst, das aus Angst, Schuld, Konkurrenz und dem Autoritätskonflikt besteht.

Wir erfahren unser Bewusstsein und unsere Welt als dualistisch und von Trennung geprägt. Quantenphysiker und Mystiker sind sich darin einig, dass das nicht das ist, was tatsächlich geschieht. Es zu glauben heißt, uns als schwach und machtlos zu erfahren, und genau das will das Ego uns glauben machen.

Ein Glaubenssatz ist eine statische, feststehende Entscheidung, der wir uns in der Regel nicht bewusst sind, die uns aber dennoch programmiert und steuert. Wir sind uns der meisten unserer Glaubenssätze nicht bewusst, aber wir sind uns auch der meisten Entscheidungen, die wir treffen, in keinster Weise bewusst. Manche Entscheidungen für negative Ziele oder Belohnungen, die nur dem Ego zugute kommen, fallen im Bruchteil einer Sekunde und werden sofort verdrängt, oder sie werden unterbewusst getroffen. Entscheidungen, die wir vor oder nach wichtigen Ereignissen treffen, entwickeln sich zu Glaubenssätzen. Jeder Gedanke, den wir haben, ist eine Entscheidung, und obwohl wir ihn nicht als solche erkennen, hat er die Macht, uns ebenso zu programmieren wie jede andere Entscheidung, die wir treffen. Deshalb heißt es in *Ein Kurs in Wundern*, dass es keine neutralen Gedanken gibt. Sie sind entweder auf das Leben oder auf den Tod ausgerichtet, sind entweder positiv oder negativ. Sie sind eine Entscheidung für die Liebe oder für die Angst. Der Schlüssel zum Erfolg liegt darin, dass wir unsere negativen Glaubenssysteme loslassen, damit wir unser Leben nicht auf der Grundlage von Angst und Illusion leben. Unsere Wahrnehmung und unsere Erfahrung werden bestimmt von dem, was wir glauben. In der Bibel heißt es, dass es so sein wird, wie ein Mann es im Herzen denkt.

Manche Menschen werden in dem Maße erfolgreicher, in dem sie sich daran begeben, durch ihre negativen Glaubenssysteme hindurchzugehen. Sie werden offener für die Kraft ihres Geistes, ihre Gaben und Gnade. Sie erkennen allmählich, dass sie selbst ein gewisses Maß an Verantwortung dafür tragen, wie ihr Leben sich entwickelt. Ungeachtet dieser Eigenverantwortung sind die aus dem Unbewussten und kollektiven Unbewussten herrührenden negativen Glaubenssysteme aber dennoch vorhanden und können großen Einfluss auf unser Leben haben. Sie beeinflussen uns entweder durch unsere heilende Entscheidung im Hinblick darauf, wie wir sie erfahren, oder durch unser Ego, weil wir glauben, in irgendeiner Weise einen Vorteil daraus schlagen zu können. Wenn wir diese Ereignisse durch die Augen unseres höheren Bewusstseins betrachten können, entsteht Ganzheit. Meist entscheiden wir uns aber ganz eindeutig dafür, uns stattdessen von unserem Ego leiten zu lassen, weil es verrückt ist, negative Erfahrungen heraufzubeschwören, um einen scheinbaren Vorteil daraus zu schlagen. Das ist ganz zweifellos ein Trick des Egos, das uns davon überzeugt hat, dass alles, was für es selbst gut ist, auch zu unserem Vorteil sein muss. Das Ego ist das Prinzip der Trennung. Es trennt uns von uns selbst und von den Menschen, die wir lieben. Es mag uns zwar die äußeren Zeichen des Erfolges geben, lässt uns diesen Erfolg dann aber nicht genießen. Trennung blockiert unsere Fähigkeit zu empfangen und lässt uns schließlich mit leeren Händen dastehen.

Sobald wir alle unsere negativen Glaubenssysteme ausgeräumt haben, können wir uns daran begeben, alle positiven Glaubenssysteme auszuräumen. Dann sind wir von Liebe, Licht und der Erfahrung des Einsseins erfüllt, in der wir erkennen, dass wir reiner Geist sind und nicht unser Ego oder unser Körper, der das Behältnis des Egos ist. Je stärker wir unser *Sein* oder unsere geistige Dimension erfahren, umso größer ist das Maß an Liebe und Ekstase, das wir erfahren. Es steht außer Zweifel, dass wir alle auf diesem Gebiet noch einen mehr oder weniger weiten Weg vor uns haben. Positive Glaubenssysteme treiben uns zum Tun, das eine Abwehr gegen ursprüngliche Gefühle von Schuld, Wertlosigkeit und Versagen ist. Sie sind die letzten Glaubenssysteme, die eine Kompensation oder Abwehrstrategie gegen unser *Sein* darstellen, durch das wir unser Glück verwirklichen.

Methoden zur Heilung negativer Glaubenssysteme

I. Bewusstheit, Vergebung, Integration und Loslassen

1. Werde dir deiner negativen Glaubenssysteme bewusst, und lass sie los. Sie hören auf, dich zu programmieren und zu steuern, wenn du aufhörst, in sie zu investieren.

2. Vergib ihnen, bis sich Frieden einstellt. Wiederhole den Prozess, wenn du mehr Frieden brauchst.

3. Integriere sie mit deinen positiven Glaubenssystemen, mit deinem höheren Bewusstsein oder mit deiner geistigen Dimension. Sofern sie keine Abwehr gegen ein noch tieferes, dunkleres Glaubenssystem waren, bringt dir diese Integration ein neues Maß an Frieden und Erfolg. Im anderen Fall stellt sich nach einer kurzen Phase des Friedens eine noch dunklere Erfahrung ein. Dasselbe kann im Prozess des Loslassens oder der Vergebung geschehen. Integration bedeutet, dass du zwei oder mehr grundverschiedene Systeme verschmilzt, sodass neue Ganzheit entstehen kann.

4. Du kannst deine negativen oder positiven Glaubenssysteme in die Hände deines höheren Bewusstseins legen, damit es dich von ihnen befreit,

und im Gegenzug die Erfahrung des tiefen Friedens erlangen, die aus dem *Sein* erwächst.

5. Integriere deine negativen Glaubenssysteme mit den Abwehrstrategien, die du benutzt hast, um sie zu verbergen.

II. **Nutze jedes negative Ereignis als ein heilendes Ereignis**, das dir die Chance bietet, die dunklen Muster deiner negativen Glaubenssysteme zu heilen. Welche negativen Glaubenssysteme musst du haben, damit dieses Ereignis geschehen kann? Welche dunklen Geschichten, Verschwörungen, Schatten und Götzen, die ein Teil negativer Glaubenssysteme sind, musst du außerdem haben, damit dieses negative Ereignis geschehen kann?

III. **Denke nun an ein negatives Ereignis aus deiner Vergangenheit.** Untersuche es, und wende die oben beschriebene Heilmethode darauf an. Du wirst dich in dem Maße verändern, in dem du die Wahrnehmung des Ereignisses heilst. Wenn die endgültige Heilung eintritt, wirst du es noch nicht einmal auf dieselbe Weise in Erinnerung behalten. Es wird entweder ganz verschwinden oder dir als ganz und gar wohlmeinend erscheinen.

IV. **Ergänze die folgenden Sätze mit dem ersten Gedanken, der dir in den Sinn kommt**, und schreibe ihn nieder.

1. Negativ an der Welt ist ....
2. Negativ an der Welt ist ....
3. Negativ an der Welt ist ....
4. Dunkel an der Welt ist ....
5. Dunkel an der Welt ist ....
6. Dunkel an der Welt ist ....
7. Böse an der Welt ist ....
8. Böse an der Welt ist ....
9. Böse an der Welt ist ....
10. Dumm an der Welt ist ....
11. Dumm an der Welt ist ....
12. Dumm an der Welt ist ....
13. Was ich an anderen nicht mag, ist ....
14. Was ich an anderen nicht mag, ist ....

15. Was ich an anderen nicht mag, ist ....
16. Was ich an Männern nicht mag, ist ....
17. Was ich an Männern nicht mag, ist ....
18. Was ich an Männern nicht mag, ist ....
19. Was ich an Frauen nicht mag, ist ....
20. Was ich an Frauen nicht mag, ist ....
21. Was ich an Frauen nicht mag, ist ....

Blättere um.

Jede Antwort, die du gegeben hast, weist auf einen Glaubenssatz und vermutlich ein ganzes Glaubenssystem über dich selbst hin. Einige dieser Glaubenssysteme wurden in Schattenzustände verdrängt und sind gut versteckt und verteidigt. Jetzt ist eine gute Zeit, um sie zu heilen, denn du erntest, was du säst, und negative Glaubenssätze säen und ernten immer negative Erfahrungen als eine Form von Selbstangriff.

V. **Schau auf die Welt.** Was siehst du darin im Hinblick auf die Menschen und die Geschichten, die sich darin abspielen? Es sind deine eigenen Glaubenssätze in Aktion, die zeigen, was du über Krankheit, Altwerden, Tod, Niederlage, Versagen, Bankrott oder Herzensbruch glaubst. Schau dir die Nachrichten im Fernsehen an. Sie zeigen dir unbewusste und kollektive Glaubenssysteme, die du über die Welt hast.

Wende die heilenden Übungen auf jedes Glaubenssystem an, das du entdeckt hast.

Führe in den kommenden vierzig Tagen jeden Tag mindestens eine der Übungen durch, um eine tiefgreifende Veränderung in deinem Leben zu bewirken.

Lektion 29

Die heilende Einstellung

Deine Einstellung ist das wichtigste Element deines Erfolges, denn sie bestimmt die Richtung, in die du gehst. Sie ist zudem der Blickwinkel, aus dem du die Ereignisse betrachtest. Weil wir in einer Welt der Dualität leben, wird es immer Höhen und Tiefen geben. In dem Maße, in dem wir mehr über Erfolg lernen und geben, was notwendig ist, um erfolgreich zu sein, gewinnen sowohl unsere Höhen als auch unsere Tiefen an Höhe, sodass wir allgemein erfolgreicher sind. Noch wichtiger als das Lernen ist, dass wir verlernen und über alle Fallen und negativen Muster hinausgelangen. In dem Maße, in dem wir unser Leben heilen und transformieren, entwickeln wir uns auf ganz natürliche Weise zur Unschuld – der Wurzel allen Erfolges – hin. Das schließt ein höheres Maß an Ganzheit und Glück in unserem Leben ein. Je mehr unsere Ganzheit wächst, umso mehr gelangen wir in ein Gleichgewicht und haben mehr Zeit für Freizeit, Familie und sogar uns selbst.

Zu den wichtigsten Einstellungen, die wir brauchen, um erfolgreich zu sein, gehört eine heilende Einstellung. Wenn unser Leben nicht erfolgreich ist, können wir es mit einer heilenden Einstellung betrachten, um den Weg zum Erfolg einzuschlagen. Eine heilende Einstellung bedeutet, dass wir, wenn wir ein Problem haben, erkennen, dass wir selbst der Transformation bedürfen. Ohne Veränderung kann nichts besser werden. Alle negativen Situationen, die eintreten, sind unserem eigenen Unterbewusstsein oder Unbewussten entsprungen, um geheilt zu werden. Je früher wir sie heilen, umso früher gelangen wir durch Ärger, Aufgebrachtheit oder Rückschlag hindurch und schlagen von neuem den Weg zum Erfolg ein.

Wie jede negative Emotion sind auch Ärger und Aufgebrachtheit klare Hinweise darauf, dass es etwas gibt, das geheilt werden muss. Mit einer heilenden Einstellung entscheiden wir uns dafür, sie als hilfreich wahrzunehmen, weil sie uns etwas zeigen, das in uns oder außerhalb von uns nicht funktioniert.

Mit einer heilenden Einstellung versuchen wir nicht, nur außerhalb von uns etwas zu verändern, sondern sind um innere Veränderung bemüht. Wir erkennen, dass äußere Veränderungen bei einem ernsten Problem oder einer großen Falle reine kosmetische Eingriffe sind. Wenn wir Dinge von innen heraus ändern, erreichen wir ein Maß inneren Friedens, das dazu führt, dass die äußeren Umstände selbst dann, wenn sie sich nicht verändert haben, einfach kein Problem mehr für uns sind. In dem Maße, in dem Heilung auf tieferen Ebenen geschieht, geben selbst große und chronische Probleme den Weg für eine Entwicklung hin zu größerem Erfolg frei.

Verpflichte dich dieser heilenden Einstellung also von ganzem Herzen. Sie wird dir viel Kummer ersparen und dich auf den Weg positiver Veränderung bringen, den du einschlagen musst.

Verpflichte dich der heilenden Einstellung jeden Morgen, wenn du aufwachst, und wenn du abends über deinen Tag nachgedacht und festgestellt hast, welche Chancen zur Heilung du verpasst hast, verpflichte dich, die verpasste Situation als Werkzeug zur Transformation und als Mittel zum Frieden zu nutzen.

Eine ganz einfache heilende Übung, die du in dieser Situation anwenden kannst, besteht darin, um die Wahrheit zu bitten und sie dir von ganzem Herzen zu wünschen, denn die Wahrheit durchschneidet alle Negativität und Aufgebrachtheit und bringt dich voran.

Eine weitere heilende Übung besteht darin, dich dem nächsten Schritt von ganzem Herzen zu verpflichten, denn jedes Problem ist eine Blockade, die dein Ego benutzt, um dich am nächsten Schritt zu hindern.

Stell dir schließlich das Ergebnis vor, das du dir wünschst, und lege das Problem in die Hände deines höheren Bewusstseins, damit es aufgelöst werden kann. Lass zu, dass es für dich erledigt wird.

Lektion 30

Unbewusste Versagensmuster heilen

Neben der Schattenfigur des Versagers, die aus unterbewussten Familienmustern oder der unbewussten Seelenebene herrühren kann, gibt es noch andere große Muster im Unbewussten, die ungeachtet dessen, dass wir nach außen hin alles richtig machen, verhindern können, dass wir erfolgreich sind.

Das erste Muster dieser Art ist Schuld, die aus dem Unbewussten herrührt und mit *Geschichten der Schuld*, *Geschichten des Versagens* und *Geschichten der Aufopferung* einhergeht. Diese Geschichten sind Drehbücher, die wir schreiben, um eine Belohnung des Egos zu bekommen, die niemals wirklich erfolgreich ist und uns auch niemals wirklich befriedigt. Wenn wir uns davon befreien, nehmen *Geschichten des natürlichen Erfolges* und *Geschichten des Glücklichseins* ihre Stelle ein.

Weitere unbewusste Muster sind Verschwörungen der Schuld, des Versagens und der Aufopferung. Bei ihnen handelt es sich um Fallen, die so gut aufgestellt sind, dass es keinen Ausweg daraus zu geben scheint.

Die nächsten Muster, mit denen wir uns im Anschluss an unsere Verschwörungen beschäftigen müssen, sind die Muster der Schuld, des Versagens, der Aufopferung und der Unwürdigkeit, die auf unbewussten Ebenen sowohl aufseiten der Familie unseres Vaters als auch aufseiten der Familie unserer Mutter von einer Generation zur nächsten weitergegeben werden.

Dann folgt die sehr tiefe Ebene der unbewussten Götzen, auf der wir falsche Götter anbeten. Was uns von Glücklichsein, Fülle und Erfolg fernhalten kann, sind die Götzen des Erfolges, des Versagens, der Schuld und des Mangels. Wenn wir sie anbeten, dann blockieren wir unsere Fähigkeit zu empfangen. Wir sind erfolgsbesessen, erlauben uns aber nicht, den Erfolg auch zu genießen.

In den letzten Bereichen des Unbewussten geht es um unsere Angst davor, alles zu haben, und um unseren Kampf gegen Gott. Die Angst bringt uns dazu, jeden Erfolg aufzuhalten, bevor wir auch nur annähernd in die Gefahr geraten, alles zu haben. Wie jede Form von Angst lässt sie uns schrumpfen, weil wir an eine Illusion glauben. Unser Kampf gegen Gott scheint widersinnig, hat sich in meiner mittlerweile fast vierzigjährigen therapeutischen Arbeit aber oft genug gezeigt. In diesem Kampf blockieren wir unseren Erfolg oder sorgen dafür, dass wir versagen.

Frage dich, zu wie viel Prozent du aus deiner Mitte geraten bist. Wenn es 1.000 % sind, dann heißt das, dass zehn Selbste oder Selbstanteile gestorben sind und du um dieses Maß aus deiner Mitte geraten bist.

Bitte dann Christus, Buddha oder dein eigenes höheres Bewusstsein darum, sich in deine geistige Mitte zu stellen. Erwecke von dort aus jedes Selbst, das gestorben ist. Rufe alle dunklen Geschichten, Verschwörungen, Ahnenmuster und Götzen sowie alle Rollen, Kompensationen und Abwehrstrategien, die du benutzt hast, um diese dunklen Muster zu verbergen und zu vergraben, in deine Mitte zurück. Dort lösen diese negativen, unbewussten Illusionen sich auf. Du wirst zum Frieden und zum *Sein* in deiner Mitte zurückgeführt, in der dein Erfolg und dein wahrer Wert dich erwarten.

Lektion 31

Unzulänglichkeit und die Verschwörung der Kleinheit

G efühle der Unzulänglichkeit und des Nicht-genug-Seins rühren aus den Zeiten in unserem Leben her, in denen wir die Verbundenheit verloren und uns getrennt haben. Sie spiegeln unser Getrenntsein auf der Ahnenebene und auf der Seelenebene wider. In der Spaltung der Getrenntheit erfahren wir Angst, Verlust, Bedürfnis, Missverständnis, Gefühle des Verlassenseins, Widerstand, ein gespaltenes Bewusstsein sowie Gefühle der Unzulänglichkeit. Überall auf der Welt habe ich es in meiner Arbeit immer wieder erlebt, dass Menschen auf die Frage, welchen Zweck sie mit Ereignissen verfolgen, in denen sie zum Opfer gemacht wurden oder ihre Verbundenheit verloren haben, intuitiv antworten, dass sie sich dadurch verbergen oder klein bleiben können, damit niemand auf die Idee kommt, etwas von ihnen zu erwarten. Sie benutzen die Ausrede, die ihnen das Opfer- oder Verlustereignis bietet, als Rechtfertigung dafür, klein zu bleiben. Der Preis, den die Menschen dafür bezahlen, dass sie sich verstecken können, ist zum einen der Schmerz des Opferereignisses und zum anderen das Gefühl der Unzulänglichkeit, das damit verbunden ist.

In unserer Jugend fangen wir an, Gefühle der Unzulänglichkeit zu kompensieren, indem wir zu Perfektionisten werden und sowohl uns selbst als auch andere Menschen antreiben. Wir haben Erwartungen und stellen Forderungen an uns selbst und andere Menschen, und in unserem Streben nach Erfolg treiben wir uns an. Das bewirkt, dass der Stress größer wird und wir entweder zu viele Ziele haben oder einfach aufgeben, weil wir unseren eigenen Ansprüchen nicht gerecht werden können, die in diesem Fall eine Abwehr sind. Diese Form der Kompensation legt eine weitere Abwehr über den bestehenden Konflikt, was dazu führt, dass unserer Erfolgsfähigkeit zwei Blockaden im Weg stehen.

Verschwörungen der Kleinheit bilden fast immer einen Teufelskreis mit Gefühlen der Unzulänglichkeit. Dieser Teufelskreis ist das genaue Gegenteil von Erfolg, solange wir noch nicht zu einer spirituellen Einstellung gelangt sind, in der wir erkennen, dass wir in Wahrheit vollkommen schwach sind, nichts wissen und auf die Kraft und Führung des Himmels angewiesen sind. Eigentlich ist dies die höchste Ebene des Bewusstseins, in der wir radikal abhängig sind „wie ein kleines Kind".

Zuerst bauen wir ein starkes Ego auf, damit wir in der Welt zurechtkommen, und dann demontieren wir es wieder in dem Maße, in dem wir uns auf Gnade, Führung und Wunder verlassen. Wenn Ganzheit und Frieden unser Ziel sind, dann werden wir auf dem Weg dorthin immer erfolgreicher sein. Ganzheit und Frieden lassen Erfolg mühelos entstehen, aber um diesen Weg gehen zu können, müssen wir die Kleinheit aufgeben, in die wir dem Wunsch unseres Egos nach investieren sollen. Es gehört Mut dazu, die Führung zu übernehmen. Es gehört heldenhafter Mut dazu, ein Visionär zu werden. Es gehört noch größerer Mut dazu, unsere Investition in den Größenwahn des Egos und in die fadenscheinigen irdischen Spielzeuge aufzugeben, um stattdessen Frieden und Ganzheit zu erlangen. Im Zustand der Meisterschaft wünschen wir uns einfach Frieden und die Freude, die er uns bringt. Im Zustand der Meisterschaft streben wir nicht nach Erfolg in Liebe, Fülle oder Anerkennung. Wir streben einzig nach Frieden und Ganzheit in dem Wissen, dass sie uns alles bringen, was wir uns wünschen.

Unzulänglichkeit und Kleinheit erfordern eine ebenso große, wenn nicht gar noch größere emotionale und energetische Investition als Erfolg, denn Erfolg lässt neuen Fluss entstehen. Unzulänglichkeit und Kleinheit verstärken unser Gefühl der Unterlegenheit, die immer eine Abwehr für unsere Überzeugung ist, dass wir in Wirklichkeit der oder die Beste sind. Jemand, der sich in einer abhängigen oder unterlegenen Position befindet, empfindet oft eine moralische Überlegenheit, die er an die Stelle seines Handelns oder seiner Bereitschaft zur Veränderung setzt. Ich habe häufig festgestellt, dass Gefühle der Unzulänglichkeit und die Verschwörung der Kleinheit eine Abwehr gegen unsere Größe oder unsere geistige Wesensgleichheit sind. Wenn wir das, was die Abwehr verbirgt, von ganzem Herzen annehmen würden, dann könnten wir uns aus dem Teufelskreis von Unterlegenheit und Überlegenheit befreien. Das würde den Fluss zulassen, der entsteht, wenn wir bereit sind, den Weg der Inspiration zu gehen, den unser höheres Selbst für uns bereitet hat, und zur Macht der Herrlichkeit und der Gaben zurückzukehren, die ein Teil unseres spirituellen Vermächtnisses sind, die wir aber aufgegeben haben und vor denen wir davongelaufen sind.

Wir wollen heute unsere Kleinheit und unser Versteckspiel aufgeben. Wir wollen die Gefühle der Unzulänglichkeit und Unterlegenheit aufgeben, die uns in der Tretmühle des Vergleichs und im Teufelskreis von Überlegenheit und Unterlegenheit festhalten. All das hält uns nur auf oder bringt uns dazu, dass wir aufgeben oder uns antreiben. Es gibt einen besseren Weg. Wünsche dir, die Wahrheit über dich zu erkennen. Wünsche dir, dich so zu sehen, wie Gott dich sieht. Verpflichte dich deinem wahren Selbst, indem du nicht länger in die Sicht investiert, die dein Ego von dir hat. Dein Ego liebt dich nicht. Es benutzt dich. Weil es sich klein und benachteiligt fühlt, muss es angreifen. Es gibt einen besseren Weg und ein besseres Leben. Lass zu, dass dein Gefühl der Kleinheit für dich aufgelöst wird. Dazu ist dein höheres Bewusstsein da.

Lektion 32

Mein Ärger zeigt, dass ich glaube, allein zu sein

Ärger ist ein Akt des Angriffs, der trennt. Trotzdem versucht er, andere Menschen zu kontrollieren, damit sie unseren Wünschen entsprechen. Wir haben den Kontakt zur Gnade verloren und glauben, dass *wir* unsere Mitmenschen oder eine aus den Fugen geratene Situation berichtigen müssen. Weil unser Stress größer geworden ist, haben wir mit Ärger auf die Situation reagiert, und das scheint uns in noch stärkerem Maße zu isolieren.

In dem Maße, in dem wir eine Partnerschaft mit anderen Menschen eingehen, gehen wir auch eine Partnerschaft mit dem Himmel ein. Eine Partnerschaft mit anderen Menschen löst Angst auf und lässt Fluss entstehen. Wir sind in dem Maße offen, in dem wir mit anderen Menschen verbunden sind. Buddha hat einmal gesagt, dass dort, wo zwei oder mehr Menschen versammelt seien, auch er anwesend sei. Seine Gegenwart können wir jedoch nur in dem Maße spüren, in dem wir mit den Menschen verbunden sind, mit denen wir uns versammelt haben. Jesus hat ähnliche Worte benutzt: „Denn wo zwei oder drei in meinem Namen versammelt sind, da bin ich mitten unter ihnen." Die Verbindung zu anderen Menschen gibt uns die Möglichkeit, die Hilfe des Himmels und auch das Wissen zu erlangen, dass wir nicht allein sind.

Je mehr wir uns hingegen ärgern, umso stärker isolieren wir uns. Der Weg voran besteht darin, dass wir unsere wahrgenommene Trennung auflösen, während wir zum Einssein zurückkehren, das eine Erfahrung jenseits des Bewusstseins ist. Je mehr wir uns weiterentwickeln, umso mehr wachsen unsere Leistungsfähigkeit und auch unsere Freude. Über das Bewusstsein hinaus zum Einssein gelangen heißt, in die ekstatische Verzückung der Erfahrung Gottes gelangen. Unser Frieden und unsere Zuversicht reifen. Unser Frieden lässt uns empfangen und genießen, und unsere Zuversicht lässt unsere Geisteskraft auf natürliche Weise wachsen. Mit zunehmendem Bewusstseinswachstum gelangen wir an einen Punkt, an dem wir erkennen, dass wir auf den Himmel vertrauen und nicht nur auf uns selbst. Mit unserem Bewusstsein wächst auch unsere Spiritualität, die nicht unbedingt religiös sein muss. Auf hohen Bewusstseinsebenen geben wir uns dem Himmel hin. In dieser Partnerschaft vertrauen wir nicht auf unsere eigene Stärke, sondern auf die Stärke des Himmels.

Weil unser Ego das Sagen haben will, sind wir bereit und fähig, uns den größten Herausforderungen zu stellen. Je mehr wir jedoch die Mauern abtragen, die unser Ego errichtet hat, umso mehr öffnen wir uns nicht nur für andere Menschen, sondern auch für Gnade und Führung. In dem Maße, in dem wir heil werden, lernen und verlernen, erkennen wir immer stärker unsere Ganzheit, weil wir selbst immer stärker zurücktreten und der Himmel immer stärker in den Vordergrund tritt. Erfolg beginnt sowohl innen als auch außen zu wachsen. Wir überwinden unsere existenzielle Einsamkeit, weil wir uns einem höheren Maß an Zusammengehörigkeit öffnen. Wir haben nicht das Gefühl, alles aus eigener Kraft schaffen zu müssen. In *Ein Kurs in Wundern* gibt es einen Abschnitt, in dem von der Hilfe des Heiligen Geistes die Rede ist, der durch Wunder unser Leben leichter macht.

> Die Führung des HEILIGEN GEISTES ist nur deshalb begrenzt, weil du denkst, du könntest einen kleinen Teil deines Lebens alleine regeln oder mit einigen seiner Aspekte alleine fertig werden. So möchtest du IHN unzuverlässig machen und diese eingebildete Unzuverlässigkeit als Ausflucht dafür benutzen, gewisse dunkle Lektionen von IHM fernzuhalten. Und weil du so die Führung begrenzt, die du akzeptierst, ist es dir nicht möglich, dich darauf zu verlassen, dass Wunder auf alle deine Probleme eine Antwort geben werden.
>
> *EIN KURS IN WUNDERN*

Sei heute bereit, dich dem Willen des Himmels hinzugeben. Gehe einige Minuten in die Stille, um dich der Inspiration zu öffnen. Entspanne in den Händen des Himmels. Lege sowohl deine Probleme als auch deine Zukunft in die Hände des Himmels. Bitte um und sei offen für Wunder, insbesondere in den Bereichen, in denen es chronische Probleme gibt. Übergib dem Himmel vergangenen oder gegenwärtigen Schmerz, der ein sicheres Zeichen für dunkle Lektionen und falsche Wahrnehmung ist. Bitte um den Frieden, der dich befreit und glücklich macht.

Lektion 33

Jenseits der Dualität

Es steht außer Frage, dass das Leben von Höhen und Tiefen geprägt ist. Das ist so, weil wir in einer Welt der Dualität leben, in der es eine Trennung zwischen Subjekt und Objekt gibt. Es gibt mich, und es gibt das, was außerhalb von mir ist, und das ist eine ganze Menge. Wir nehmen Dinge außerhalb von uns selbst wahr, aber das, was sich im Raum zwischen uns befindet, und das, was wir in der Außenwelt wahrnehmen, ist Trennung, die von Angst, Schuldgefühlen und Schmerz erfüllt ist. Wo es Trennung gibt, dort gibt es auch Gegensätze wie Höhen und Tiefen. Alle äußeren Dinge spiegeln die Selbstkonzepte in unserem Bewusstsein wider, und dem Bewusstsein der meisten Menschen auf der Welt ist Einheit fremd. Das innere Chaos spiegelt das Chaos in der Außenwelt wider. Größere Einheit in unserem Bewusstsein und in der Welt entsteht in dem Maße, in dem wir uns Heilung und Integration widmen.

Heilung ist eine lebenslange Aufgabe. Sie verlernt unsere dunklen Lektionen und auch die Angst, die Schuld und den Schmerz, die Teil dieser dunklen Lektionen sind. Sie verbindet unser Bewusstsein und lässt größere Einheit und damit auch größeren Erfolg in unserem Leben entstehen.

Im Zustand der Meisterschaft sind wir über die Dualität als Lebenseinstellung hinausgelangt. Wir haben die großen Dichotomien oder das, was ich die *großen Kriege* nenne, überwunden. Dazu gehören beispielsweise Leben-Tod, Männlich-Weiblich, Gut-Böse, Dunkel-Hell oder Spirituell-Materiell. Zu dem Zeitpunkt, an dem wir das Stadium der Meisterschaft erreichen, das der Erleuchtung unmittelbar vorangeht, ist die Welt viel wohlmeinender geworden, und Probleme sind nur noch etwas, das es anzupacken gilt. Obwohl es immer noch Karma gibt, ist das Leben einfacher geworden. Unser Geist ist offener für Gnade, und wir erkennen, dass wir ein geistiges Wesen sind, dass wir ein Kind Gottes sind, das alle guten Dinge verdient hat. Obwohl dies schon ein sehr hoher Bewusstseinszustand ist, gibt es sogar noch höhere Zustände der Meisterschaft, bis wir schließlich zur Erleuchtung gelangen. Dort erkennen wir – wie Buddha – das Einssein von allem und die Illusion der Welt, die wir in unserem Geist aus dem Nichts erschaffen haben. Es gibt Bewusstseinszustände, die sogar noch höher sind als diese erste Stufe der Erleuchtung. Wir durchleben sie, bis wir über das Bewusstsein hinausgehen, das Dualität erzeugt, weil ein Subjekt und ein Objekt notwendig sind, um Wahrnehmung zu ermöglichen. Wenn wir Einssein und die diesem Zustand zugehörige Ekstase erfahren, dann gibt es nur noch Bewusstheit anstelle von Bewusstsein. Bis wir dort ankommen, investieren wir hoffentlich in unsere Heilung, damit wir zur Erkenntnis unserer Ganzheit zurückgelangen können. Wir bedürfen so lange der Transformation, bis wir alle dunklen Lektionen, Drehbücher und Glaubenssätze wieder verlernt haben, die die Dunkelheit in der Welt haben entstehen lassen. Heilung und Transformation bringen Erfolg. Ganzheit ist Erfolg.

Meister arbeiten daran, nicht nur sich selbst, sondern auch die Menschen zu heilen, die an ihre Tür klopfen. Sie befassen sich mit dem kollektiven Unbewussten und mit all dem Schmerz und dem Grauen, das damit einhergeht. Meister sind stärker verbunden und erfahren sich als näher an dem, was in der Welt ist. Sie erkennen in höherem Maße ihr, wie es der Philosoph Martin Heidegger ausdrückt, „In-der-Welt-Sein", erkennen sich aber gleichzeitig auch als jemand, der diese Welt überwindet.

In dieser Welt der Träume gibt es Trennung oder Dualität. Dualität ist die Erfahrung des „Zweiseins", während es in Wirklichkeit nur das Einssein gibt. In dem Maße, in dem wir erkennen, dass wir selbst der Träumer des Traums von der Dualität sind, dämmert uns allmählich, dass wir die Möglichkeit haben, aus dem Traum zu erwachen. Wenn wir glauben, dass der Traum die Wirklichkeit ist, besteht dazu kaum eine Chance, weil wir glauben, dass das, was geschieht, nichts mit uns zu tun hat.

Je mehr wir über die Dualität hinausgelangen, umso mehr erleben wir *Geschichten des schönen Lebens, Geschichten des goldenen Lebens, Geschichten des Himmels auf Erden* und *Himmlische Geschichten*. Dies sind Geschichten, in denen es mehr und mehr um uns als geistige Wesen, um das *Sein* und um das von Gott erschaffene Selbst geht. Auf diese Weise erkennen wir unsere Ganzheit, die zugleich unsere Heiligkeit[2] ist. Wir erfahren Liebe, Freude, Natur und Freundschaft von ihrer besten Seite. Wir sind zu einem Freund der Welt geworden. Im Zustand des *Seins* haben wir uns endlich ganz und gar einbezogen, haben den Code der Familienverschwörung geknackt

---

2   Anm. der Übersetzerin: Hier spielt der Verfasser auf die Ähnlichkeit der Worte „wholeness" (Ganzheit) und „holiness" (Heiligkeit) an.

und sind fast immer im Hier und Jetzt statt in Vergangenheit oder Zukunft.

Es ist an der Zeit, aus dem Traum der Dualität zu erwachen. Wir können es Schritt für Schritt tun, indem wir der Welt vergeben, denn in Wahrheit vergeben wir uns selbst. Wenn wir die Welt nicht verurteilen, dann verurteilen wir auch uns nicht, und dadurch erinnern wir uns an unsere Unschuld und daran, dass wir alle guten Dinge verdienen. Im *Sein* erkennen wir rasch, dass wir aus dem glücklichen Traum zur höchsten Realität und ihrer allumfassenden Freude erwachen können.

Mache den glücklichen Traum und das Einssein zu deinen Zielen. Verpflichte dich ihnen jeden Tag. Bitte immer und überall um das Erwachen, das du dir wünschst. Jetzt ist ein guter Zeitpunkt, und hier ist ein guter Ort, um darum zu bitten.

Lektion 34

Anspruch erheben

Anspruch erheben ist eine Kraft des Geistes, die erklärt, dass das, was dir gehört, nicht verloren gehen oder von dir getrennt werden kann. Was mich daran denken ließ, war die Klage einer Mutter während einer Coaching-Sitzung, dass sie ihre Kinder seit sieben Jahren nicht gesehen hatte. Sie hatte sich von ihrem Mann scheiden lassen, weil sie sich so unterdrückt fühlte, dass sie glaubte, sie würde sterben oder verrückt werden, wenn sie noch länger blieb. Ihr Mann hatte einen so beherrschenden Charakter, dass er für sie zu einer Schattenfigur geworden war. Weil ihre Kinder finanziell und emotional von ihrem Vater abhängig waren, hatten sie den Kontakt zu ihr abgebrochen, nachdem sie die Familie verlassen hatte.

Mein erster Schritt bestand darin, sie aufzufordern, *Anspruch* auf ihre Beziehung zu ihren Kindern *zu erheben*. Für sie war es wahr, eine Beziehung zu ihren Kindern zu haben. Für sie war es wahr, mit ihren Kindern in Kontakt zu sein. Deshalb brauchte sie nur Anspruch auf das zu erheben, was wahr war.

Wir können Anspruch auf Erfolg erheben. Wir können Anspruch auf unseren Lohn erheben. Wir können Anspruch auf die wahre Liebe erheben. Wir können Anspruch auf unseren Partner erheben. Wo es einen Konflikt gibt, können wir Anspruch auf Frieden, Verstehen und Verbindung erheben. In jedem Lebensbereich können wir Anspruch auf den nächsten Schritt zu unserem Erfolg erheben.

Anspruch erheben hat mit einem positiven Ergebnis und mit Belohnung zu tun. Sein Ursprung ist Geben, wodurch auf natürliche Weise eine Dynamik aus Geben und Empfangen in Gang gesetzt wird. Zudem erkennt es an, dass wir der Urheber unseres Traums, der Autor unserer Lebensgeschichte sind. Anspruch erheben fordert uns auf, die Tür zu öffnen, damit wir empfangen, was angeboten wird, statt eine Geschichte über unsere Kleinheit zu schreiben. Wenn wir Anspruch auf etwas erheben, hält der Himmel immer die Gabe der Gnade für uns bereit. Der Himmel bietet uns alle guten Dinge an. Das liegt in der Natur Gottes. Unser Ego setzt dem nicht nur Grenzen, sondern will uns von Mangel und davon überzeugen, dass wir um das, was *uns* gehört, kämpfen müssen, weil Angst vor Mangel das Ego stärkt. Anspruch erheben macht uns bewusst, was wir verdient haben. Es benutzt die Wahrheit, um zu verlangen, dass das, was uns gehört, verwirklicht wird, weil es uns bereits gegeben wurde. Aus Trennung geborener Mangel lenkt uns von der Ernte ab, die wir einfahren können.

Wenn wir uns vor dem, was wir wollen, fürchten, dann haben wir uns mit dem Ego identifiziert, das Angst vor Fülle hat. Fülle führt zum Erwachen, während Mangel dafür sorgt, dass wir verwirrt sind, sehr hart arbeiten und auf eine Art und Weise suchen, die verhindert, dass wir empfangen. Der größte Erfolg im Leben besteht darin, glücklich zu sein. Jenseits des Glücklichseins und der damit verbundenen Lebensfülle liegt nur noch das Erwachen zur Erfahrung des Einsseins, das noch größeres Glück birgt. Trennung führt zu Konflikt und Mangel, während Anspruch erheben uns die Ganzheit zurückbringt. Erfolg, Fülle und Glück sind die Ausdrucksformen der Ganzheit, die unser Vermächtnis ist.

Anspruch erheben ist eine Methode, mit deren Hilfe wir die fehlenden Teile des Puzzles zurückerhalten, das aus den Dingen besteht, die wir verdient haben. Je mehr wir lernen, Anspruch auf das zu erheben, was wesentlich ist, umso direkter ist der Weg hin zu dem Frieden und der Ganzheit, die Gesundheit, Wohlstand, Liebe und Freude entstehen lassen.

Wenn das Ego der Macht des Anspruch-Erhebens gegenübersteht, belächelt es uns und die Kraft unseres Geistes verächtlich. Hat es damit keinen Erfolg, versucht es das zu glorifizieren, was unwichtig ist, damit wir uns für das entscheiden, was glitzert, und das Gold übersehen. Das führt natürlich unweigerlich zu Enttäuschungen. Falsche Entscheidungen können Verlust und Depression nach sich ziehen, denn wenn wir in die Egofalle der Kleinheit tappen, erkennen wir weder die natürliche Kraft unseres Geistes noch unsere Fähigkeit, Ziele schneller zu erreichen.

Anspruch erheben ist einfach. Wir alle wissen instinktiv, wie es geht, aber nur sehr wenige Menschen wenden es an. Wenn wir es einsetzen, erkennen wir damit die Macht aller Menschen an, und das ist eine gute Sache. In dem Maße, in dem wir Fortschritte darin machen, erweitert sich unser Bewusstsein und bringt uns lange verlorene Gaben und größere Leichtigkeit zurück.

Anspruch erheben besteht aus mehreren Schritten, die einfach zu beherrschen sind. Möglicherweise funktioniert es sogar dann noch, wenn du einige der nachstehend beschriebenen Schritte weglässt, denn nicht die Worte, sondern die Absicht sorgt dafür, dass das Prinzip wirksam ist. Die hier vorgestellten Schritte sollen seine Kraft lediglich maximieren.

Anspruch erheben

1. Erkenne die Kraft deines Geistes.

2. Erkenne, dass es der Wille Gottes für dich ist, dass du erfolgreich bist und alles erreichst.

3. Erkenne, dass alles, was dich zurückhält, ein Zeichen für deine Angst und deine Gefühle der Unwürdigkeit ist, die beide Illusionen sind.

4. Erhebe Anspruch auf die Wahrheit, dass du alle guten Dinge verdienst.

5. Verlange mit einem hohen Maß an Integrität, dass das, was dir gehört, dir gehören soll, und dass nichts die Macht haben soll, dich davon fernzuhalten.

6. Erhebe Anspruch auf dein Ziel in dem Wissen, dass es dein Ziel ist und dass es dir gehört. Es geht nicht darum, den Konkurrenzkampf gegen andere Menschen zu gewinnen, sondern vielmehr darum, Anspruch auf den Erfolg zu erheben, der wirklich dir gehört.

Menschen, die diese Methode häufig einsetzen, verkürzen die obigen Schritte in der Regel, indem sie einfach Anspruch auf das erheben, was ihnen gehört. Anspruch erheben verlangt, dass die Wahrheit geschehen soll. Es ist eine Form des Zwangs oder Einflusses, den unser Geist über bestimmte Dinge ausübt. Es wird aber nicht benutzt, um einem anderen Menschen etwas wegzunehmen, denn das ließe Muster entstehen, die nicht zum Erfolg führen. Anspruch erheben gleicht dem Prinzip, den Himmel um das zu bitten, was wir uns wünschen. Es ist immer der Himmel, der es gibt, aber durch unser Bitten öffnen wir uns dafür, es zu empfangen.

Lektion 35

Chronische Probleme

Ein chronisches Problem können wir erzeugen, indem wir ein Problem benutzen, um etwas abzuwehren oder um etwas zu kompensieren. Wir benutzen es, um die Angst vor dem nächsten wichtigen Schritt in unserem Leben zu verbergen. Es bedeutet auch, dass eine verborgene Dynamik am Werk ist, die uns wichtig ist, und sie hält das Problem aufrecht. Jedes chronische Problem ist eine Ablenkung von der tiefen Spaltung unseres Bewusstseins, in der ein Teil das Problem und ein anderer Teil die Lösung will. Die am tiefsten verborgene Dynamik aller verborgenen Dynamiken ist unser Wunsch, getrennt und unabhängig zu sein.

Wenn wir Probleme haben, an denen sich anscheinend nichts ändert, dann kann es sein, dass sie unbewusste Wurzeln haben. Chronische Probleme sind oft unbewusste Muster, die auf die Drehbücher unserer Lebensgeschichten zurückgehen. Sie können von Ahnenmustern, *Geschichten anderer Leben*, Verschwörungen, Schattenfiguren oder Götzen erzeugt oder weitergegeben worden sein. Auch Ahnenprobleme werden an die nachfolgende Generation weitergegeben, bis jemand sie heilt. Lebensgeschichten, die wir auf unbewussten Ebenen schreiben, sind die Drehbücher unseres Lebens, aber auch *Geschichten anderer Leben* prägen uns zutiefst.

Verschwörungen sind Fallen, die das Ego so gut aufgestellt hat, dass es keinen Ausweg zu geben scheint. Eine Schattenfigur ist ein verhasstes Selbstkonzept, das wir tief in uns vergraben und häufig nach außen projiziert haben. Ein Götze ist ein falscher Gott, von dem wir glauben, dass er uns retten oder glücklich machen kann. Das ist nie der Fall, aber wir vergöttern ihn so lange, bis wir ihn loslassen, sterben oder unsere Treue schließlich einem anderen Götzen schenken. Alle diese unbewussten Egomuster sollen uns dazu bringen, weiter in unsere Kleinheit zu investieren, uns zu verstecken und unserem wahren Selbst, unserer Lebensaufgabe sowie unserer Bestimmung aus dem Weg zu gehen.

Vor kurzem habe ich mit einem Mann gearbeitet, der auf klassische Weise zeigte, dass seine Probleme ihm als Abwehrstrategie dienten. Harry klagte bereits seit Jahren darüber, dass er zu viel Arbeit hatte. Es war eine seiner chronischen Klagen, und nichts schien zu helfen, bis wir eines Tages entdeckten, dass er seine Geschäftigkeit benutzte, um seinen Glauben, er sei faul, zu kompensieren. Ich forderte ihn auf, alle zweihundert geschäftigen Selbstanteile, die er verurteilt und abgelehnt hatte, wieder willkommen zu heißen. Ich erklärte ihm, dass er immer dann, wenn er einen Teil seiner selbst verurteilt und abgelehnt hatte, in seinem Haus gleichsam einen Draht gekappt hatte. Nach einer gewissen Zahl von Schnitten funktionierte im Haus einfach nichts mehr. Anschließend wiederholten wir die Übung mit dem, was seine Geschäftigkeit kompensierte, nämlich mit seiner Faulheit. Er hatte sechshundert faule Selbstanteile, die er abgelehnt hatte. Ich forderte ihn auf, sich vorzustellen, dass er sie alle mit offenen Armen willkommen hieß, zuließ, dass sie mit ihm verschmolzen, und so die innere Verdrahtung wiederherstellte, weil diese Selbstanteile ein Urteil und deshalb eine Entstellung waren.

Ein anderes, ebenso gutes Beispiel für diese Art der Kompensation ist eine Frau, die dafür sorgte, dass sie arm blieb, weil sie sich ihrer Götzen der Habgier und des Geldes schämte. Ich half ihr, ihre Armut und ihre Götzen der Habgier und des Geldes zu integrieren. Dadurch fand sie zu innerem Frieden und neuer Zuversicht im Hinblick auf Geld, was schon sehr bald dazu führte, dass ihr ein höheres Maß an Fülle geschenkt wurde.

Chronische Probleme sind stets mit bestimmten Kerndynamiken verbunden. Dazu gehören beispielsweise das Bedürfnis nach Aufmerksamkeit oder der Wunsch, etwas Besonderes zu sein. Auch Rache ist eine Schlüsseldynamik chronischer Probleme. Sie geht mit dem Versuch einher, jemand anderem – insbesondere Gott – eine Niederlage zuzufügen, und wird für gewöhnlich verdrängt. Schuld ist eine weitere Dynamik, die bei chronischen Problemen oft anzutreffen ist. Wir benutzen chronische Probleme, um uns für Schuld zu bestrafen. Das nährt noch einen anderen Zweck, denn Schuld ist wie ein Superkleber. Sie sorgt dafür, dass wir steckenbleiben, um damit unsere Angst vor dem nächsten Schritt zu schützen. Schließlich liefern chronische Probleme uns eine Ausrede dafür, klein zu bleiben, uns zu verstecken und unabhängig zu sein, um der Größe aus dem Weg zu gehen, die wir alle in uns tragen.

Alle diese chronischen Probleme ergeben sich aus einer falschen Entscheidung, mit der wir zugelassen haben, dass das Ego die Führung übernimmt. Wenn wir längere Zeit unter einem chronischen Problem gelitten haben, in das uns das Ego hineingeführt hat, dann ist Tod der beste Rat, den uns das Ego geben kann. Außerdem versucht es, uns völlig von den Gaben und der

Gnade abzulenken, die jederzeit für uns verfügbar sind und die einen Teil der Getrenntheit auflösen würden, aus der das Ego besteht. Das Ego verspricht, uns vor Angst zu schützen, aber es selbst besteht ja aus Angst. Was glaubst du wohl, von wie viel Angst es dich befreien kann? Angst ist eine der Wurzeln jedes chronischen Problems. Das kann Angst vor Veränderung, Angst vor dem nächsten Schritt, Angst vor Unzulänglichkeit im Hinblick auf unseren Umgang mit dem, was vor uns liegt, oder Angst vor Verlust sein, wenn wir auf eine neue Ebene gelangen. Diese Ängste kommen noch zu den anderen speziellen Ängsten hinzu, die wir möglicherweise haben. Sie werden aufgelöst, wenn wir uns dem nächsten Stadium in unserem Leben verpflichten.

Das Ego benutzt chronische Probleme, um den Beweis dafür zu liefern, dass nicht nur die Welt, sondern auch du selbst unveränderlich bist. Damit führt es dich in die Irre, obwohl es in einem tiefen spirituellen Sinne natürlich wahr ist, weil wir, da wir im Grunde genommen geistige Wesen sind, gleichbleibend und unveränderlich sind. Alles andere verändert sich. Das Ego will, dass du die Hoffnung aufgibst, indem es dir erklärt, dass nichts sich zum Besseren verändern wird. Wenn du die Situation so, wie sie ist, jedoch radikal *annehmen* kannst, wenn du *annehmen* kannst, dass die Situation für alle Zeit so sein wird, und wenn du nicht daran anhaftest, dass sie sich verändern muss, dann bist du in genau diesem Augenblick frei, und manchmal reicht diese Freiheit sogar bis zur Erleuchtung.

Ein Grund dafür, dass du in einem chronischen Problem gefangen bist, liegt darin, dass du dich in einem Konflikt befindest. Ein Teil von dir will sich unbedingt verändern. Ein verborgener Teil von dir will alles andere, nur das nicht. Entscheide dich dafür, diese gespaltenen Teile deines Bewusstseins, die zu dem chronischen Problem geführt haben, durch Integration wieder zusammenzubringen. Leugnung verbirgt den inneren Konflikt, der das chronische Problem am Leben erhält. Du fürchtest dich davor, auf dich selbst zu blicken und den verborgenen Teil deines Bewusstseins zu erkennen, weil dein Ego dir einen Fehler zeigen würde, für den es dir dann Schuld einredet. Die Schuld ist nicht wahr. Der Konflikt ist nur ein Fehler, der berichtigt werden muss.

Das Ego hat sehr clevere Fallen, um uns aufzuhalten, aber wir können nur dann in sie hineingeraten, wenn wir in das Ego investiert haben. Die Deutschen haben einen guten Ausdruck, um das Ego und seine Mechanismen zu beschreiben. Sie bezeichnen es als den „inneren Schweinehund".

Wenn du von einem chronischen Problem frei sein möchtest, ist es hilfreich, wenn du erkennst, dass unter dem Jammer ein Wutanfall am Werk ist.

Ein Wutanfall ist falsch eingesetzte Energie, die du besser für Vitalität und Freude nutzen würdest. Unter dem Wutanfall liegt sehr wahrscheinlich ein „Schtick", mit dem du dich und andere Menschen bestrafst. Unter deinem Wutanfall und dem Schtick verbirgt sich immer Rebellion. Deine chronischen Probleme sind eine Form der Rebellion. Sowohl unterbewusste als auch unbewusste Ebenen sind an diesem Kampf beteiligt. Ein chronisches Problem verbirgt außerdem einen Kampf gegen einen wichtigen Menschen in deinem Leben und gegen Gott.

Dieses chronische Problem ist nicht das, was Gott für dich will. Wenn es das wäre, sähe es Gott nicht ähnlich, und er würde seine Gotteslizenz verlieren. Es ist also ganz eindeutig nicht so. Gott will dir eine Lösung für deine chronischen Probleme aufzeigen, und das ist die Aufgabe des Heiligen Geistes, der Wunder benutzt, um dich aus genau den Klemmen zu befreien, in die du dich selbst gebracht hast.

Gib deine Wutanfälle, deine Schticke und deine Rebellion auf, weil sie schlechte Investitionen sind. Sobald du spürst, dass sie in dir am Werk sind, kannst du einfach eine andere Entscheidung treffen. Dies kann eine so einfache Entscheidung sein, wie an Gottes Plan für dein Glück zu glauben, statt an dem Plan festzuhalten, den das Ego dir aufgeschwatzt hat. Ruhe jeden Tag im Herzen Gottes, und spüre seine Liebe zu dir. Spüre den Frieden, der dort ist und der Freiheit entstehen lässt. Richte deinen Willen auf seinen Willen für dein Glück und deinen Erfolg aus.

Sobald du erkennst, welche Dynamiken dich zurückhalten, kannst du sie an dein höheres Bewusstsein übergeben, damit es sie transformiert, denn die Aufgabe deines höheren Bewusstseins besteht darin, deine Heilung zu bewirken. Die Situation wird in dem Maße leichter, in dem du jede deiner Dynamiken klärst, bis du schließlich die eine Kerndynamik auflöst, die das gesamte chronische Problem transformiert.

Lektion 36

Jedes Problem, das wir haben

Ich möchte in diesem Kapitel auf einige Dinge eingehen, die ich im Laufe der Zeit über die Dynamiken gelernt habe, die aus dem Unterbewusstsein herrühren und Erfolg blockieren. Sie können dir helfen, deinen Anteil an deinen Problemen zu verstehen und Eigenverantwortung zu übernehmen, indem du das Verstehen erlangst, das Vergebung bewirkt.

Dieses Kapitel handelt von den Dynamiken, die uns am Vorwärtskommen hindern. Ich möchte zunächst einige der häufigsten Wurzeln von Problemen erwähnen und den Weg aufzeigen, der hindurchführt. Jedes Problem, das wir haben, spiegelt sowohl eine Angst vor dem nächsten Schritt wider als auch etwas, das wir noch stärker fürchten als das Problem. Bereitschaft durchschneidet Angst, sodass wir unsere Bereitschaft nutzen können, um den nächsten Schritt zu gehen.

Jedes Problem, das wir haben, zeigt ein gespaltenes Bewusstsein. Wir wollen zwei verschiedene Dinge. Ein Problem zeigt den unterbewussten, verborgenen Teil unseres Bewusstseins. Einen Konflikt kann man damit vergleichen, dass wir versuchen, auf zwei Pferden gleichzeitig zu reiten, die noch dazu in entgegengesetzte Richtungen laufen. Das heilende Prinzip der Integration, mit dem wir uns dafür entscheiden, den bewussten und den verborgenen Teil unseres Geistes miteinander zu verschmelzen, funktioniert in solchen Situationen besonders gut. Wir verschmelzen beide Seiten zu neuer Ganzheit, und was negativ ist, wird durch die Integration transformiert.

Jedes Problem, das wir haben, ist ein Versuch, Schuld zu tilgen. Wem kannst du vergeben, um deine verborgene Schuld aufzulösen, die zu diesem Problem geführt hat? Vergib dir selbst und jedem Menschen, der dir in den Sinn kommt.

Jedes Problem, das wir haben, ist eine Form von Selbstangriff. Wofür greifst du dich an? Du kannst es loslassen und durch Selbstliebe ersetzen. Deine Entscheidung für die Selbstliebe wäre eine gute Investition in dich selbst.

Jedes Problem, das wir haben, ist Teil eines Kampfes, den wir mit einem anderen Menschen führen. Mit wem hat dieser Kampf zu tun? Wärest du bereit, ihn loszulassen, um von dem Problem frei zu sein? Dein Kampf verbirgt deine Angst vor dem nächsten Schritt. Wenn du bereit bist, das Recht-haben-Wollen aufzugeben, wird dir ein besserer Weg gezeigt.

Jedes Problem, das wir haben, ist eine Botschaft an wichtige Menschen. Wer sind diese Menschen, und welche unterbewusste Botschaft sendest du ihnen? Du könntest dich stattdessen zu transformierender, heilender Kommunikation mit diesen Menschen verpflichten und deine Themen heilen, statt sie gären zu lassen, bis selbstsabotierende unterbewusste Probleme daraus geworden sind.

Jedes Problem, das wir haben, ist auch Teil eines Musters, dessen Wurzel in der Vergangenheit liegt. Auf einer bestimmten Ebene gibt das Festhalten an diesem Muster uns eine Ausrede, die etwa darin bestehen kann, dass wir unserer Lebensaufgabe aus dem Weg gehen, uns verstecken, angreifen, unseren Kopf durchsetzen oder unabhängig sein können. Anstelle des Musters können wir uns für die Wahrheit entscheiden. Es gibt einen besseren Weg als die Abwehrstrategien des Egos. Neben den bereits erwähnten gibt es noch weitere Dynamiken wie den Versuch, ein Bedürfnis erfüllt zu bekommen. Lohnt es sich, dafür dieses Problem zu haben?

Jedes Problem, das wir haben, dient einem geheimen Zweck, den wir verfolgen. Wir könnten darum bitten, dass uns mitgeteilt wird, worin dieser Zweck besteht, und ihn sofort loslassen.

Jedes Problem, das wir haben, gibt uns die Möglichkeit, etwas zu tun, das wir uns anderenfalls nicht zugestehen würden, oder es gibt uns die Erlaubnis, etwas nicht zu tun, von dem wir glauben, dass wir es tun sollten.

Jedes Problem, das wir haben, deutet darauf hin, dass wir einer Sache aus der Vergangenheit verhaftet sind, an der wir festhalten. Wir könnten sie loslassen, um von dem Problem frei zu sein.

Jedes Problem, das wir haben, ist eine Strategie, um etwas zu bekommen. Wir könnten es loslassen. Das würde uns in den Fluss zurück- und an einen besseren Ort voranbringen.

Jedes Problem, das wir haben, ist ein Versuch, eine mehr oder weniger heimliche Form des Schwelgens zu nähren oder uns die Erlaubnis zu geben, daran festzuhalten. Wir könnten sie loslassen.

Jedes Problem, das wir haben, ist ein Urteil sowohl über uns selbst als auch über einen anderen Menschen. Das Urteil hilft uns, unsere Schuld zu verbergen. Wir könnten uns selbst und demjenigen, den wir verurteilt haben, stattdessen vergeben, um befreit zu werden.

Jedes Problem, das wir haben, ist ein Akt des Widerstandes. Es gibt etwas, das wir nicht annehmen wollen, und etwas, das wir leugnen. Wir könnten stattdessen alles und jeden in der Situation annehmen. Wir könnten darum bitten, dass uns gezeigt wird, was unsere Leugnung vor uns verborgen hat.

Jedes Problem, das wir haben, zeigt einen Ort, an dem wir eine Illusion anstelle der Wahrheit haben. Wir könnten uns der Wahrheit verpflichten.

Jedes Problem, das wir haben, ist ein Akt der Rache gegen einen oder mehrere wichtige Menschen und gegen Gott.

Jedes Problem, das wir haben, ist ein Versuch, entweder uns selbst oder andere Menschen zu kontrollieren. Dies weist sowohl auf einen Mangel an Zuversicht als auch auf einen Mangel an Vertrauen hin. Wir könnten uns stattdessen dafür entscheiden, der Situation zu vertrauen, und sie beobachten, während sie sich paradoxerweise in eine positive Richtung entwickelt.

Jedes Problem, das wir haben, zeigt einen Ort, an dem wir uns nicht voll und ganz einbringen. Wir könnten uns verpflichten, uns rückhaltlos zu geben.

Jedes Problem, das wir haben, zeigt Angst vor Nähe, Angst vor Erfolg oder beides. Wir könnten diese Angst unserem höheren Bewusstsein übergeben, damit es sie als die Illusion auflöst, die sie ist.

Jedes Problem, das wir haben, ist eine Investition in unser Ego. Es ist ein Ort, an dem wir danach trachten, uns abzulenken und aufzuhalten. Wir könnten eine andere Entscheidung treffen und stattdessen in unser höheres Bewusstsein mit seinen Gaben und seiner Gnade investieren.

Jedes Problem, das wir haben, ist ein Versteck. Es ist ein Ort, an dem wir in unsere Kleinheit investiert haben. Unsere wahre Realität ist Größe, weil wir ein Kind Gottes sind. In was willst du investieren?

Jedes Problem, das wir haben, ist ein Ort, an dem wir in eine falsche Richtung gehen. Es zeigt eine versteckte Ebene, auf der wir eine falsche Entscheidung getroffen und uns eine falsche Einstellung zu eigen gemacht haben. Wir könnten eine andere Entscheidung treffen und in die richtige Richtung gehen.

Jedes Problem, das wir haben, zeigt einen Ort, an dem wir Teil des Problems sind, statt Teil der Lösung zu sein. Jedes Problem zeigt unser geheimes Einverständnis. Wir könnten uns jetzt dafür entscheiden, Teil der Lösung zu sein.

Jedes Problem, das wir haben, ist eine Form der Vermeidung, mit der wir unserer Lebensaufgabe und unserer Bestimmung aus dem Weg gehen. Unsere Lebensaufgabe ist unser heiliges Versprechen, heil zu werden, zu helfen und glücklich zu sein. Unsere Bestimmung ist das, was wir als geistiges Wesen und Kind Gottes sind.

Jedes Problem, das wir haben, wird durch Glaubenssysteme gestützt, die wir in uns tragen. Wir könnten herausfinden, worin diese Glaubenssysteme bestehen, und sie loslassen.

Jedes Problem, das wir haben, ist auf einer bestimmten Ebene eine Entscheidung und der Versuch, eine bestimmte Belohnung zu bekommen. Das ist ganz offensichtlich ein Fehler. Wir könnten eine neue Entscheidung treffen, nachdem wir entdeckt haben, worin die heimliche Belohnung besteht.

Jedes Problem, das wir haben, ist ein Versuch, etwas zu beweisen. Alles, was du zu beweisen versuchst, glaubst du selbst nicht wirklich. Lohnt es sich, dieses Problem zu haben, nur um etwas beweisen zu können? Was könnte es sein? An seiner Stelle könntest du Erfolg haben.

Jedes Problem, das wir haben, benutzen wir, weil wir wegen irgendeiner Sache Recht haben wollen. Würdest du das Recht-haben-Wollen aufgeben, damit du an seiner Stelle erfolgreich sein kannst?

Jedes Problem, das wir haben, ist ein Ort, an dem wir nicht nur eine Seelengabe ablehnen, die wir in dieses Leben mitgebracht haben, um das gegenwärtige Problem zu entschärfen, sondern auch eine Gabe, die uns der Himmel geben möchte und die das Problem vollständig auflösen würde. Anstelle des Problems könnten wir die verborgene Gabe öffnen und die Gabe des Himmels empfangen.

Jedes Problem, das wir haben, ist eine Klage. Ein großes Problem ist eine Form von Wutanfall. Wir könnten endlich erwachsen werden und unsere Klage oder unseren Wutanfall loslassen. Paradoxerweise würde genau das einen Fluss in Gang setzen und den Erfolg bringen, der unsere Klagen zu einer hypothetischen Angelegenheit machen könnte.

Jedes Problem, das wir haben, ist eine Falle des Egos und soll zeigen, dass wir überlegen oder unterlegen sind. Wir könnten uns stattdessen entschieden der Gleichheit mit allen an der Situation beteiligten Menschen verpflichten.

Jedes Problem, das wir haben, ist ein Versuch, Aufmerksamkeit auf uns zu ziehen, etwas Besonderes zu sein oder uns in dunklem Glanz zu sonnen. Die gelernte Lektion würde uns alle Befriedigung schenken, die wir brauchen. Die Gabe, die das Problem verbirgt, würde uns den Erfolg und die Verbundenheit bringen, die diese Bedürfnisse zutiefst befriedigen könnten.

Jedes Problem, das wir haben, spiegelt einen Bereich wider, in dem wir für das, was geschieht, noch nicht die volle Verantwortung übernommen haben. Wir könnten die Verantwortung für die Situation übernehmen, den Fehler erkennen und eine neue und bessere Entscheidung treffen.

Jedes Problem, das wir haben, spiegelt dissoziierte Emotion auf unterbewussten oder unbewussten Ebenen wider. Wir könnten uns entscheiden, mit dem in Kontakt zu kommen, was wir emotional vergraben haben, und es unserem höheren Bewusstsein zu übergeben, damit es sofort aufgelöst werden kann.

Jedes Problem, das wir haben, spiegelt einen Aspekt des Autoritätskonflikts wider. Es ist ein Ort heimlicher Rebellion. Wir können ein viel höheres Maß an Glück erfahren, wenn wir uns unserem Erfolg von ganzem Herzen verpflichten und den Autoritätskonflikt loslassen.

Jedes Problem, das wir haben, zeigt einen Ort, an dem wir uns über uns selbst und über einen anderen Menschen ärgern. Unser Ärger ist ein Versuch, unsere eigene Verantwortung für ein Ereignis auf einen anderen Menschen zu projizieren. Wir könnten Verantwortung übernehmen, uns selbst und dem Menschen, über den wir uns ärgern, vergeben und unser Leben weiterführen.

Jedes Problem, das wir haben, ist ein Ort, an dem wir in unser Opfersein investiert haben. Es ist auch ein Ort, an dem wir in Schwäche und Rache investieren. Wir könnten uns dafür entscheiden, das, was wir in unserem Unterbewusstsein verborgen haben, zu erkennen, und eine neue Entscheidung treffen, die uns sowohl ermächtigt als auch Erfolg anstelle von Rache wählen lässt.

Jedes Problem, das wir haben, zeigt einen Ort, an dem wir etwas missverstanden haben. Wir könnten uns stattdessen dem Verstehen verpflichten und die Lektion lernen, die mit jedem Problem verbunden ist.

Jedes Problem, das wir haben, zeigt einen Ort, an dem wir Gnade und Wunder blockieren. Gnade und Wunder sind die Lösung des Himmels für jedes Problem, das wir uns selbst eingebrockt haben. Wir wollen die Tür öffnen, um die Hilfe des Himmels zu empfangen.

Jedes Problem, das wir haben, zeigt einen Ort, dem es an Vergebung und Liebe mangelt. Es zeigt den Ort, an dem wir noch inneren Groll hegen.

Jedes Problem, das wir haben, zeigt einen Ort, an dem wir Drama anstelle von Kreativität und Frieden sowie Tun anstelle von Empfangen und *Sein* gewählt haben. Wir könnten andere Entscheidungen treffen.

Jedes Problem, das wir haben, ist ein Aspekt der Trennung, an die wir glauben. Wir könnten uns vorstellen, wie unser inneres Licht sich mit dem inneren Licht aller an der Situation beteiligten Menschen verbindet. Wiederhole die Übung, bis das Problem sich auflöst und du vollkommenen Frieden spürst.

Das Problem ist ein Ort, an dem wir den Traum weiterträumen wollen, statt zu erwachen. Es ist ein Ort, an dem wir schlafen. Wir könnten uns stattdessen verpflichten, es als Mittel zum Erwachen zu benutzen.

Gottes Wille für dich ist vollkommenes Glück. Übergib deine Entscheidungskraft dem Heiligen Geist, und richte deinen Willen auf den Willen Gottes aus. Das revidiert deine heimlichen Wünsche, die zu diesem Problem geführt haben.

Lektion 37

Frust ist frustrierend

S tan rief mich frühmorgens an, um einen Termin für eine Sitzung zu ver-
einbaren. Als wir uns später am Tag zu seiner Coaching-Sitzung trafen,
war er so in Rage, dass er hochrot anlief und beim Reden im wahrsten Sinne
des Wortes vor Wut spuckte: „Ich bin total frustriert. Zwei Monate lang
bin ich einem Geschäftsauftrag nachgelaufen. Jetzt hat der Typ endlich mit
mir geredet, aber nur, um seine Aufträge zu stornieren. Mir sind Geschäfte
geplatzt, die absolut bombensicher aussahen, und jetzt habe ich unglaublich
hohe Außenstände, aber keiner bezahlt. Ich kann dir gar nicht sagen, wie
frustriert ich bin."

Ich lächelte Stan, den ich seit vielen Jahren kenne, an und erwiderte:
„Frust ist so frustrierend."

Stan musste lächeln. Er wusste, dass ich, wenn ich mit einer lockeren
Haltung an sein Problem heranging, zuversichtlich war und erkannt hatte,
was ich tun konnte, um es zu lösen.

Ich sagte: „Also, was ist so frustrierend für dich?"

Stan erwiderte: „Es ist mein altes ‚Schtick'. Ich habe das Gefühl, dass
ich nicht wichtig genug bin oder einfach nicht genug geliebt werde, um
meine Bedürfnisse erfüllt zu bekommen. Du weißt ja, dass ich mich auch
dauernd bei Jane beschwere, dass ich nicht genug Sex bekomme. Das ist
die Geschichte meines Lebens. Meine Bedürfnisse werden nicht erfüllt. Ich
bin nicht wichtig."

Ich sagte: „In Wahrheit ist das aber doch nur deine *Interpretation*, weshalb
deine Bedürfnisse nicht erfüllt werden."

Weil Stan ein langjähriger Klient war, stieß ich ihn mit meinen Fragen
gleich ins kalte Wasser.

„Stan, lass uns einfach einmal annehmen, dass du deine Bedürfnisse nicht
erfüllt haben willst. Was würde es dir zu tun erlauben?"

„Weinen."

„Was soll das Weinen dir bringen?", fragte ich.

„Es ist eine Möglichkeit, meine Bedürfnisse erfüllt zu bekommen."

„Wie hat es für dich funktioniert?"

„Als ich noch klein war, hat es viel besser funktioniert als heute."

Ich fragte: „Wie zeigt sich das Weinen jetzt in deinem Leben?"

„Indem ich jammere und mich beklage."

„Was würdest du sagen, zu wie viel Prozent du im Leben jammerst und klagst?"

„Achtundzwanzig Prozent."

„Wow", sagte ich. „Das bedeutet, du bringst fast ein Drittel deines Lebens damit zu, dich benachteiligt zu fühlen und dich darüber zu beklagen. Das ist die Art von Energie, die du direkt an deinen Sohn weitergibst."

„Ja, mit mir und Jane hat Joey zwei jammernde Elternteile."

„Der Kern der ganzen Sache sind deine Bedürfnisse. Sie werden zu Forderungen und Erwartungen und stoßen genau das fort, was du zu bekommen versuchst. Du hast in deiner Ursprungsfamilie die Verbundenheit durchtrennt, um Bedürfnisse wie Etwas-Besonderes-Sein, Aufmerksamkeit oder Unabhängigkeit erfüllt zu bekommen. Weil du die Verbundenheit verloren hattest, trat jedoch der entgegengesetzte Effekt ein. Als du die Verbundenheit verloren hast, hat dein Bewusstsein sich gespalten. Du willst, dass deine Bedürfnisse erfüllt werden, und gleichzeitig willst du nicht, dass sie erfüllt werden. Das kann extrem frustrierend sein. Würden deine Bedürfnisse tatsächlich erfüllt, wäre das der Beweis dafür, dass du geliebt wirst, und würde dich wieder neu verbinden. Dein ursprünglicher Fehler würde berichtigt, und du hättest deine dissoziierte Unabhängigkeit überwunden, die sich unter deinen Bedürfnissen versteckt."

Ich fragte: „Wenn du es wüsstest, wie alt warst du dann, als du die Bedürfnisse erfunden hast, die du seitdem erfüllt bekommen willst?"

„Zwei Jahre alt", erwiderte Stan. „Ich weine in den Armen meiner Mutter. Zwischen ihr und meinem Vater steht es nicht gut. Sie ist sehr aufgebracht, obwohl sie versucht, es zu unterdrücken."

„Das war eine Kreuzung in deinem Leben, und dein Ego hat dich dazu gebracht, dich zu trennen und seinen Weg zu gehen. Als Geschäftsmann wäre es jedoch ratsam, alle Angebote zu prüfen, bevor du eine Entscheidung triffst. Nachdem du gesehen hast, was dein höheres Bewusstsein dir anzubieten hat, kannst du eine neue Entscheidung treffen."

Stan erwiderte: „Es muss eine wirklich gute Sache gewesen sein, wenn ich damit, dass ich den anderen Weg gegangen bin, ein derartiges Problem heraufbeschworen habe."

Dann zog ich drei Karten für Stan, die folgende Bedeutung hatten:

Die erste Karte sollte für den Prozess stehen, den er durchmachte.

Die zweite Karte war die Seelengabe, die er in dieses Leben mitgebracht hatte, um die Situation zu heilen.

Die dritte Karte war die Gabe, die der Himmel für ihn bereithielt, um die Situation zu heilen.

Seine Prozesskarte war *Orgasmus*, eine Gipfelerfahrung der Liebe, der Sexualität oder der Kreativität.

Ich schilderte Stan den Prozess, in dem er sich befand: „Stan, so sehr du dich auch über deinen Mangel an Sex beklagen magst, macht diese Prozesskarte, die zeigt, wie die Dinge sich entfalten, doch deutlich, dass du den anderen Weg eingeschlagen hast, als diese Karte dir für dein Leben angeboten wurde. Im Alter von zwei Jahren hätte sie dir ein wunderbares Maß an Liebe und Trost gebracht, und jetzt kannst du sehen, wozu ihre Abwesenheit geführt hat. Statt deine Bedürfnisse auf der höchsten Ebene erfüllt zu bekommen, bist du frustriert. Wärest du bereit, den Prozess des *Orgasmus*, der sich in deinem Leben entfaltet, jetzt anzunehmen?"

„Ja, klar", erwiderte Stan und nahm sich ein wenig Zeit, um dieses hohe Maß an Fluss in seinem Leben tatsächlich zu spüren.

Ich fuhr fort: „Die Gabe, die du mitgebracht hattest, um diese Situation im Alter von zwei Jahren zu klären, war die Gabe der *Erneuerung*. Wärest du bereit, die Tür in deinem Geist zu öffnen, die Gabe zu empfangen und sie in der ursprünglichen Situation mit deinen Eltern und deiner Schwester zu teilen?"

„Natürlich", sagte Stan und nahm sich eine Minute Zeit, um es zu tun.

Dann sagte ich: „Dann gibt es noch die Gabe, die der Himmel in dieser Situation für dich bereitgehalten hat. Würdest du sie jetzt empfangen? Sie ist alles, was du dir je gewünscht hast. Es ist die *Geschichte der tantrischen Kraft*."

„Ich frage mich, wie sie wohl im Alter von zwei Jahren ausgesehen haben mag", wunderte sich Stan.

„Höchstwahrscheinlich sind es Ebenen der Verbundenheit, die über den Körper hinausgehen. Stell dir vor, wie du sie für deine Eltern und deine Schwester empfängst. Kannst du sehen, was für einen großen Unterschied sie im Leben deiner Eltern machen würden?"

„Klar kann ich", erwiderte Stan begeistert.

Ich sagte: „Was spürst du jetzt anstelle dieser unerfüllten Bedürfnisse und deiner Frustration?"

„Ich bin ganz aufgeregt. Ich habe das Gefühl, dass das Glück endlich seinen Platz eingenommen hat."

146

Unsere Sitzung war zu Ende, und als Stan ging, fühlte er sich deutlich besser als zuvor. Es gab noch weitere Sitzungen mit Stan und Jane, weil sie fast wöchentlich auf Hindernisse stießen und wichtige Kindheitsmuster heilten. Langsam aber sicher gruben sie sich aus ihren zerstörerischen Familienmustern aus, die sowohl ihre Beziehung als auch ihren Erfolg blockierten.

Lektion 38

Unwahre Verallgemeinerungen

Janey war ebenfalls eine langjährige Klientin von mir, die mich im Anschluss an eine telefonische Coaching-Sitzung mit Paul, ihrem Mann, um ein Gespräch bat. Weil Pauls Sitzung schnell beendet war, hatten wir Zeit, uns ein wenig eingehender mit dem zu befassen, was sich bei Janey ereignete. Sie erklärte sogleich bereitwillig, dass es ihr schon viel besser ging. Janey hatte zwei Monate zuvor in ihrer Firma ein neues Projekt zugewiesen bekommen, mit dem es ihr emotional gar nicht gut ging. Als man ihr diese Aufgabe übertrug, war sie nicht sicher, ob sie bereit war, eine so große Verpflichtung zu übernehmen, denn damit würde jahrelange Arbeit verbunden sein. Sie war emotional so angespannt gewesen, dass dadurch nicht nur ihre beruflichen Beziehungen belastet wurden, sondern auch die Beziehung zu ihrem Mann und ihrer Familie. Nachdem wir im Monat zuvor bereits an ihrer Heilung gearbeitet hatten, schien sie ein völlig neues Maß an Zuversicht erlangt zu haben.

Manchmal ziehe ich eine Prozesskarte, um festzustellen, welche Dinge bei einem Klienten auf tieferen Ebenen am Werk sind. Dem Grundsatz der Synchronizität zufolge wird eine Prozesskarte aus einem Spiel von insgesamt zweitausend Karten gezogen, die zeigen sollen, welche Entwicklungen sich bei einem Menschen abzeichnen. Unser Ego benutzt einen negativen Prozess, um uns aufzuhalten und den positiven Prozess zuzudecken, der auf einer tieferen Ebene abläuft. Ein positiver Prozess zeigt, dass wir mit viel größerer Leichtigkeit im Fluss sind. Er ist eine natürliche Entwicklung, die zum Erfolg führt. Ein negativer Prozess zeigt die Hindernisse, die das Ego benutzt, um uns aufzuhalten, abzulenken und leiden zu lassen. Er offenbart alte, falsche Entscheidungen. Für Janey zog ich die Prozesskarte *Unwahre Verallgemeinerungen*. Diese häufige Falle hält uns in bestimmten dummen und begrenzenden Glaubenssätzen gefangen, die wir verallgemeinert haben, damit sie universell anwendbar sind. Glaubenssätze verstärken sich selbst, indem sie uns die Wahrnehmung und Erfahrung liefern, mit deren Hilfe wir sie immer wieder beweisen können.

Um einige der unwahren Verallgemeinerungen herauszufinden, die Janey verbarg, bat ich sie, die folgenden Aussagen zu ergänzen. Vielleicht möchtest du diese Fragen ebenfalls beantworten.

Ich fragte sie:
Beziehungen sind ....
Beziehungen sind ....
Beziehungen sind ....
Beziehungen sind ....
Geld ist ....
Geld ist ....
Geld ist ....
Sex ist ....
Sex ist ....
Sex ist ....
Sex ist ....

Aus unserem vorherigen Gespräch hatte ich geschlossen, dass dies die Themen waren, mit denen Janey es zu tun hatte. Auf die Fragen nach Beziehungen antwortete sie: „Viel Arbeit … Arbeit … unbeständig … erdrückend."
  Auf die Fragen nach Geld antwortete sie: „Schwer zu haben … unentbehrlich … wie gewonnen, so zerronnen."
  Auf die Fragen nach Sex antwortete sie: „Kein Spaß … frustrierend … zu viel Arbeit … nicht in meinem Bewusstsein, unwichtig."
  Ich erklärte ihr, dass das, was wir über eine Sache glauben, bestimmend dafür ist, wie wir sie wahrnehmen und welche Gefühle wir mit ihr verbinden. Unsere Gefühle und unsere Erfahrung bestimmen unser Handeln. Unser Handeln verstärkt wiederum das, was wir glauben, und lässt einen Teufelskreis entstehen. Ich erklärte Janey, dass sie sich angesichts der Glaubenssätze, die sie über Beziehungen, Geld und Sex hatte, selbst in ein Gefängnis einsperrte. Ich sagte, ich würde ihr ein Beispiel geben. Ich fragte: „Wer ist Janey wirklich, wenn es um Sex geht?" Dann zog ich eine Prozesskarte. Es war die *Kaiserin*, die für Macht, Fülle und Fruchtbarkeit steht. Ich fragte Janey, ob sie lieber die *Kaiserin der Sexualität* sein oder Sex weiterhin als „kein Spaß, frustrierend, zu viel Arbeit und unwichtig" erleben wolle. Janey lachte, als ihr bewusst wurde, wie groß der Unterschied war zwischen dem, was sie selbst glaubte, und dem, was tatsächlich für sie greifbar war.

Ich bat sie, alle diese begrenzenden Glaubenssätze in Bezug auf Sex, Geld und Beziehungen loszulassen, und sie tat es mit der größten Bereitwilligkeit. Das gab uns die Möglichkeit, uns mit ihrer nächsten Prozesskarte zu befassen, die ebenfalls negativ war. Es war *Dissoziation von der Ewigkeit*. Diese Karte deutete auf eine tiefe spirituelle Verdrängung hin. Janey war ein sehr spiritueller Mensch, aber sie gab zu, dass sie sich in letzter Zeit von allem abgeschnitten gefühlt hatte, was mit Spiritualität zu tun hatte. Die Lage der Karten zeigte, dass ihre *Unwahren Verallgemeinerungen* das eigentliche Thema verstecken sollten, nämlich ihr Gefühl, getrennt und spirituell abgeschnitten zu sein. Ich sagte Janey, dass ihre Erfahrung des Abgeschnittenseins nicht die Wahrheit war, weil wir alle eins sind, und dass ihr Ego sie deshalb ganz offensichtlich als Abwehr benutzte. Schicht um Schicht eines negativen Prozesses wird benutzt, um den wahren, positiven Prozess zu verbergen, der für uns greifbar ist. Danach wandten wir uns ihrer nächsten Prozesskarte zu, um herauszufinden, was die *Dissoziation von der Ewigkeit* verbarg. Die darunterliegende Karte war positiv. Es war *Wahr gewordener Traum*. Janey war begeistert und beseelt, als sie erkannte, was ihr anstelle ihres Abgeschnittenseins tatsächlich angeboten wurde. Sie nahm sich einen Moment Zeit, um die Erfahrung des Abgeschnittenseins loszulassen, und tauchte dann in das Gefühl des wahr gewordenen Traums ein.

Die letzte Übung ist ein ganz typisches Beispiel für das, was ich im Laufe meiner fast vierzigjährigen Arbeit auf dem Gebiet der Heilung herausgefunden habe, von der ich sechsunddreißig Jahre der Erforschung von Prozessen gewidmet habe. Ein negativer Prozess ist eine Abwehrstrategie, die einen noch tieferen negativen Prozess zudecken kann. Das Ego benutzt den negativen Prozess, um den positiven Prozess zu verbergen, der für uns greifbar ist. Manchmal arbeite ich mit Menschen, die sich miserabel fühlen, deren Prozesskarte aber positiv ist. Das zeigt, dass ihr Ego sie dazu gebracht hat, sich miserabel zu fühlen, um sie vollkommen von dem Prozess abzulenken, der sich wirklich entfaltet. In einem solchen Fall ist es normalerweise leicht, einen Menschen aus seiner Misere zu befreien. Ein Prinzip, das ich entdeckt habe, lautet, dass alles, was negativ ist, nicht der Wahrheit entspricht und daher zu etwas Wesentlicherem transformiert werden kann, das positiv ist. Wenn wir *bereit sind*, die negative Erfahrung *loszulassen*, werden wir irgendwann zu einer positiven Erfahrung gelangen.

Janey konnte durch ein ihrer Meinung nach recht gutes Gefühl hindurchgehen, gefolgt von zwei negativen Schichten, bis sie schließlich zur grundlegenden Ebene des wahr gewordenen Traums gelangte. Nach zwanzig

Minuten war sie in Hochstimmung und im Fluss. Ich sagte ihr, dass die Erfahrung des wahr gewordenen Traums uns der Erfahrung des vollständigen Erwachens aus dem Traum sehr nahe bringt. Es ist eine Erfahrung, in der wir in hohem Maße für Gnade offen sind.

Als wir unser Telefonat beendeten, war Janey überglücklich. Sie war sowohl in ihrer beruflichen Laufbahn als auch in ihrer Beziehung zu Paul einen weiteren Schritt vorangekommen.

Lektion 39

Deine positiven Kompensationen

Kompensationen sind Abwehrstrategien, die über Dinge wie Schmerz, Bedürfnis, Angst, Herzensbruch, Schuld, Opferhaltung oder Hilflosigkeit gelegt werden. Ärger ist beispielsweise eine Kompensation, die ein Gefühl schützen soll, vor dem wir uns noch mehr fürchten als vor Ärger. Das kann dazu führen, dass wir unseren Ärger mit noch mehr Kompensationen zudecken. Mitunter benutzen wir Konflikte oder einen negativen Prozess, um noch tiefere Konflikte, Schmerz oder einen noch schlimmeren negativen Prozess zu verbergen. Der Versuch, die Wurzelemotion zu finden, lässt sich manchmal mit einer archäologischen Grabung vergleichen. Auf der tiefsten Ebene ist ein negativer Prozess, der Fluss blockiert, immer eine Kompensation für positiven Fluss. Unser Ego, das selbst aus Schuld, Konkurrenz, Angst und Trennung besteht, ist eine Kompensation für Liebe, Erfolg und Einssein.

Kompensationen sind Strategien des Egos, die gut aussehen, aber keine wahren Formen des Gebens sind. Es sind Abwehrmechanismen, und ohne Geben gibt es kein Empfangen. Wir benutzen Kompensationen, um zu verbergen, was uns an uns selbst nicht gefällt. Dadurch wird es unmöglich für uns, die Aspekte zu heilen, die wir vor uns selbst verborgen haben. Außerdem geben Kompensationen uns die Möglichkeit, gut dazustehen, während wir unsere Schuld, unser Versagen und unsere Widerborstigkeit auf die Menschen in unserer Umgebung projizieren.

Wir stecken viel Mühe und Kraft in unsere Kompensationen, die ihren Zweck nicht wirklich erfüllen. Kompensationen verwandeln unsere Arbeit in Aufopferung. Sie gehen stets mit Stress, Erfolglosigkeit und Mangel an Partnerschaft einher. Kompensationen bauen auf Projektion, um uns davon zu überzeugen, dass wir uns der unerwünschten Eigenschaft entledigt haben. Wir benutzen positives Verhalten, positive Emotionen und positive Glaubenssysteme, um negatives Verhalten, negative Emotionen und negative Glaubenssysteme zu kompensieren. Wir leben positive Archetypen aus, um Schatten zu verbergen. Kompensationen können wir nicht nur dadurch entdecken, dass wir Stress und negative Eigenschaften in unserer Umgebung wahrnehmen, sondern auch dadurch, dass wir auf Bereiche achten, in denen wir hart arbeiten, aber nicht erfolgreich sind. In der Regel versuchen wir, in diesem Bereich unseres Lebens etwas zu verbessern, aber unser Ringen ist das Ringen in einem Konflikt, denn wenn es nicht so wäre, hätten wir unser Ziel schon erreicht.

Kompensationen können ganz leicht geheilt werden, sobald du dir ihrer bewusst geworden bist. Wir wollen zum Beispiel einmal annehmen, dass du anderen Menschen gegenüber immer höflich bist, dass andere Menschen sich dir gegenüber aber immer unhöflich benehmen. Das bedeutet, dass deine Höflichkeit eine Kompensation für deinen Glauben ist, dass du unhöflich bist. Lass die Höflichkeit los, denn sie ist eine Abwehr. Lass dann den Glauben los, dass du unhöflich bist. Dadurch zeigt sich entweder etwas noch Negativeres, das du ebenfalls loslassen kannst, oder eine positive Eigenschaft, die im Fluss ist und daher keiner Anstrengung bedarf.

Eine weitere Möglichkeit, Kompensation zu heilen, besteht darin, die Abwehr mit dem zu verschmelzen, was sie verteidigt. Wie das Loslassen führt auch dieser Prozess entweder zu einem positiven Aspekt oder zu einer noch tiefer verborgenen negativen Eigenschaft, die dann mit dem integriert werden kann, was bereits integriert wurde. Du kannst diese Übung so lange wiederholen, bis es nur noch Ganzheit gibt und du dich leicht und frei fühlst.

Erstelle eine Liste deiner Kompensationen:

Wo steckst du viel Energie in etwas, ohne greifbare Ergebnisse zu erzielen?
Wo bist du im Stress?
Was versuchst du zu beweisen?
Was willst du wiedergutmachen?
In welchem Bereich deines Lebens opferst du dich auf?
Welche Rollen spielst du?
Wo versuchst du, ein guter Mensch zu sein?
Auf welche Weise versuchst du, tugendhaft zu sein?
In welchen Bereichen deines Lebens herrscht Leblosigkeit?
Was benutzt du, um Angst zu verbergen?
Was benutzt du, um Schuld zu verbergen?
Was benutzt du, um Angriff zu verbergen?

Alle diese Dinge sind Kompensationen. Sie können zusammen mit dem, was sie verbergen, losgelassen oder integriert werden, bis du in den positiven Prozess gelangst oder die Gabe entdeckst, die auf dich gewartet hat.

Die folgenden Punkte zeigen einige typische Kompensationen:

- Wo wir zum Opfer gemacht wurden, dort verbergen wir Angriff, Angst, Rache und Schuld.
- Wo wir urteilen, dort verbergen wir unter unserem Urteil ein Gefühl der Schuld im Hinblick auf das, was wir verurteilt haben.
- Wo wir an gebrochenem Herzen leiden, dort verbergen und mehren wir Rache und Machtkampf.
- Wo wir unabhängig sind, dort verbergen wir Aufopferung und Abhängigkeit.
- Wo wir uns aufopfern, dort verbergen wir Konkurrenz, Bedürfnis, Gefühle der Unwürdigkeit und Angriff.
- Wo wir geschäftig sind, dort verbergen wir Versagen. Unser Handeln – sofern es nicht inspiriert ist – verbirgt Wertlosigkeit.
- Wo wir die Familienrollen des Helden, Märtyrers oder Bösewichts spielen, dort kompensieren wir Schuld. Auch die Rollen des Schmeichlers und der Waise kompensieren Schuldgefühle, bergen aber noch eine zusätzliche Schicht der Unzulänglichkeit in sich.

Unsere positiven Persönlichkeiten oder Selbstkonzepte sollen unseren negativen Selbstkonzepten entgegenwirken. Jede negative Persönlichkeit, die wir haben, verbirgt ein entgegengesetztes, positives Selbstkonzept. Sie alle könnten integriert werden, bis wir unser *Sein* erreichen, das von Natur aus erfolgreich ist.

Eine andere Möglichkeit, Kompensationen zu finden, besteht darin, einmal einen Blick auf deine Arbeit, deine Familie und deine Freunde zu werfen. Erstelle eine Liste der Bösewichte und der negativen Eigenschaften, die du siehst. Wenn du sie in deinem Umfeld erkennen kannst, dann hast du dieselben Verhaltensweisen und Überzeugungen verborgen und kompensiert.

Integriere sie, oder lass sie los. Dadurch befreist du dich von einem hohen Maß an Schuld und erlangst ein ebenso hohes Maß an Freiheit.

Schreibe nun das Geheimnis deines Erfolges nieder, und erläutere es mit einigen kurzen Zeilen.

In Wirklichkeit ist es eine gewaltige Kompensation, die etwas zudeckt, das enorm schmerzhaft ist und Integration verdient.

Jedes chronische Problem und jede Form von Jammer oder Verzweiflung verbirgt Wutanfälle und „Schticke", die ihrerseits Rebellion verbergen, die ein Angriff auf Gott ist. Integriere diese Schichten, oder lass sie los.

Erkenne schließlich jeden Bereich, in dem du dich zu sehr bemühst. Auch das ist eine Kompensation. Die Heilung von Kompensationen erzeugt Ganzheit, während dein gespaltenes Bewusstsein im Hinblick auf deinen Erfolg zwiespältige Gefühle erzeugt hat.

Es ist an der Zeit, alle diese Spaltungen in deinem Bewusstsein zu heilen und auf eine neue Stufe des Erfolges zu springen.

Lektion 40

Geschichten des Bösewichts

Die *Geschichten des Bösewichts*, die du schreibst, haben eine tödliche Wirkung auf deinen Erfolg. Bei jedem Problem ist eine *Geschichte des Bösewichts* am Werk, auch wenn es so scheint, als ob die Schwierigkeiten auf höhere Gewalt zurückzuführen seien. Auf einer bestimmten Ebene ist jedes Problem zudem Teil einer *Geschichte des Opfers*. Es ist ein Finger der Anklage und des Angriffs, den du *auf jemand anderen gerichtet* hast. Jede *Geschichte des Bösewichts* verbirgt auch *Geschichten der Schuld*. Wir projizieren unsere Schuld auf den vermeintlichen „Bösewicht", um nicht uns selbst, sondern ihn zu demjenigen zu machen, der schuldig ist und Bestrafung verdient hat. Auf einer tiefen und vergrabenen Ebene unseres Bewusstseins fordern wir Gott auf, seine Blitze auf ihn herabzuschleudern. „Er muss böse sein und hat es verdient. Schau dir an, wie er mich armen, unschuldigen Menschen behandelt hat. Natürlich bin ich der Gute, der Unschuldige, dein bestes Kind. Weg mit ihm."

Deine *Geschichten des Bösewichts* verbergen die *Geschichten der Schuld*, die du in dir trägst, und überall dort, wo du eine Geschichte von jemandem erzählst, der dich schlecht behandelt, verstärkst du deine Schuld. Deine Schuld bittet immer darum, durch Angriff, Probleme oder Mangel bestraft zu werden.

Der Wunsch nach Bösewichten ist die Lösung, die dein Ego dir anbietet, um dich von Schuld zu befreien. Du machst jemand anderen zum Bösewicht, und du beweist es allen, indem du sein Opfer bist.

Das alles ist weder deiner Arbeit noch deinem Erfolg zuträglich. Du übernimmst keine Verantwortung für das Problem und trittst auch nicht vor, um etwas zu ändern. Es spielt keine Rolle, was der betreffende Mensch getan hat, um dir zu schaden oder dich im Stich zu lassen. Die Geschichten, die du erzählst, blockieren deinen Erfolg auf viel grundlegendere Weise. Wie kannst du mit *Geschichten des Opfers* oder *Geschichten des Schurken* jemals Erfolg haben? Wie kannst du Erfolg haben mit *Geschichten der Angst*, *Geschichten der Schuld* und *Geschichten der Rache*? Sie führen dazu, dass du dich aufopferst, lassen dich leiden und geben deinem Ego eine Freiheit, die keine echte Freiheit ist. Die Freiheit des Egos gibt auf oder läuft fort. Sie liefert dir die Ausrede, dich zu verstecken oder dich nicht zu zeigen, und sie liefert dir die Ausrede, dich zu trennen, unabhängig zu sein und alles so zu machen, wie du es willst.

Du musst alle deine *Geschichten des Bösewichts* aufgeben, um dich von deinen *Geschichten der Schuld* und *Geschichten der Angst* zu befreien. Geschichten erzählen sich auf eine sich scheinbar immer wieder erneuernde Weise immer wieder selbst, weil sie die dunklen Muster weitertragen, bis du dir dessen endlich bewusst wirst und dich dafür entscheidest, sie zu heilen.

Benutze deine Probleme, um deine *Geschichten des Bösewichts* zu finden. Benutze deine *Geschichten des Bösewichts*, um das zu finden, dessentwegen du dich schuldig fühlst. Frage dich, auf wie viele verschiedene Weisen du dich für deine Schuld bestraft hast.

Schau dir dann an, was dein Ego dir für diese Geschichten versprochen hat. Wie alles andere im Leben dient auch jede Geschichte einem Zweck. Das Ziel des höheren Bewusstseins ist Heilung, das Ziel des Egos dagegen Trennung, die ihm hilft, stark zu bleiben. Es verspricht Unabhängigkeit, deinen eigenen Weg, Ausreden, Möglichkeiten, uns zu verstecken, Besondersein, Aufmerksamkeit, Möglichkeiten, unseren Angriff zu verschleiern, und es macht noch viele andere Versprechen, von denen es die meisten nie einhält und von denen keines uns glücklich macht. Die Heilung, die unser höheres Bewusstsein bewirkt, führt zu Ganzheit und daher stets zu größerem Erfolg. Das einzige Interesse des höheren Bewusstseins besteht darin, dir Erfolg zu geben oder dich noch erfolgreicher zu machen. Sein Endziel besteht darin, dich über das, was vergänglich ist, hinaus zum Erwachen zu führen.

Nimm ein großes Problem, das du jetzt gerade hast. Finde die Bösewichte. Was haben sie falsch gemacht? Da du die Geschichte schon seit einer Weile erzählst, hast du über ein Mitglied deiner Ursprungsfamilie vermutlich eine ganz ähnliche Geschichte geschrieben. Da die Eigenschaften des Bösewichts in Wirklichkeit deine eigenen, mehr oder weniger verborgenen inneren Eigenschaften sind, erkenne sie als solche an. Du hast dich ihretwegen schuldig gefühlt, und sie waren die verborgenen Anker, die dich vom Erfolg ferngehalten haben. Es ist an der Zeit, dir selbst und deinen Bösewichten zu vergeben. Übernimm Verantwortung für das, was geschieht, und lass deine *Geschichte des Bösewichts* ebenso los wie alle *Geschichten der Schuld, Geschichten des Opfers, Geschichten der Rache, Geschichten der Ungerechtigkeit, Geschichten der Hilflosigkeit, Geschichten des Schurken, Geschichten der Bedürftigkeit, Geschichten der Angst* und *Geschichten des Mangels*. Lass auch alle anderen Geschichten los, die du in dir trägst und die du möglicherweise ebenfalls auf die Menschen in deiner Umgebung projiziert hast.

Schau auf die großen Probleme in deinem Leben. Welche dunklen Geschichten haben mit diesen Problemen begonnen oder wurden mit ihnen fortgesetzt? Wie viele dunkle Geschichten jeder Art gibt es?

Kehre zu einem traumatischen Schlüsselerlebnis oder einem zentralen Problem deiner Kindheit zurück und wiederhole den Prozess. Diese dunklen Geschichten zählen zu den größten Hindernissen auf deinem Weg zum Erfolg. Nun kannst du über sie alle hinausgelangen, indem du deine Geschichten erkennst, feststellst, wie viele von jeder Art du geschrieben hast, und sie loslässt. Die folgende Methode kann das Problem und das Thema, das es verbirgt, klarer machen.

Problem	Geschichten	Belohnungen des Egos
…	…	…
…	…	…

Selbstbestrafung	Eigenschaften des Bösewichts	Deine Eigenschaften
…	…	…
…	…	…

Alles, was in der Spalte „Eigenschaften des Bösewichts" steht, sollte auch in der Spalte „Deine Eigenschaften" stehen. In der Spalte deiner Eigenschaften können noch andere Punkte stehen, die du benutzt hast, um deine Eigenschaften des „Bösewichts" zu verbergen und zu kompensieren.

Vergib dir selbst und den „Bösewichten", und lass alle Geschichten los. Bitte um den Erfolg, von dem du dich abgewandt hast, als diese Geschichten begonnen haben, und bitte außerdem um die Gabe, die der Himmel für dich bereithält, um deinen Erfolg zu festigen.

Wenn diese ermächtigende und heilende Übung zu einer Selbstverständlichkeit für dich werden soll, praktiziere sie im Laufe des kommenden Monats jeden Tag mit einer negativen Eigenschaft, die du in einem Menschen in deinem beruflichen Umfeld, deiner Familie oder deinen Beziehungen erkennst. Diese Eigenschaft zeigt dir nicht nur eine *Geschichte des Böse-*

wichts, sondern auch etwas, für das du dich selbst bestrafst und das deinen Erfolg blockiert.

Wenn du dich deiner Bösewichte entledigt hast, wirst du in weit höherem Maße erfolgreich sein. Du benutzt niemanden mehr, um dich zurückzuhalten.

Das Ego ist raffiniert. Jedes Problem, das wir haben, geht mit einer *Geschichte des Bösewichts* und noch einer Reihe anderer dunkler Geschichten einher. Achte auf deine Unschuld, indem du dich von diesen Geschichten befreist. Dies ist ein Schlüssel zu deinem Erfolg.

Lektion 41

Der Urheber deiner Angst

Rebecca rief mich an, weil sie ein bestimmtes Bild nicht aus dem Kopf bekam. Sie hatte immer wieder vor Augen, dass Sean, ihr Sohn, in einen Autounfall verwickelt war. Wir hatten vor etwa sieben Monaten schon einmal daran gearbeitet, aber jetzt war das Bild mit voller Kraft zurückgekehrt. Kurz davor hatte Rebecca in einer Sitzung einen großen Durchbruch erzielt, der so weit ging, dass sie allmählich bereit war, ihren Vertrag mit dem Ego zu brechen. Ich hatte sie deswegen gewarnt, auf bösartige Attacken ihres Egos gefasst zu sein, weil ihr Durchbruch so groß war, und eine Woche später rief sie an. Die Bilder hatten angefangen, sogar ihre Arbeit zu beeinträchtigen, und da wusste sie, dass sie Hilfe brauchte.

Ich fing mit einer meiner liebsten Übungen aus *Ein Kurs in Wundern* an. Wenn es eine Situation oder einen Menschen gibt, der dich beunruhigt oder stört, dann betrachte sie oder ihn ganz einfach und sage dir: „Ich bin entschlossen, dies anders zu sehen." Während du hinschaust, verändert sich der Mensch oder die Situation ebenso wie das Gefühl, das du in Bezug darauf hast.

Als ich die Übung jetzt mit Rebecca durchführte, bat ich sie, den Autounfall zu betrachten, in den ihr Sohn in ihrer Vorstellung verwickelt war, und sich zu sagen: „Ich bin entschlossen, Sean anders zu sehen."

Während Rebecca den Satz mehrere Male wiederholte, verlor die Szene, die sie gequält hatte, ganz allmählich an Schärfe und war schnell nur noch ein Schatten ihrer selbst. Trotzdem schien das Bild sich nicht vollständig auflösen zu wollen, und deshalb zog ich einige Prozesskarten. Die erste Karte war *Festhalten*, und die zweite Karte, die den wahren Prozess widerspiegelte, war *Geschichte des Abenteuers*. Das bedeutete, dass Rebeccas Anhaftung an Sean ein Teil des Problems war. Ich forderte sie auf, ihr *Festhalten* loszulassen und dann ihre *Geschichte des Abenteuers* von ganzem Herzen anzunehmen. Während sie es tat, spürte sie ein stärkeres Gefühl der Befreiung und war bereit, ihre Gabe zu öffnen, die in der *Heilung des Benutzens von Sex als eine Form von Konkurrenz* bestand.

Rebecca lachte und meinte, dass ihr Ehemann darüber vermutlich sehr glücklich sein würde. Die Gabe, die der Himmel für sie bereithielt, war die *Heilung von Hysterie*. Rebecca konnte erkennen, wie passend diese Gabe war, und nahm sie glücklich an. Nachdem dieser Prozess abgeschlossen war, sagte sie, sie habe Angst, dass das Bild zurückkehren könne, und noch während sie es sagte, zog es bereits wieder vor ihrem inneren Auge vorbei.

Ich fragte sie, wie sehr sie immer noch an Sean festhalte, und Rebecca erwiderte: „Sehr!"

Daraufhin arbeitete ich mit ihr daran, das Festhalten an ihrem Sohn entschlossen anders zu sehen. Ich erklärte ihr, dass ihr Festhalten nicht nur ungesund war, sondern dass ihre Abhängigkeit von ihrem Sohn ihn in Gefahr brachte. Ich erklärte ihr, dass ihr Verhaftetsein eine ganz neue Ebene der Verbundenheit und Partnerschaft zwischen ihr und ihrem Sohn verbarg. Ihre Entschlossenheit, ihre Beziehung zu ihrem Sohn anders zu sehen, bewirkte rasch, dass sie nicht nur sah, sondern auch spürte, wie sie sich zu verändern begann.

Das half Rebecca, das entsetzliche Bild des Unfalls, in den sie Sean verwickelt gesehen hatte, endlich loszulassen. Innerhalb der nächsten fünf Minuten erzählte sie mir aber bereits, wie sehr sie ihre Arbeit verabscheue. Obwohl auch diese Klage ein müder Schatten ihrer selbst war, quälte sie Rebecca trotzdem.

Ich fragte, ob sie bereit sei, auch diese Sache anders zu sehen, und sie stimmte natürlich zu. Daraufhin bat ich sie, die Übung der „Entschlossenheit, die Dinge anders zu sehen" nochmals durchzuführen. Nachdem sie auch diesen Prozess abgeschlossen hatte, fing sie an, über ihre Ängste zu reden. Ich wies sie darauf hin, dass sie nun zum dritten Mal irgendwelche Ängste zur Sprache brachte und dass das nur deshalb so sein konnte, weil sie versuchte, in der Zukunft zu leben. Ich riet ihr, ihre Zukunft in Gottes Hände zu legen (auch eine Übung aus *Ein Kurs in Wundern*). Rebecca berichtete, dass ihr Verstand einen eigenen Willen zu haben schien und alle möglichen Ängste erschuf. Ich sagte ihr, dass dies eine Folge ihres undisziplinierten Verstandes sei, dass sie aber mehr Kontrolle über ihn erlangen würde, wenn sie diese beiden Übungen praktizierte. Ich zeigte ihr, wie die Gabe, die der Himmel für sie bereithielt, nämlich die *Heilung von Hysterie*, ihr half zu erkennen, dass sie selbst die Urheberin ihrer Angst war und dass sie sich dauernd selbst betrog und versuchte, sich von der *Geschichte des Abenteuers* abzulenken, die auf sie wartete. Weil Rebecca immer noch das Gefühl hatte, nicht die Kontrolle über ihren Verstand zu haben, forderte ich sie auf, die Übung zu wiederholen und sich zu sagen: „Ich bin entschlossen, meinen Verstand anders zu sehen." Nachdem sie den Satz mehrere Male wiederholt hatte, glaubte sie, die Kontrolle zurückerlangt zu haben, und spürte ein höheres Maß an Frieden.

Denke an irgendeine Person oder Situation in deinem Leben, die dich – und sei es in noch so geringem Maße – aufbringt. Führe die oben beschriebene Übung durch. Sei entschlossen, die betreffende Person oder Situation anders zu sehen. Die Übung lässt neuen Fluss entstehen, und du machst auf ganz natürliche Weise einen Sinneswandel im Hinblick auf die betreffende Person oder Situation durch, der dazu führt, dass du sie besser verstehen kannst als vorher.

Untersuche andere Menschen und Situationen in deinem Leben nun auf dieselbe Weise. Überall dort, wo Menschen oder Situationen nicht wohlmeinend sind, steckst du fest, und deine alten Gefühle stecken in dir fest. Das ist nicht deinem Erfolg zuträglich, sondern fördert zerstörerische Muster, die du in dir trägst.

Kehre zu diesen Menschen und Situationen zurück. Sei entschlossen, sie anders zu sehen. Alle Negativität weicht Mitgefühl, Verstehen und Fluss.

Lektion 42

Heilung von Widerstand durch Heilung von Angst

Alles, was uns daran hindert, ein Ziel zu erreichen, ist eine Form von Widerstand. Widerstand erzeugt Stress, der verhindert, dass wir dem näher kommen, was wir uns als Ziel gesetzt haben. Aus dynamischer Sicht sind Widerstand und Angst identisch. Es sind lediglich zwei Facetten ein und derselben Dynamik. Heilung von Angst hat deshalb den heilsamen Effekt, dass wir unser Ziel verwirklichen. Ohne Angst oder Widerstand wären wir auf natürliche Weise erfolgreich.

Angst verbirgt sich häufig unter Kompensation. Unser Handeln soll unsere Angst wettmachen, bringt uns aber nicht voran. Wenn wir uns vorstellen, dass unsere Angst und das, was wir benutzen, um diese Angst zu verbergen, miteinander verschmelzen, dann findet eine Integration statt, die Frieden, eine neue Stufe der Ganzheit und Fluss entstehen lässt.

Eine weitere Möglichkeit, Angst zu beseitigen, besteht darin, alle Angriffsgedanken loszulassen, die wir – ob in Vergangenheit oder Gegenwart – gegen einen Menschen hegen. So können wir uns selbst, andere Menschen und die Welt auf eine weit gütigere Weise erfahren. Sobald unsere Angriffsgedanken fort sind, ist auch die Angst fort, und natürlicher Fluss stellt sich ein.

Eine andere Möglichkeit, Angst aufzulösen, besteht darin, das zu finden, woran du anhaftest. Es zeigt dir, wovor du Angst hast, weil alle Angst eine Form von Verlustangst ist. Dann kannst du das paradoxe Prinzip des Loslassens einsetzen. Wenn du deine Anhaftung loslässt, lässt du auch deine Angst los. Das bringt dich nicht nur in den Fluss zurück, sondern lässt dich auch auf mühelosere Weise die Dinge empfangen, denen du vorher verhaftet warst.

Zuversicht, Vertrauen und Glauben sind Möglichkeiten, dich dafür zu entscheiden, deinen Geist auf eine wahre Weise einzusetzen. Du siehst und fühlst, dass ein positives Ergebnis eintreten wird. Zuversicht, Vertrauen und Glauben sind Gegenmittel für deine Angst.

Verpflichtung heilt die Angst vor dem nächsten Schritt, die eine Kerndynamik aller Probleme ist. Verpflichtung heißt, dass du dich dafür entscheidest, dich dem nächsten Schritt rückhaltlos zu geben. Das heißt ihn willkommen.

Wenn du das, was in deiner Situation geschieht, annimmst – und das schließt das Annehmen deiner Angst ein –, dann entsteht Fluss dort, wo deine Angst dich gelähmt hat.

Vergebung heilt Angst. In dem Maße, in dem du dir selbst und allen Menschen, gegen die du einen Groll hegst oder die du verurteilt hast, vergibst, erlangst du Frieden zurück, der das Gegenteil von Angst ist.

Wenn du dir deine Angst als eine Ablenkung vorstellst, die das Ego benutzt, damit du nicht bemerkst, dass ein anderer Mensch deine Hilfe braucht, dann kannst du durch diese Angst hindurchgehen, um dem betreffenden Menschen deine Liebe und Hilfe zu geben, und die Angst verwandelt sich in Fluss.

Angst kann nur daher kommen, dass du versuchst, die Zukunft in der Gegenwart zu beherrschen. Du könntest deine Zukunft in Gottes Hände legen, wodurch die Angst aufgelöst wird.

Du könntest dir vorstellen, dass himmlische Wesen dich auf dem Weg durch dein Leben begleiten. Welche Angst kann es geben, wenn diese hohen geistigen Wesen mit dir gehen?

Du kannst auch eine Integrationsübung durchführen. Lege dazu eine Hand auf die Stelle deines Körpers, an der die Angst sitzt, und die zweite Hand auf die Stelle, an der dein Widerstand sitzt. Lass beide Hände über deinen Körper gleiten, bis eine Hand die andere berührt und bedeckt, um Angst und Widerstand zu integrieren. Lass dann eine Hand auf der Stelle liegen, an der die Integration stattgefunden hat, und lege die zweite Hand auf die Stelle, an der dein Erfolg sitzt. Lass wiederum beide Hände über deinen Körper gleiten, bis eine Hand die andere bedeckt und du die beiden Energien integriert hast. Sollte noch negative Energie vorhanden sein, wiederhole die Übung, bedecke nun aber mit einer Hand die Stelle deines Körpers, die für dein höheres Bewusstsein steht, und mit der anderen Hand die Stelle, wo noch Angstenergie vorhanden ist. Wiederhole dann die Integrationsübung, indem du beide Hände über deinen Körper gleiten lässt, bis sie sich verbinden und Integration geschieht. Immer wenn du diese Übung durchführst, wird sie dir neue Stufen der Ganzheit bringen.

Angst lähmt dich und lässt dich erstarren. Die oben beschriebenen Prinzipien sind Gegenmittel für Angst, und du kannst sie jederzeit einsetzen, um dich in den Fluss zurückzubringen.

Lektion 43

Chronische Probleme – Teil 2

W enn du ein chronisches Problem hast und nichts wirklich zu helfen scheint, so sehr du dich auch bemühst, dann hast du dich mit einer wichtigen Dynamik noch nicht befasst – deiner Angst vor Veränderung. Bei einem chronischen Problem stehst du stark unter Stress, und dein Ego plädiert gegen jede Veränderung mit dem Argument, dass Veränderung zu noch mehr Stress führt. Genau diese Veränderung aber rettet uns. Sie führt dazu, dass unser Stress nachlässt.

Wenn du Veränderung fürchtest, unternimmst du alle vorgeblichen Versuche, dich zu ändern, in betrügerischer Absicht. Sie sind nur eine Tarnung für den Wutanfall und die Rebellion, in denen du bei jedem chronischen Problem gefangen bist. Gott schenkt uns schon allein von seiner Natur her in jeder Situation die Gnade, die Antwort und die Wunder, die notwendig sind, um unser Leiden zu lindern. Er weiß, dass wir durch diese Klärung früher oder später aus dem bösen Traum erwachen, den unsere verborgenen Wünsche erschaffen haben. Sie haben uns in eine Ecke gedrängt, aus der es nur einen einzigen Ausweg gibt, der nach oben führt.

Du selbst hast die Gabe mitgebracht, um deine Angst vor Veränderung zu heilen. Es gehört zur Strategie des Egos, dich in Angst vor Veränderung und ein chronisches Problem zu verwickeln, bevor du erkennst, dass du die Gabe besitzt, die deine Angst vor Veränderung sowohl zu deinem eigenen als auch zum Nutzen anderer Menschen heilen kann.

Sei bereit, dich Gott und deinem höheren Bewusstsein hinzugeben. Entziehe dem Ego, das dich durch deine falschen Entscheidungen in diese missliche Lage gebracht hat, die Treue. Das Ego bezieht seine Stärke aus Problemen, vor allem aus chronischen Problemen. Öffne die Gabe, die deine Angst vor Veränderung heilen kann, und nimm sie von ganzem Herzen an. Empfange die Gabe des Himmels, die dir den Stress nimmt und dir den Weg zeigt, der hindurchführt.

Chronische Probleme können mühelos aufgelöst werden, wenn du deine Angst vor Veränderung heilst. Für jedes große oder chronische Problem, das du hast, hast du auch eine Seelengabe mitgebracht, die das Gegenmittel für das Problem ist. Werde dir bewusst, worin deine Gabe besteht. Öffne Herz, Geist und Seele, um sie anzunehmen. Empfange dann die Gabe des Himmels. Was kann dich zurückhalten, wenn es Gottes Wille – und dein eigener wahrer Wille – ist, dass du frei sein sollst?

Lektion 44

Auf deine höhere Macht vertrauen

Wir haben tausend Pläne, um uns zu wehren, falls etwas schiefläuft. Wir suchen nach Menschen, Situationen oder Geld, um uns möglichst gut vor Dingen zu schützen, die schieflaufen können. Wir machen uns Sorgen über Dinge, die nicht richtig laufen, und sogar über Dinge, die schieflaufen könnten. So war unser Leben eigentlich nicht gedacht. Wir sollten unser Leben genießen und Frieden finden. Tun wir es nicht, haben wir auf den Rat unseres Egos gehört. Das Ego schlägt eine Lösung vor, die fast immer nur vorübergehend funktioniert, ehe sie uns in eine noch größere Klemme bringt. Dann schlägt es eine andere Lösung vor, die ebenfalls nur kurzzeitig eine heilsame Wirkung zeigt, bevor wir in einer noch größeren Patsche sitzen. Das macht unser Ego so lange, bis wir irgendwann in eine derart tiefe Krise geraten, dass es uns schließlich erklärt, wir seien vollkommen geliefert, es gäbe keinen Ausweg mehr, und deswegen könnten wir genauso gut sterben. Wenn wir das erkennen, dann erkennen wir endlich auch, dass unserem Ego nicht unsere Interessen am Herzen liegen, ja, dass es uns eigentlich noch nicht einmal mag. Es ist an der Zeit, dass wir auf einen anderen Berater hören. Dieser andere Berater ist unser höheres Bewusstsein, das mit der *Universalen Inspiration* in Verbindung steht.

Wir können unseren Geist weiterentwickeln, aber auch wenn wir Antworten und Gaben für jede Situation in uns tragen, in die wir kommen, übersteigen die Konflikte, in die wir geraten, schlichtweg unsere gegenwärtigen Fähigkeiten. Es ist sehr einfach, uns an eine höhere Macht zu wenden. Gott und alle Wesen, die zum Einssein gelangt sind, reichen herab, um uns zu helfen. Das Herabreichen ist natürlich ein Sinnbild, weil alles in uns ist. Wir erfahren Gott und das Einssein nicht in unserer Welt der Erscheinungen, sondern vielmehr von innen heraus. Durch unseren Geist können wir Gott erreichen und in seinem Geist ruhen. An der Oberfläche unseres Geistes gibt es viele Probleme und Sorgen, aber wir können dennoch die Stärke Gottes nutzen, die uns nur Gutes bringen kann, weil sie von der *Güte* selbst kommt. Gott erteilt keine Lektionen und ganz gewiss weder Schwierigkeiten noch Tod. Gleiches rührt von Gleichem her. Gott hat uns in Güte erschaffen, aber in unserer Dissoziation vom reinen Geist und vom Einssein haben wir Schmerz, Angst und Schuld aufgebaut. Trotz allem können wir uns auf Gottes Stärke verlassen, um jede negative Situation aufzulösen.

Stell dir vor, dass du dem sprichwörtlichen verlorenen Sohn gleichst, der sein Geburtsrecht verwirkt hat, nun aber nach Hause zurückkehrt. Wir können auf die Stärke eines liebenden Vaters vertrauen, der uns den Weg ebnet.

Decke heute jede Angst und jede Sorge auf. Sie alle sind an Orte gebunden, an denen Unzulänglichkeit und Widerstand herrschen. In jeder Situation, der wir uns stellen müssen, können wir um die Macht und die Gegenwart Gottes bitten. Wie könnten wir ein Problem haben, wenn Gott mit uns ist? Es ist an der Zeit, uns einem liebenden Gott hinzugeben, damit wir die Großzügigkeit eines großherzigen Vaters empfangen können. Rufe in jeder Situation, die dich beunruhigt oder dir Sorgen bereitet, Gottes Gegenwart an und vertraue auf seine Stärke. Wenn du es dir zur Gewohnheit machst, dann gibt es nichts, was dich ängstigen oder aufhalten kann.

Lektion 45

Der Märtyrer

Bereits in seiner Kindheit war Harry derjenige gewesen, der sich auf die Granate geworfen hatte, um seine Familie zu retten. Bei unserem Gespräch stellte sich heraus, dass nichts von dem, was er getan hatte, seiner Familie geholfen hatte. Zwar trat nach einer seiner heldenhaften und oft aufopfernden Taten meist eine kurzzeitige Atempause ein, aber die Familie nahm ihren zerstörerischen Kurs bald wieder auf. Nachdem Harry erfolglos zum Sündenbock des Vaters geworden war und die volle Wucht seines Ärgers und seiner Schläge ertragen hatte, gab er auf.

Harry war ein ausgelassener, ausgefallener und recht unabhängiger Typ. Sobald er jedoch in eine Gruppe kam – ob in einer Firma oder im Bereich der Kunst – und die Gruppe in Schwierigkeiten geriet, opferte er sich auf, um sie zu retten. Das hatte dazu geführt, dass er seine erste Firma verlassen hatte, kurz bevor er seinen ersten großen Erfolg hätte verbuchen können, und daraus entwickelte sich ein Muster. Er hatte auch andere Firmen verlassen, als sie kurz vor einem wichtigen Erfolg standen, und er hatte ein emotionales Drama benutzt, um seine Theatergruppe zu verlassen, als er kurz davor stand, ein gewisses Maß an Anerkennung zu erlangen. Harry war sowohl sensibel als auch wagemutig, aber die Angriffe seines Vaters und das Gefühl, dass er darin versagt hatte, seine Familie zu retten, hatten ein Gefühl tiefer innerer Verzweiflung entstehen lassen. Harry hatte das Gefühl, dass niemand ihn wirklich kannte. Unter diesem Gefühl lag eine Ebene, auf der er sich immer noch selbst kreuzigte, weil es ihm nicht gelungen war, seine Familie zu retten.

Als ich Harry weitere Fragen stellte, zeigte sich, dass er die Granate noch immer in der Tasche trug und bereit war, sie, falls notwendig, in einem allerletzten verzweifelten Versuch zu zünden, um die Lage zu retten.

Im Laufe der Sitzung erkannte ich, dass die Gabe, die ich Harry geben konnte, die Gabe des Vertrauens war, damit er sich nicht länger zum Märtyrer machen musste und erkennen konnte, dass es einen besseren Weg gab. Ich ließ diese Gabe energetisch in ihn einströmen, und er redete spontan davon, dass er darauf vertraue, dass ich ihn aus seinen Schwierigkeiten befreien würde, ganz gleich, wie groß sie auch seien. Das gab mir die Möglichkeit, Harry zu fragen, welche Gabe er mitgebracht hatte, um seine Eltern zu retten. Er erwiderte: „Verpflichtung."

„Und welche Gabe hält der Himmel für dich bereit, damit du sie mit deiner Familie teilen und sie damit von ihren Schwierigkeiten befreien kannst?"

„Begabtheit", erwiderte Harry.

Daraufhin führte ich Harry durch jedes Familientrauma zurück bis unmittelbar vor den Zeitpunkt, an dem jedes Trauma geschehen war, und bat ihn, sowohl Verpflichtung als auch Begabtheit mit jedem Mitglied seiner Familie zu teilen. Dann fragte ich ihn, was es in seiner Familie bewirke.

Er sagte: „Sie empfinden ein Gefühl des Friedens und kommunizieren tatsächlich authentisch miteinander."

Dann fragte ich Harry, wie sein eigenes Leben sich durch diese Heilung verändern könne, und er erwiderte: „Ich habe keine Angst mehr davor, erfolgreich zu sein. Ich sehe mich selbst triumphieren."

Später erhielt ich einen Anruf von Harry, in dem er mir berichtete, dass zwischen ihm und seinen Kollegen neue Ebenen authentischer Kommunikation entstanden waren. Sie beendeten sowohl den Machtkampf als auch die Konkurrenz mit einer Reihe von Kollegen, mit denen er sich in einem Konflikt befunden hatte, und brachten die ganze Gruppe voran.

Lektion 46

Mary Poppins

Susan hatte einen hellen, frischen Teint, war jugendlich für ihr Alter und strahlte eine sehr positive Einstellung aus. Als glücklich verheiratete Gattin eines kanadischen Geschäftsmannes fühlte sie sich jedoch zunehmend unglücklich, denn ihre Arbeit für eine Wohltätigkeitsorganisation hatte sie erkennen lassen, dass Aufopferung ein Muster war, das ihr gesamtes Leben durchzog. Weil sie so positiv eingestellt war, hatte es eine Weile gedauert, bis diese Erkenntnis zu ihr durchgedrungen war. Niedergeschlagenheit machte sich breit, als die Tatsache, dass sie sich aufopferte, ihr durch unschöne Vorfälle deutlich gemacht wurde, indem etwa Freunde wenig freundliche Dinge sagten oder das Maß ihrer Arbeit und Großzügigkeit von der Organisation, für die sie arbeitete, schlicht übersehen wurde. Sie hatte das Gefühl, „ein Mädchen zu sein, das einfach nicht nein sagen kann", machte immer gute Miene zum bösen Spiel und tat, worum sie gebeten wurde. Während ihrem Mann diese „Sag-niemals-nein"-Einstellung natürlich gefiel, hatte sie selbst das Gefühl, sich aus ihrem eigenen Leben ausgeschlossen zu haben. Bevor sie zu mir kam, hatte sie einen zutiefst unglücklichen Monat damit verbracht, sich selbst abzulehnen und anzugreifen.

Ich wies sie darauf hin, dass Aufopferung eine der drei klassischen Rollen ist, aus denen alle anderen Rollen hervorgehen. Ich fragte sie, wie alt sie gewesen sei, als sie sich in ihrem Leben so völlig von sich selbst abgewandt und angefangen hatte, Rollen zu spielen.

Sie erwiderte: „Neun. Ich wurde fortgeschickt, ins Internat."

Obwohl es eine vornehme Schule gewesen war, hatte Susan gedacht: „Was habe ich nur falsch gemacht, dass ich fortgeschickt werde?"

„Was hast du deiner Meinung nach denn so sehr falsch gemacht, dass man dich ins Internat geschickt hat?", wiederholte ich ihre Frage.

„Mein älterer Bruder wurde nicht ins Internat geschickt. Wahrscheinlich dachte ich, ich sei zu wild, zu sehr darauf versessen, meinen eigenen Kopf durchzusetzen. Als ich ins Internat kam, hatte ich das Gefühl, gut sein und mich anpassen zu müssen. Ich war anfangs furchtbar niedergeschlagen, glaubte dann aber, das Beste daraus machen zu müssen. Ich fing an, mich hervorzutun, bis ich in meiner Klasse schließlich die Nummer Eins war. Ich war sogar Schulsprecherin. Später zogen meine Eltern von England nach Kanada, und ich ging mit. Ich besuchte die Universität und nahm dann die Stelle bei der Wohltätigkeitsorganisation an. Jetzt hat sich alles zugespitzt, weil einige Kollegen mich neuerdings ‚Mary Poppins' nennen. Ich hasse diesen Namen."

Ich sagte: „Für mich klingt er magisch. Was bedeutet er für dich?"

„Jemand, der klug, aber zu süß ist. Jemand, der einfach nicht real ist. Sie ist keine reale Frau. Sie widert mich an", sagte Susan.

Ich wies Susan auf die positive und heldenmütige Einstellung hin, mit der sie ihre Arbeit erledigte, aber sie konnte weder die Gnade spüren noch die Belohnung für das empfangen, was sie gegeben hatte, weil es eine Rolle war, die auf den Überresten ihres neun Jahre alten Selbst aufbaute.

Ich führte sie in die Zeit zurück, als sie neun Jahre alt gewesen war, und hieß sie, das Selbst wiederzufinden, das gestorben war, um ihr freches, eigenwilliges Selbst zu neuem Leben zu erwecken. Ich forderte sie auf, dieses Selbst mit der Rolle der Mary Poppins und mit der Depression zu integrieren, die sie niemals geheilt, sondern immer nur überdeckt hatte. Nachdem alle diese Elemente integriert waren, fühlte Susan sich so zuversichtlich und lebendig wie schon lange nicht mehr. Sie sagte, sie fühle sich zehn Jahre jünger.

Die Integration von Mary Poppins, Susans verlorenem Selbst und ihrer Depression führte dazu, dass sie sich lebendiger und „wirklicher" fühlte. Sie freute sich darauf, das „neue Ich" an ihrem Mann auszuprobieren.

Später erfuhr ich, dass Susan mit ihrem Mann neue Flitterwochen durch- ́ lebte. Und obwohl er mit der karitativen Arbeit seiner Frau nie einverstanden gewesen war, soll er zumindest anerkennende Worte für ihren Durchbruch gefunden haben.

Lektion 47

Was ich wählen würde

Die zweite Fokusperson in meinem Workshop zum Thema Erfolg war eine sehr attraktive junge Frau namens Natalie. Als ich sie fragte, wie es ihr gehe, kamen ihr die Tränen. Sie erzählte mir, dass sie mit ihrer Schwester und ihrem Bruder am Workshop teilnahm und dass ihr Bruder, den sie sehr liebte, vor kurzem erfahren hatte, dass er an Multipler Sklerose erkrankt war. Sie hatte vor dem Workshop darum gebetet, dass ihr Bruder aufgerufen werden würde, damit ich ihm helfen konnte. Ich sagte ihr, dass ihre Gebete erhört worden waren, nur eben nicht so, wie sie es erwartet hatte. Ihrem Bruder würde dadurch geholfen werden, dass *sie* geheilt wurde und vortrat, denn als die zweite Fokusperson war sie eine Führerin in Liebe und Verbundenheit. Ich fragte, wie gut sie darin sei. Bei dieser Frage begann Natalie zu weinen. Als ich nach dem Grund fragte, berichtete sie, dass ihr Freund ihr untreu gewesen war und dass ihr Vater früher eine Affäre nach der anderen gehabt hatte.

Ich fragte sie, wie viel von ihrer Liebe sie infolge dieser Herzensbrüche verloren hatte, und sie antwortete: „40 %."

Ich fragte sie, wie viel von ihrer Schönheit sie verloren hatte, und sie antwortete: „35 %."

Ich fragte sie, wie viel von ihrer sexuellen Energie sie verloren hatte, und sie sagte: „25 %."

Ich fragte Natalie, wie viel von ihrer Unwiderstehlichkeit sie verloren hatte, und sie erwiderte: „30 %."

Zum Schluss fragte ich sie, wie viel von sich selbst sie als Kind verloren hatte, und sie antwortete: „100 %."

Ich sagte ihr, dass 100 % bedeuteten, dass das Selbst, das sie gewesen war, als Kind gestorben war. Ich erklärte, dass der Verlust eines so großen Anteils ihrer selbst bedeutete, dass sie die Energie der Geborgenheit und der Verlockung verloren hatte, die verhinderte, dass ihr Freund auf Wanderschaft ging. Ich fragte, wie dick die Mauer sei, die dadurch zwischen ihnen entstanden war, und sie antwortete: „Ungefähr einen Meter dick."

Ich sagte: „Nicht einmal dem kräftigsten Mann würde es gelingen, diese Mauer zu überwinden. Er würde vielleicht einen Riss in der Mauer finden, aber das würde ihn nicht wirklich weiterbringen."

Daraufhin erklärte Natalie mir bereitwillig, dass die Mauer zwischen ihr und ihrem Vater zweimal so dick war.

Ich unterstellte ihr, dass sie ohne die Krankheit ihres Bruders nicht bereit gewesen wäre, die alten Herzensbrüche offenzulegen, damit sie geheilt werden konnten. Natalie versuchte daraufhin, mich davon zu überzeugen, dass es bei allem, was sie berichtete, eigentlich einzig und allein um die Krankheit ihres Bruders ging. Ich zeigte ihr, wie alles miteinander verknüpft war und dass wir, wenn wir ihrem Bruder helfen wollten, ihren Vater und ihren Freund befreien mussten.

Dann erklärte ich Natalie, dass es ihrem Vater und ihrem Freund an Selbstliebe mangelte. Weil beide die Liebe, die sie brauchten, von ihren Müttern nicht bekommen hatten, suchten sie außerhalb ihrer selbst bei anderen Frauen danach. Die Mütter der beiden hatten diese Liebe von ihren Vätern auch nicht bekommen, und so wurde das Muster immer weitergegeben. Natalies Vater hatte ihr diese Liebe natürlich auch nicht gegeben, aber sie war zur Fokusperson gewählt worden, weil das Universum ihr damit sagte, dass sie nicht nur eine Führerin in Liebe und Verbundenheit war, sondern dass sie außerdem auch diejenige war, die diese Situation für alle Beteiligten transformieren konnte.

Ich sagte ihr, dass Multiple Sklerose sinnbildlich bedeutete, dass man die Nerven oder den Mut verloren hatte, und dass alle in der Familie, einschließlich ihres Freundes, unter der Angst litten, die verhinderte, dass sie Nähe erfahren konnten. Ich erklärte ihr, dass Krankheit auf einer bestimmten Ebene immer auch eine Ausrede ist. „Es wird nicht von mir erwartet, dass ich etwas tue, denn ich bin ja krank. Ich muss mich dem nächsten Schritt nicht stellen." Dann zeigte ich ihr, dass das Gefühl, von ihrem Vater nicht geliebt zu werden, ihre Ausrede war, um nicht vortreten und glänzen zu müssen. Die Tatsache, dass ihr Vater von seiner Frau und seiner Mutter keine Liebe bekommen hatte, diente ihm als Ausrede für seine Affären. Dasselbe galt für ihren Freund, der die Ausrede hatte, außerhalb ihrer Beziehung nach Liebe suchen zu dürfen, weil Natalie selbst nicht voll und ganz präsent war.

Natalie aber war diejenige, die den Schlüssel in Händen hielt. Die Tatsache, dass sie die zweite Fokusperson war, zeigte, dass ihre Aufgabe darin bestand, Führerin und schöpferischer Geist der Liebe und deshalb der Heilung zu sein. Damit sie alle anderen befreien konnte, musste sie ihre Bestimmung jedoch annehmen und verwirklichen. Der Schlüssel war ihre Einstellung: Wollte sie in ihrem Versteck bleiben oder vortreten und ihr Versprechen einlösen, allen zu helfen? Unter allen Ausreden lag der wahre Prozess der *Vollendung* verborgen. Sie besaß die Fähigkeit, diese Heilung für alle zu vollenden und voranzugehen. Auch der Himmel hielt die Gabe der *Vollendung* für sie bereit, um sie mit sich selbst und mit allen anderen zu teilen.

Natalie wählte Teilnehmer aus, die in dem sich entfaltenden Prozess die Rollen der *Führerin in der Liebe*, der *Vollendung* und der *richtigen Einstellung* zu ihrer eigenen Gabe und zur Gabe des Himmels für sie spielen sollten. Sie wählte auch jemanden aus, der die *Ausreden* verkörperte und sie dazu überreden sollte, sich wieder zu verstecken. Obwohl der betreffende Teilnehmer die *Ausreden* wirklich gut spielte, entschied Natalie sich für ihren Platz als Führerin der Liebe und der Verbundenheit. Dadurch konnte der Widerstand ihrer Ausreden auf positive Weise integriert werden. Anschließend nahm sie die *Vollendung* und die *richtige Einstellung* an und teilte sie mit den Menschen, die ihre Eltern und ihren Freund verkörperten. Dann gab sie beides an ihren Bruder weiter, der sich selbst spielen konnte. In diesem Moment war der Raum von einer so großen Liebe und Zärtlichkeit erfüllt, dass wir alle die Gnade von Wundern spürten. Ein entsetzliches Muster war entwirrt worden, und Natalie war frei. Sie hatte ihren Platz als Führerin und Heilerin eingenommen.

Lektion 48

Die Zerstörung unserer Träume

Wenn unsere Träume zerstört werden, sind wir wütend, untröstlich und am Boden zerstört. Wir greifen uns selbst an und versuchen manchmal auch, auf jeden anderen loszugehen, der uns ein bequemes Ziel bietet. Dies zeigt einen Mangel an Bewusstheit und an emotionaler Integrität, der ein Muster der Niederlage in Gang setzt. Er verstärkt unsere Unreife, die uns aufgrund unseres Schmerzes verloren geht. Wir sind verletzt und glauben, wir hätten das Recht, „selbstgerecht" diejenigen anzugreifen, von denen wir glauben, dass sie uns verletzt oder unsere Träume zerstört haben. Wir fühlen uns durch das, was geschehen ist, herabgesetzt und geben die Schuld daran – zumindest anfangs – jemandem oder etwas außerhalb von uns selbst. Später greifen wir auch uns selbst dafür an. Wir sehen nicht, dass unsere Seele diese wichtigen Ereignisse geplant hat, um uns die Möglichkeit zu geben, einen großen Sprung vorwärts zu machen, was uns aber nur gelingen kann, wenn wir die Lektion lernen und uns der Herausforderung stellen. Wenn unsere Träume zerstört werden, dann bedeutet das, dass es eine Lektion gibt, die gelernt werden muss.

Ein Traum beginnt als ein Gedanke an etwas, das uns glücklich machen würde. Er ist ein Ziel, etwas, das wir anstreben wollen. Sein Zweck ist es, das wettzumachen, was in uns selbst fehlt. Durch den Verlust unserer Verbundenheit entstehen zwei Arten von Illusion. Die erste Form der Illusion ist eine Täuschung, ein Fehler, der eine Folge der Trennung ist. Wir sehen etwas, das nicht da ist. Man könnte es damit vergleichen, dass wir eine Treppe hinaufgehen wollen und stattdessen die Stufen herunterfallen. Die zweite Form der Illusion ist ein kompensierender Traum, der das wettmachen soll, was durch den Verlust der Verbundenheit fehlt. Wir träumen von unserem Märchenprinzen oder unserer Märchenprinzessin. Wir träumen von heldenhaften Taten oder davon, dass wir die Welt im Sturm erobern. Wir benutzen Pornographie oder sexuelle Phantasien, um Kindheitsbedürfnisse zu erfüllen oder zumindest zu kompensieren. Wir träumen von Dingen, die uns zu schnellem Reichtum verhelfen oder uns mühelos erfolgreich sein lassen.

Wir träumen ständig von Ruhm, Sex, Geld, Liebe, dem perfekten Job oder dem großen Durchbruch, aber solange Träume nicht zu realistischen Zielen werden, tun wir nur selten das, was notwendig ist, um sie wahr werden zu lassen. Der Verlust unserer Verbundenheit hat dafür gesorgt, dass wir nicht erfolgreich sind, denn er geht nicht nur mit einem Mangel an Verstehen einher, sondern auch mit Angst, Widerstand und einem Wunsch nach Unabhängigkeit, der bisweilen stärker ist als der Wunsch, unsere Träume wahr werden zu lassen. Der Verlust unserer Verbundenheit führt zu einem gespaltenen Bewusstsein und zu einem Mangel an Fluss, sodass wir hart arbeiten und uns antreiben müssen oder ständig mit Problemen zu kämpfen haben.

Der Verlust unserer Verbundenheit, der oft selbst ein zerstörter Traum war, lässt das Bedürfnis nach neuem Sinn entstehen, der aus einem neuen Traum außerhalb von uns selbst herrührt. Das größte Problem eines zerstörten Traums liegt darin, dass er so niederschmetternd sein kann. Manche Menschen schaffen es nie, sich von beruflichen Niederlagen oder Herzensbrüchen zu erholen. Die zerstörten Träume sind nicht nur das, was den größten Schmerz dieser Herzensbrüche und Niederlagen verursacht, sondern auch das, was am schwersten zu überwinden ist. Der Verlust der Verbundenheit setzt einen Teufelskreis in Gang, der in einer heimtückischen Abwärtsspirale zu immer mehr Träumen führt, die ihrerseits Widerstand und zerstörte Träume zur Folge haben, bis wir zum Schluss so niedergeschlagen sind, dass wir am liebsten allem ein Ende machen würden.

Alles hat mit dem so genannten „Sündenfall" begonnen, in dem wir geträumt haben, wir hätten uns von Gott getrennt. Er hat die größte Erschütterung und die *Dunkle Nacht der Seele* in Gang gesetzt. Statt uns jedoch ganz einfach an das Einssein zu erinnern, haben wir den damit einhergehenden Schmerz dissoziiert und uns Unabhängigkeit und weiteren Träumen zugewandt, um eine eigene Welt zu haben, über die wir herrschen konnten. Wir haben die Trennung und Dissoziation verstärkt und immer neue Träume außerhalb von uns selbst geträumt, die uns glücklich machen sollten, haben dabei aber immer wieder denselben Fehler gemacht. Hoffentlich fangen wir nun an, den Prozess umzukehren, und entscheiden uns dafür, unsere Träume zu verwirklichen und uns auf immer tieferen Ebenen wieder neu zu verbinden.

Die beiden wichtigsten Gründe für unsere geplatzten Träume liegen zum einen darin, dass wir unsere Unabhängigkeit nicht aufgeben wollen, und zum anderen darin, dass wir das *goldene Leben* nicht wollen. Trotz gegenteiliger Beteuerungen fürchten wir uns vor einem wunderbaren Leben und davor, die Führung zu übernehmen. Mit einem Traum bauen wir unsere Hoffnung auf Sand, es sei denn, *wir setzen unsere natürliche Geisteskraft ein, um ihn zu verwirklichen, und nehmen jede notwendige Anstrengung auf uns, um erfolgreich zu sein.*

Die vielen Spaltungen unseres Bewusstseins, die das Muster zerstörter Träume in uns erzeugt haben, stehen immer zwischen uns und unseren gegenwärtigen Träumen. Wir entscheiden uns entweder dafür, die Trennung zu heilen und den Weg der Gnade zu gehen, oder wir entscheiden uns für den Rückschlag, der mit einem weiteren geplatzten Traum einhergeht, weil wir nach Unabhängigkeit streben oder angsterfüllt das *goldene Leben* meiden, indem wir uns vor uns selbst verstecken.

Niemand schadet uns außer uns selbst. Zu dieser Erkenntnis bin ich in meiner inzwischen achtunddreißigjährigen Forschungsarbeit auf dem Gebiet des Geistes immer wieder gekommen. Unsere Entscheidung für die Unabhängigkeit hat zur Folge, dass wir nicht empfangen können, und das hält uns von unseren Träumen fern. Der Himmel und die tiefste Ebene unseres eigenen Geistes wollen ein *goldenes Leben* für uns, das von Liebe und Glück erfüllt ist. Wir sind diejenigen, die sich wegen illusorischer Ängste oder aus den falschen Gründen für unsere zerstörten Träume entschieden haben. Verpflichte dich einem *goldenen Leben*. Verpflichte dich deinen Träumen jeden Tag neu. Erhebe Anspruch auf sie. Wolle sie von ganzem Herzen. Bewahre deine Integrität, denn sonst wirst du die Zeche dafür zahlen. Tu das, was deine Inspiration dir sagt, um erfolgreich zu sein. Tu das, was notwendig ist.

Bleib bewusst. Geplatzte Träume gründen auf Leugnung und Naivität. Lass dich nicht überrumpeln. Tu, was du kannst, um dich mit anderen Menschen zu verbinden und jede Trennung zu heilen, die dazu geführt haben könnte, dass dein Bewusstsein gespalten ist, wenn es darum geht, deine Träume erfolgreich zu verwirklichen. Erlange deine verlorene Verbundenheit zurück. Verpflichte dich ihr immer wieder neu. Dann wird dir der Weg gezeigt.

Übernimm die Verantwortung sowohl für vergangene Misserfolge und Niederlagen als auch für den Verlust deiner Verbundenheit. Vergib dir selbst und allen Menschen, die daran beteiligt sind, dafür, dass du Angst vor dem *goldenen Leben* hast. Alles, was dir Schmerzen bereitet, hast du noch nicht angenommen. Du leistest ihm Widerstand. Du wolltest einen anderen Menschen bezwingen, um deinen Willen durchzusetzen oder etwas von ihm zu bekommen. Das war ein Fehler. Berichtige ihn jetzt. Bitte dann den Himmel und dein höheres Bewusstsein darum, die Fehler ungeschehen zu machen und die Verbundenheit wiederherzustellen, die automatisch Erfolg und das *goldene Leben* mit sich bringt.

Lektion 49

Ein Schlüsselmuster der Niederlage

Nachdem ich mich fünfunddreißig Jahre lang mit unterbewussten Mustern befasst hatte, machte ich mehrere Entdeckungen gleichzeitig. Unser größtes Trauma im Leben erleiden wir fast immer im Alter von drei, manchmal auch im Alter von zwei oder vier Jahren. Im Alter von drei Jahren beginnt meist auch unsere ödipale Verschwörung. Sie verstärkt die Familienverschwörung, die ebenfalls mit dem Trauma beginnt, das wir im Alter von drei Jahren erleiden. Das Trauma setzt in der Regel eines von zwei möglichen Mustern in Gang, die sich zu lebenslangen Mustern entwickeln. Das erste ist ein Muster heldenhafter Aufopferung, das zweite ein Muster des Sich-ungeliebt-Fühlens. Wenn du eine Partnerschaft mit jemandem eingehst, der sich in noch höherem Maße heldenhaft aufopfert als du selbst, dann wechselst du zum anderen Muster und hast das Gefühl, nicht geliebt und nicht anerkannt zu werden.

In der heldenhaften Märtyrerrolle glaubt das dreijährige Kind, dass es wegen der Dinge, die in seiner Familie geschehen, das eigene Leben aufgeben muss, um anderen Menschen zu helfen. Ist das Trauma besonders tief, glaubt das Kind, dass es unrettbar verloren ist und dass es für es selbst keine Hoffnung gibt, dass es aber, bevor es geht, wenigstens noch anderen Menschen helfen kann. Ist das Trauma besonders groß, wird es in Gang gesetzt, um Seelengaben und deren Zweck abzuwehren. Der heldenhafte Märtyrer bezieht sich weder selbst ein, noch kann er empfangen. Er neigt jedoch dazu, sich gehen zu lassen.

Entscheidet sich das Kind dagegen für den Weg des Sich-ungeliebt-Fühlens und Nicht-anerkannt-Werdens, wird das Muster in seiner späteren beruflichen Laufbahn zu einem chronischen Problem. Sowohl als Kind wie auch in seinen späteren Beziehungen als Erwachsener hat der betreffende Mensch das Gefühl, dass er nicht genug geliebt wird. Darunter liegt fast immer eine Seelengabe großer Liebe verborgen, die er hätte einbringen sollen und die genau das ist, was gebraucht worden wäre, um die Situation des dreijährigen Kindes zu heilen. Der betreffende Mensch besitzt eine besonders große

Gabe der Liebe, und sein Bedürfnis nach Liebe kann nur dadurch gestillt werden, dass er sie gibt. Meist findet er einen heldenhaften Partner, der ganze Lastwagenladungen voller Liebe herbeibringt, um seinen Sumpf des Sich-ungeliebt-Fühlens zu füllen. Es ist jedoch „nie genug", ganz gleich, wie viel Liebe gegeben wird, bis er das Schlüsselmuster der Niederlage, das mit drei Jahren in Gang gesetzt wurde, auflöst und die Liebe gibt, die er unbedingt bekommen wollte. Genau dasselbe gilt für Anerkennung. Ein Mensch, der das Gefühl hat, nicht anerkannt zu werden, wird die berufliche Anerkennung, nach der er sich sehnt, erst dann bekommen, wenn er seine Gabe der Wertschätzung, der Anerkennung und der Dankbarkeit einbringt.

Im Alter von drei Jahren erleiden wir meist eine Niederlage, die dafür sorgt, dass wir todunglücklich sind und uns als Versager fühlen. Das verwickelt uns in Muster von Gewinnen/Verlieren, Rache, Schuld und Aufopferung. Wir bringen sowohl diese Muster als auch die Muster des Ungeliebtseins und der Aufopferung in unsere Beziehungen ein, wo wir neben den Mustern des Ungeliebtseins, des Nicht-anerkannt-Werdens und des heldenhaften Märtyrers dann noch mehr Muster dieser Art erzeugen. Das Trauma des dreijährigen Kindes ist ein Ort, an dem wir vor uns selbst, vor unseren Gaben und vor unserer Aufgabe davongelaufen sind. Wir haben Liebe und Erfolg aufgegeben, um uns zu verstecken und unabhängig zu sein. Wir haben die Verbundenheit zerstört und uns getrennt, um in stärkerem Maße unseren eigenen Weg zu gehen. Ungeachtet dessen, dass wir uns ungeliebt fühlen oder uns aufopfern, ist das Muster der Unabhängigkeit deshalb ebenfalls am Werk. Die drei Rollen der Abhängigkeit, der Aufopferung und der Unabhängigkeit sind große Hindernisse im Beruf, in Beziehungen, in der Familie und auf dem Weg hin zu der wechselseitigen Abhängigkeit, die uns ganz mühelos erfolgreich sein lässt.

Wenn wir uns umschauen und erkennen, wie wenig Paare im Leben, im Beruf und in Beziehungen über die Stadien der Kontrolle und der Leblosigkeit hinausgelangt sind und wie wenig Menschen mühelos und natürlich erfolgreich sind, dann wird uns klar, wie wirksam diese Falle gewesen ist.

Wenn wir uns vorstellen, dass wir uns in der Zeit unmittelbar vor dem Trauma befinden, das geschehen ist, als wir drei Jahre alt waren, und dass wir die Hand des dreijährigen Kindes ergreifen, das wir waren, dann können wir eine neue Entscheidung treffen und diesmal nicht den Weg unseres Egos, sondern den Weg unseres höheren Bewusstseins gehen. Auf diesem Weg finden wir die Seelengabe, die wir mitgebracht haben, um genau diese Situation zu transformieren. Auch der Himmel hält eine Gabe für uns bereit, um sie mit allen Menschen zu teilen, die mit uns an der Situation beteiligt waren. Wir können auch die *Göttliche Präsenz* annehmen und sie in diese Situation einbringen, alle Bedürfnisse erfüllen und alle Beteiligten in ihre Mitte und zum Frieden zurückführen, sodass es bei niemandem Aufopferung oder Trennung gibt. Im Rückblick können wir sehen, dass die Dinge, die das Ego uns versprochen hat, ein Fehler waren, worin sie auch immer bestanden haben mögen. Sie vermochten uns niemals glücklich zu machen. Die Gaben, die wir empfangen haben, sind Gaben, die wir nicht nur an die Menschen weitergeben sollen, die an der damaligen Situation beteiligt waren, sondern auch an alle Menschen, die diese Gaben jetzt brauchen. Sie sind ein natürlicher Teil unseres Beitrages, den zu leisten wir versprochen haben. So halten wir unser heiliges Versprechen auf ganz natürliche Weise ein, weil unsere Gaben uns in Fleisch und Blut übergehen. Damit gelangen wir einen Riesenschritt über den Teufelskreis hinaus, der die drei Schlüsselrollen der Abhängigkeit, der Aufopferung und der Unabhängigkeit in sich birgt.

Die Auflösung dieses Musters bringt uns größere Erfüllung im Leben, Glück in Beziehungen und Erfolg in unserer Arbeit. Unsere Rollen lösen sich auf, und an ihre Stelle treten Verbundenheit und wechselseitige Abhängigkeit, die bewirken, dass Erfolg sich mühelos einstellt.

Lektion 50

Wem gibst du für dein Leben die Schuld?

Solange du noch nicht auf die Bewusstseinsebene der Meisterschaft gelangt bist, gibt es jemandem, dem du für dein Leben die Schuld gibst. Wer ist es? Wenn du einem anderen Menschen die Schuld für dein Leben gibst, hast du keine Eigenverantwortung übernommen. Wenn du nicht die volle Eigenverantwortung übernimmst, gibt es einen Ort in deinem Leben, an dem du nicht die volle Verantwortung übernimmst oder sogar verantwortungslos handelst. Welcher Ort könnte das sein? Er mag gut versteckt sein, aber deine Intuition wird es dir verraten, wenn du dazu bereit bist. Dieser Ort ist ein Ort, an dem du nicht alles gibst, an dem du dich nicht rückhaltlos einbringst. Ohne volle Hingabe arbeitest du entweder hart oder bist faul, und du hast mit einer Schwierigkeit nach der anderen zu kämpfen.

Es kann sogar eine ganze Reihe von Leuten geben, denen du die Schuld für dein Leben gibst, wie etwa deiner Ex-Frau, einer früheren Freundin und deiner Mutter. Das bedeutet, dass du deine Erbitterung auf deine jetzige Partnerin, alle Frauen und deine Tochter überträgst. Du bist blind für die Tatsache, dass du vermutlich genauso handelst wie deine Mutter und denselben Schmerz und dieselbe Verwüstung anrichtest wie sie. Du erzeugst dasselbe Gefühl wie sie, handelst aber auf eine genau entgegengesetzte Weise.

Dein Mangel an Eigenverantwortung bringt dich in eine Position der Schwäche. Es gibt Bedürfnisse, die seit deiner Kindheit nicht erfüllt wurden. Es gibt eine Opfersituation und eine Abhängigkeit, mit denen du dich nicht befasst hast. Dein Ego überredet dich nur allzu oft dazu, den Schmerz durch Dissoziation abzuschneiden und unabhängig zu sein, um ihn zu kompensieren. Auf lange Sicht sind diese Abwehrmechanismen jedoch rein kosmetischer Natur. Sie verbergen das Problem und halten es aufrecht. Bedürfnis, Herzensbruch und Gefühle des Versagens warten nur auf die erstbeste Gelegenheit, um hervorzubrechen. Ist das der Fall, müssen wir hart arbeiten, um dieses hohe Maß an Dissoziation aufrechtzuerhalten. Wenn wir unabhängig sind, dann treiben wir uns meist entweder sehr stark oder praktisch gar nicht an, weil wir aufgegeben haben oder ausgebrannt sind.

Der Schmerz bestimmt nach wie vor unser Leben, und wir versuchen, unabhängig zu bleiben, um es zu verhindern. Es kann dir aber nur dann gelingen, den Schmerz auszusperren, wenn du vollkommen und manchmal sogar bis zu dem Punkt dissoziierst, an dem du dein Herz völlig verlierst. Du musst dein Herz wiedergewinnen, um zur wechselseitigen Abhängigkeit gelangen zu können, und du musst dich mit den alten Bedürfnissen, Herzensbrüchen und der alten Schuld auseinandergesetzt haben, die du in dich hineingestopft hast. Unabhängigkeit und Abhängigkeit müssen integriert werden, damit Ganzheit entstehen kann.

Indem du einem anderen Menschen die Schuld für dein Leben gibst, kannst du dich weiterhin verstecken und brauchst nicht als der vorzutreten, der du sein wolltest. Schuldzuweisungen verbergen deine eigene Schuld daran, dass du den Menschen, den du retten wolltest, nicht gerettet hast. Ironischerweise ist es genau der Mensch, dem du die Schuld gibst. Weil du ihn nicht gerettet hast, hast du seine Verletzung übernommen. Dein Ego hat dir den Vorschlag gemacht, ihn durch Aufopferung zu retten, was keinem von euch beiden geholfen hat. Deine Aufopferung hat dazu geführt, dass du dich völlig verausgabt hast und unabhängig geworden bist, während du zugleich in der Verletzung gefangen bleibst, die du übernommen hast. Ungeachtet dessen, wie die Sache für dich ausgegangen ist, bist du dazu verdammt, genau denselben Schmerz an deine Kinder, an deinen Partner oder an einen anderen dir nahestehenden Menschen weiterzugeben. In dem Maße, in dem du einen Groll hegst, leugnest du auch. Groll ist selbst eine Form der Leugnung, eine Weigerung, die Fülle der Wahrheit zu erkennen, in der sich der Groll auflöst.

Es ist an der Zeit, dass du dein Leben zurückgewinnst. Es ist an der Zeit, dass du deine Macht zurückgewinnst. Es ist an der Zeit, dass du deine Ausreden aufgibst. Es ist an der Zeit, dass du aufhörst, diesen Menschen als Ausrede zu benutzen. Gib deine Opferhaltung auf und gewinne deine Macht zurück. Wird dir nicht allmählich klar, dass du das alles als Verschwörung benutzt hast, weil du Angst vor deiner eigenen Macht hattest? Du hattest Angst vor deinen Gaben. Du hattest Angst vor deiner Aufgabe. Du hattest Angst vor dir selbst.

Mit deiner falschen Entscheidung hast du den Preis des Schmerzes bezahlt, um dich verstecken und gleichzeitig unabhängig sein zu können. Jetzt kannst du eine neue Entscheidung treffen. Du kannst deine Aufgabe bei diesem (oder diesen) Menschen zu Ende bringen. Beginne mit dem Menschen, mit dem das Muster angefangen hat. Gib die Geschichte auf, die du dein Leben lang über dieses Ereignis geschrieben hast. Sie hat dein Leben durch ein schmerzhaftes Muster geprägt. Die Gaben, die das frühe Trauma transformieren können, trägst du noch in dir. Der Himmel hält als Alternative zu deinem Trauma noch immer eine Gabe der Gnade für dich bereit. Das Geben dieser Gaben ist eine andere Form der Vergebung und eine Alternative zu deinem bisherigen Leben und deinem Schmerz. Die Verantwortung für dein Leben ist verbunden mit neuem Verstehen und einer neuen Fähigkeit, auf andere Menschen einzugehen.

Welche Seelengabe hast du mitgebracht, um diesen Menschen vor sich selbst zu retten? Die einzige Alternative zur Heilung liegt darin, seinen Schmerz zu übernehmen und Opfer zu sein.

Stell dir vor, dass du in die Zeit zurückkehrst, die dem schmerzhaften Ereignis unmittelbar vorangeht. Gehe zu dem Ort in deinem Geist, an dem deine Gaben dich als Potenzial erwarten. Du wirst viele tausend Türen sehen, die darauf warten, geöffnet zu werden. Eine der Türen wird leuchten. Öffne diese Tür. Nimm die Gabe an, und lass dich von ihr erfüllen. Empfange danach die Gabe, die der Himmel bereithält, um dir zu helfen, den betreffenden Menschen vor sich selbst zu retten. Erfahre diese *Gegenwart*, und teile dann alles mit dem Menschen, der deine Hilfe braucht. Dieses Hingeben ist eine Form der Vergebung, die deine verborgene Schuld dafür, dass du ihn nicht gerettet hast, ebenso heilt wie die unbewusste Schuld, die darunter verborgen liegt und die ein Selbstkonzept birgt, das verdrängt und nach außen projiziert wird. Tatsächlich wärest du ohne den Menschen, gegen den du den Groll gehegt hast, nicht so einfach imstande gewesen, deine verborgene Schuld aufzudecken und dich auf diese Weise von ihr zu befreien.

Die Gaben, die du geöffnet und empfangen hast, sind Gaben, die du für deine Lebensaufgabe brauchst. Weil du diesen Teil deines Auftrages erfüllt hast, gibt es niemanden, mit dem du sie nicht teilen kannst.

Heute ist der Tag, an dem du dein Leben zurückgewinnen kannst. Heute ist der Tag, an dem du einen Menschen nicht länger als Ausrede zu benutzen brauchst, um dich nicht zeigen zu müssen. Ein neues, erfüllteres Leben erwartet dich.

Lektion 51

Wenn es fehlt, bringe es ein

Ein Schlüssel zum Erfolg besteht darin, dass wir das, was in einer Situation fehlt, selbst einbringen. Es gibt keine Situation, für die wir keine Seelengabe besitzen. Selbst bei katastrophalen Ereignissen würde der Himmel uns mit den Wundern unterstützen, die wir brauchen, um ein Ereignis zu transformieren, wenn wir nur darum bitten würden. Wirf einen Blick auf deine Firma, deine berufliche Laufbahn oder dein Leben. Was fehlt darin? Statt zu klagen, anzugreifen oder dich zurückzuziehen, weil etwas fehlt, kannst du derjenige sein, der es einbringt.

Du bist der Außenwelt nicht auf Gedeih und Verderb ausgeliefert. Du bist nicht das Opfer der wirtschaftlichen Situation oder deines größten Konkurrenten. Du kannst das, was fehlt, selbst einbringen, weil es bereits in dir ist und nur darauf wartet, dass du es beisteuerst. Es gibt keine Situation, für die du nicht den Schlüssel besitzt, um sie zum Besseren zu verändern. Du hast ihn die ganze Zeit in dir getragen. Du hast diese Gabe für genau diese Situation mitgebracht.

Wenn du natürlich ein Problem suchst, das du als Ausrede benutzen kannst, um dich zu verstecken, aufzugeben oder getrennt zu sein, dann wirst du immer genügend davon finden. Wenn du aber wirklich Erfolg haben willst, dann kannst du ihn haben, weil du die dafür fehlende Voraussetzung selbst mitbringst. Ebenso hält auch der Himmel in jeder schwierigen Situation eine Gabe für dich bereit, indem er die Gnade einbringt, die dich befreit und voranbringt. Zu viele Menschen versuchen in beruflicher Hinsicht auf eine unabhängige und dissoziative Weise alles aus eigener Kraft zu schaffen, arbeiten hart und erschöpfen sowohl sich selbst als auch ihre Mittel. Deine Gabe und die Gabe des Himmels verbinden dich auf eine produktive Weise mit anderen Menschen und mit der Situation.

Aller Groll und alle Klagen aus der Vergangenheit, die du in Bezug darauf hast, was dir gefehlt hat oder auf welche Weise du zum Opfer gemacht wurdest, sind bloße Ausreden. Du trägst die Seelengabe in dir, um die Situation zu transformieren, und sie wartet darauf, dass du dir ihrer bewusst wirst und sie öffnest. Sie wartet noch immer. Dein alter Groll und deine alten Klagen sind Teil eines Musters, das immer noch dafür sorgt, dass du Niederlagen erleidest. Der Himmel weiß die Antwort darauf, und du weißt sie auch. Du hast sie immer gewusst, aber aus irgendwelchen falschen Gründen hast du dich davor gefürchtet, erfolgreich zu sein. Nun kannst du die Gaben und den Erfolg einlassen. Die Angriffsgedanken, die du dadurch, dass du in diese Falle geraten bist, zu einem festen Bestandteil deines Lebens gemacht hast, mögen mit einer Opfersituation begonnen haben. Die Opfersituation war aber nur ein Mittel, um wichtige Menschen in deinem Leben anzugreifen, während du vermeintlich derjenige warst, der angegriffen wurde. Nun kannst du diese Muster des Angriffs und des Selbstangriffs gegen Liebe und Erfolg eintauschen.

In deinem Geist findest du viele tausend Türen, hinter denen sich deine Gaben als Potenziale verbergen. Öffne die Tür, die leuchtet, weil du dahinter die Seelengabe für diese Situation finden wirst. Es ist die Gabe, die genau die Situation zu transformieren vermag, an der du gerade arbeitest. Lass zu, dass diese Gabe erst dich und dann die Situation durchströmt. Teile sie mit allen Menschen, die an der Situation beteiligt waren. Öffne dich dann, um die Gabe des Himmels zu empfangen. Lass zu, dass sie erst dich und dann die Situation erfüllt. Teile sie mit allen Menschen, die an der Situation beteiligt sind. Kehre zu Zeiten in deinem Leben zurück, in denen Traumata selbstschädigende Muster in Gang gesetzt haben, und wiederhole diese Übung an einem Punkt, der dem traumatischen Ereignis unmittelbar vorangeht, um ihm zuvorzukommen. Wiederhole die Übung jeden Abend und jeden Morgen mit schmerzhaften Ereignissen, die dir in den Sinn kommen.

Lektion 52

Nur du

Als ich über die größten Verluste in meinem Leben nachgedacht habe, habe ich etwas über mich selbst herausgefunden. Der größte, bei weitem aber nicht der einzige Verlust, den ich erlitten habe, war der Verlust einer glücklichen Familie in der Kindheit. Ihm folgte mein erster großer Herzensbruch in Beziehungen, der auch keine einmalige Erfahrung blieb. Als ich auf diese Verluste, meine achtunddreißigjährige Arbeit auf dem Gebiet der Heilung und meine eigene, ganz persönliche Heilungsarbeit zurückblickte, da erkannte ich, dass ich diese größten Verluste in meinem Leben selbst eingefädelt hatte für etwas, von dem ich glaubte, es würde mich glücklich machen, nämlich Kontrolle, die Dinge auf meine Weise tun, Verstecken und Unabhängigkeit. Es zeigte sich, dass alle diese Dinge große Fehler waren. Auch in meiner beruflichen Arbeit und während meiner Erforschung des Unterbewusstseins zeigte sich immer wieder, dass diese Verluste und Niederlagen – ob im Geschäftsleben, im Beruf oder in Beziehungen – selbst eingefädelt waren.

> „Nur du kannst dir etwas entziehen."
> *EIN KURS IN WUNDERN*

Während meiner Arbeit mit Klienten und unserer gemeinsamen Erforschung des Unterbewusstseins habe ich immer wieder festgestellt, dass dieser Satz der Wahrheit entspricht. Alle diese Verluste, Niederlagen und Misserfolge haben selbstzerstörerische Muster in Gang gesetzt. Jetzt kannst du Frühjahrsputz halten und dich von allen diesen Mustern befreien, indem du deinen größten Schmerz und deine schwersten Niederlagen einer Prüfung unterziehst. Es versteht sich von selbst, dass du diese Niederlagen nicht bewusst gewollt hast, aber welche heimliche Belohnung wolltest du bekommen, indem du dafür gesorgt hast, dass diese Dinge geschehen? Wenn du herausfindest, wofür du bereit warst, „den Preis des Schmerzes" zu zahlen, dann kannst du es berichtigen und eine bewusstere Entscheidung treffen.

Die negativen Selbstkonzepte, deren Ursprung in dieser Zeit liegt, kannst du zu ihrer reinen Energie schmelzen und deinen Frieden und deine Ganzheit damit mehren.

Wolltest du unabhängig sein, oder wolltest du ein Bedürfnis erfüllt bekommen? Wolltest du dich aufopfern, um einen anderen Menschen zu retten, oder wolltest du dich verstecken? Wolltest du vielleicht beides? Hast du versucht, die Kontrolle zu erlangen, deinen eigenen Kopf durchzusetzen oder Recht zu haben? Hast du dich an jemandem gerächt, dich versteckt oder versucht, irgendeine Angst zu schützen? Hast du versucht, eine Schuld zu tilgen, oder hast du versucht, vor deiner Aufgabe zu fliehen? Hast du dich selbst, jemand anderen oder Gott angegriffen?

Triff eine neue Entscheidung. Was willst du wirklich? Was ist die Wahrheit? Was kann dich auf eine neue Stufe des Erfolges und der Nähe führen? Wenn du das, was du versteckt hast, zutage förderst, ermächtigst du dich selbst, ein neues Kapitel in deinem Leben zu beginnen. Du lernst, dass du nicht schuldig bist und dass andere Menschen nicht schuldig sind, dass du aber verantwortlich bist, und das gibt dir die Möglichkeit, die Dinge jetzt zu ändern. Jeder Schmerz aus der Vergangenheit zeigt, wo du einen Fehler gemacht hast, den du jetzt berichtigen kannst. Jeder Schmerz aus der Vergangenheit wirkt sich nach wie vor negativ auf dich aus, aber du kannst die Vergangenheit in der Gegenwart heilen. Jetzt ist die Zeit gekommen, um deine Macht und auch dein Leben zurückzugewinnen.

Lektion 53

Die Gruppe

Die Gruppe war zusammengekommen, um sich mit ihren Misserfolgen und ihren chronischen Problemen auseinanderzusetzen. Alle waren engagierte Heiler und mit dem Modell der *Psychology of Vision* vertraut. Es würde daher weder „Schattenboxen" noch „Gefangene" geben. Die Gruppe bestand aus höchst engagierten Lehrern und Trainern, die über das hinausgelangen wollten, was sie zurückhielt. Als Moderator der Gruppe fragte ich alle Teilnehmer, in welchem Bereich ihrer Auffassung nach ihre Misserfolge lagen. Ein halbes Dutzend nannte finanzielle Probleme, nicht ganz so viele sprachen von gesundheitlichen Dingen. Ebenso genannt wurden Probleme in Beruf, Beziehungen und Kindererziehung.

Dann bat ich die Mitglieder der Gruppe, sich vorzustellen, dass ihre chronischen Probleme einen Aspekt der Widerborstigkeit verbargen, der sogar so weit gehen konnte, dass sie eine *Geschichte der Widerborstigkeit* schrieben. Diese kühne Behauptung rief etliche „Ohs" und „Ahs" hervor. Ich unterstellte außerdem, dass dies eine der wenigen Möglichkeiten war, wie eine Gruppe so aufrichtiger, hilfsbereiter und positiv eingestellter Heiler ihre Negativität unter dem Widerstand verstecken konnte, den solche Probleme verbergen.

Ich sprach darüber, dass Gott in *Ein Kurs in Wundern* als derjenige beschrieben wird, der „allen alles gibt", und dass alles andere nur unsere Art und Weise ist, gegen Gott zu kämpfen und die Trennung aufrechtzuerhalten. Würden wir Gottes ganze Fülle jedoch annehmen, dann würden wir uns vor der unentrinnbaren Anziehungskraft seiner Liebe fürchten, die uns aus der Trennung heraus- und in die Liebe hineinziehen würde. Würden wir alle guten Dinge annehmen, dann würden wir unser Ego – das Prinzip der Trennung – aufgeben und unser Einssein verwirklichen.

Ich bat eine Teilnehmerin, als Fokusperson für die ganze Gruppe zu agieren. Das bedeutete, dass alles, was die Fokusperson sagte, das Bewusstsein der ganzen Gruppe widerspiegelte. Ich sprach noch einmal darüber, dass jeder in der Gruppe durch seine Arbeit ein Heiler und ein Führer der *Ein-*

beziehung war. Sie alle halfen Menschen, sich selbst nicht nur bei anderen Menschen, sondern auch persönlich in ihr eigenes Leben einzubeziehen. Also würden sie diesen Ort der Widerborstigkeit, den sie in sich trugen, weiterhin verurteilen, abspalten, verstecken und auf ihre Umgebung projizieren, sodass eine Schattenfigur entstand, die aus der Trennung hervorging, nämlich die Schattenfigur des *Außenseiters*. Ich fragte Marnie, unsere Fokusperson, wie viele Schattenfiguren des *Außenseiters* sie in sich vergraben hatte.

„Vierundvierzig", erwiderte sie.

Ich bat Marnie, alle diese Schattenfiguren in einer Reihe vor sich aufzustellen und einer Prüfung zu unterziehen. Dann forderte ich sie auf, sie zu einem einzigen großen „Außenseiter" zu integrieren. Anschließend zeigte ich ihr, dass die Gestalt nicht massiv war, sondern ein dreidimensionales Hologramm darstellte. Unser Ego benutzt dieses Hologramm, um eine Pforte zu verbergen, die zu dem Teil unseres Bewusstseins führt, den wir durch die Trennung von unserem Selbst verloren haben. Ich bat Marnie, in das Hologramm des Außenseiters einzutreten, die Pforte zu sehen und hindurchzugehen. Sie gelangte an einen Ort, der einem Paradies glich, und war sehr glücklich, dass sie diesen Teil ihrer selbst so mühelos zurückgewinnen konnte.

Anschließend fragte ich sie, wie viele *Geschichten der Widerborstigkeit* ihr Leben durch Muster prägten, und sie sagte: „Neunundsiebzig."

Ich fragte sie, worin ihre Belohnung dafür bestand, dass sie so viele *Geschichten der Widerborstigkeit* hatte. Sie antwortete, dass sie alle Negativität hatte unterdrücken müssen, als sie im Alter von drei Jahren die Rolle des braven Mädchens übernommen hatte. Sie sagte, dass sie seit dieser Zeit eine vorbildliche Tochter, Studentin, Ehefrau und Therapeutin gewesen sei, dass der Widerstand sich aber in Form von Problemen gezeigt habe, die ihr, ihrem Mann und ihren Kindern zu schaffen machten. Ich arbeitete mit Marnie daran, die Spaltung zu heilen, die im Alter von drei Jahren geschehen war, damit sie nicht einerseits die Rolle des braven Mädchen spielen musste, während sie auf der anderen Seite große Probleme hatte. Marnie konnte erkennen, dass sie diese Bewusstseinsspaltung in positiv und negativ benutzte, weil sie sich vor ihrer Macht und ihrer Aufgabe gefürchtet hatte. Die Spaltung hatte es so aussehen lassen, als würde sie ihre Lebensaufgabe erfüllen. Weil sie aber eine Rolle war, die Marnie benutzte, um ihre Negativität zu verstecken, trug sie nicht den Fluss und die natürliche Belohnung in sich, die normalerweise mit einer so positiven Einstellung einhergehen. Marnie dachte über die Probleme in ihrem Leben nach und erkannte, dass sie das Selbst, das sie im Alter von drei Jahren erfunden hatte, als große Bürde auf ihren Schultern trug. Sie integrierte beide Seiten der Spaltung und verpflichtete sich dem goldenen Kind, das sie gewesen war, ehe sie einen Teil ihrer selbst abgespalten hatte.

Alle in der Gruppe taten es Marnie gleich und vollzogen die Integration und die Verpflichtung nach. Alle waren dazu bereit, das, was sie als ihr Selbst aufgebaut hatten, loszulassen im Austausch gegen das, was sie zurückgewinnen konnten. Als Marnie ihr erfundenes Selbst mit ihrer Negativität integrierte, hatte sie das Gefühl, nun ihr goldenes Kind umarmen zu können. Marnie sagte, sie habe das Gefühl, golden zu sein, und die Atmosphäre in der Gruppe veränderte sich grundlegend in ein Gefühl von Freiheit und Fluss.

Wärest du bereit, alle Schichten des Konflikts zwischen deinen Rollen des guten und hart arbeitenden Menschen und deiner Negativität sowie deinen *Geschichten der Widerborstigkeit* zu verschmelzen? Lass das gute, hart arbeitende Selbst, das du dir dein ganzes Leben lang immer wieder beweisen wolltest, zusammen mit allen Gefühlen der Schuld, des Versagens und der Unwürdigkeit los, und umarme das goldene Kind, das du mit drei Jahren preisgegeben hast. Nimm diese goldene Energie wieder in dich auf und verpflichte dich dazu, dich rückhaltlos zu geben. Die verdrängte Spaltung deines Bewusstseins, die zu deinen Hindernissen wird, kannst du nur dadurch verringern, dass du authentisch bist. Den natürlichen Lohn für das, was du gibst, kannst du nur dadurch empfangen, dass du dein wahres Du bist. Das goldene Kind empfängt den Lohn nicht für das, was du tust, sondern für das, was du als Kind Gottes bist.

Lektion 54

Die Kommunikationsstrategie des netten Typen

Nette Typen hassen es, der „Bösewicht" zu sein. Nette Typen hassen es, der harte Typ zu sein. Sie scherzen, wenn sie reden, und verstecken ihre Botschaft. Wenn sie die Botschaft überbringen, sagen sie: „Mach dir deshalb nur keine Sorgen." Sie wollen keine klare Sprache sprechen, und deshalb müssen sie ihre Botschaft dauernd wiederholen, bis jemand sie – wenn überhaupt – versteht. Durch ihr hohes Maß an Aufopferung sind sie schließlich ausgebrannt und haben das Gefühl, dass sie einmal zu oft ausgenutzt wurden. Dann ziehen sie sich entweder zurück oder sind dem betreffenden Menschen gegenüber hart und ungeduldig, während sie gegenüber dem Rest der Welt die Haltung des netten Typen bewahren. Nette Typen haben den Führungsstil, der andere Menschen inspiriert, aber nur so lange funktioniert, bis Mängel oder Fehler auftreten, mit denen es sich zu befassen gilt. Ein Führer, der klare Worte findet und Leistung fordert, ist dann weitaus effektiver.

Die Kommunikationsstrategie des netten Typen funktioniert nicht. Auf der anderen Seite kann jemand, der klare Worte findet, andere Menschen mit seiner Art aber auch verletzen, insbesondere dann, wenn er sich der Gefühle desjenigen, mit dem er spricht, nicht bewusst ist. Natürlich muss eine Arbeit manchmal unter allen Umständen und trotz der Tatsache erledigt werden, dass der Angesprochene verletzte Gefühle als Abwehr benutzt, um Dinge nicht zu hören, die er nicht hören will. Dann kann nur ein netter Typ dafür sorgen, dass es funktioniert, ohne dass jemand verletzt wird. Dem netten Typen hört man immer noch nicht besonders gut zu, aber er wird gehört, ohne dass Verletzung und spätere Rache daraus entstehen.

Ein „netter Typ" ist in hohem Maße von Verschmelzung geprägt. Verschmelzung zeigt, wo jemand seine Grenzen verloren hat. Dies geschieht meist in der Kindheit, weil das Kind in eine Verschwörung der Aufopferung und eine Familienverschwörung gerät und mit einem oder beiden Elternteilen verschmilzt. Diese Verschwörungen sind derart verwickelt, dass es kaum jemandem gelingt, sich daraus zu befreien, wenn er sich nicht bewusst dafür entscheidet. Dadurch sitzen „nette Typen" in einer Falle fest, in der sie das Gefühl haben, ständig ausgenutzt zu werden, weil sie nicht für sich selbst sprechen können. Das führt dazu, dass sie sich entweder beklagen oder so tun, als sei alles in Ordnung, während auf das eigentliche Problem nicht eingegangen wird. „Netten Typen" fehlt es an Mut, wenn es darum geht, über ihre Gefühle zu sprechen. Ist der nette Typ ein Mann, hat er gleich zwei Treffer gegen sich, wenn es um Kommunikation geht, weil Männer nicht gut und nette Typen noch weniger gut darin sind.

Der beste Rat, den ich einem „netten Typen" geben kann, ist, dass er sich dazu verpflichtet, echte Kommunikation zu lernen. Dauerhafte Verpflichtung öffnet dich dafür, dich anderen Menschen auf immer tieferen Ebenen mitzuteilen. Das hat zur Folge, dass du immer mehr darüber sprichst, wie du dich fühlst, weil du lernst, deine Gefühle immer mehr anzunehmen. Durch dauerhafte Verpflichtung gewinnst du Anteile deiner selbst zurück, die du vor Jahren verloren hast. Das schenkt dir mehr Mut, mehr Offenheit und mehr Klarheit. Verpflichtung beendet allmählich die Verschwörung der Aufopferung, die Familienverschwörung und die Verschwörung der Verschmelzung, die deine Grenzen verwischt haben. Diese Verschwörungen halten dich in Rollen fest, in denen du viel für andere Menschen tust, während du dich selbst immer noch zurückhältst. Verpflichtung bringt dagegen Partnerschaft und Authentizität in die Familie hinein, wo es vorher nur Rollen gab. Partnerschaft und Verbundenheit werden allmählich wiederhergestellt, und Kommunikation wird die Brücke, die Verbundenheit ermöglicht.

Die Entscheidung, dich durch Selbstverpflichtung rückhaltlos zu geben, erfordert lediglich die Motivation, es zu tun. Das bringt dich zu der Erkenntnis, wie wichtig es ist, dich selbst einzubeziehen, denn nur auf diese Weise ist es möglich, zur Partnerschaft zu gelangen. Sich selbst einzubeziehen fällt dem netten Typen am schwersten, denn er hat sich sein ganzes Leben lang aufgeopfert und die Rolle des netten Typen gespielt. Deshalb bezieht er sich selbst nicht ein. Die Verpflichtung zur Selbsteinbeziehung ist eine schnelle Möglichkeit, über diese Fallen hinauszugelangen, die dich von Erfolg und echter Partnerschaft fernhalten. Verpflichtung ist ein müheloser Weg, zur Partnerschaft zu gelangen, während du gleichzeitig die Verschwörungen der Rollen, der Aufopferung und der Verschmelzung sowie ihre Fallen überwindest.

Der einzige noch mühelosere Weg besteht darin, deine gesamte Verschmelzung, deine Familienverschwörung und deine Verschwörung der Aufopferung dem Himmel zu übergeben, damit er sie für dich auflöst. Du erkennst, dass diese Fallen nie der Wille des Himmels für dich waren und dass der Himmel einen anderen, glücklicheren Willen für dich hat. Richte dich auf den Willen des Himmels aus, und bitte darum, dass er alle diese Dinge für dich auflösen möge, damit du die Menschen wissen lassen kannst, wie du dich fühlst. Dann kannst du heil werden, dich mit anderen Menschen verbinden und in Kommunikation, Partnerschaft und Liebe vorangehen.

Lektion 55

Woher kommen die vielen Fallen?

Ich habe mein ganzes Berufsleben damit verbracht, emotionale, psychologische und spirituelle Fallen zu durchleuchten, um einen Weg zu finden, der aus dem Leiden herausführt. In diesen nunmehr achtunddreißig Jahren sind mir einige Dinge aufgefallen. Die meisten Menschen fürchten sich vor sich selbst, vor ihrer eigenen Größe und vor dem heiligen Versprechen, das sie gegeben haben, einen Beitrag zum Wohlergehen der Erde zu leisten. Die meisten Menschen haben Gott und ihr geistiges Vermächtnis vergessen. Sie finden die richtigen Worte, aber sie leben, als gäbe es keinen Gott. Und die Fallen! *Wir* häufen viele Fallen übereinander, weil wir uns vor guten Dingen mehr fürchten als vor schlechten, auch wenn wir sehr hart arbeiten, um Dinge wie Erfolg und Nähe zu erlangen. Die Fallen, die wir aufstellen, sollen uns abschrecken oder aufhalten, und sie sind ein Missbrauch unserer kreativen Energie.

Es ist an der Zeit, dass wir unsere Angst vor Wahrheit, unsere Angst vor Gnade, unsere Angst vor einem guten Leben und unsere Angst vor Gott aufgeben. Die meisten Menschen investieren in ihr Ego, das ihnen unzählige Fallen verkauft. Doch auch wenn diese Fallen alle selbstgemacht sind, müssen wir sie nicht unbedingt aus eigener Kraft bekämpfen oder selbst überwinden. Je früher wir erkennen, dass wir angesichts der Komplexität und der großen Zahl der Fallen hilflos sind, umso früher geben wir auf und bitten um Gnade. Umso früher geben wir auch die Beratungsgesellschaft auf, der das Ego vorsteht, weil sie uns schlecht berät, und wenden uns dem Himmel und unserem eigenen höheren Bewusstsein zu. Als Antwort auf die Kalamitäten, in die wir uns selbst gebracht haben, hält der Himmel sowohl Liebe als auch Wunder für uns bereit. Er will nur das Beste für uns, weil wir Gottes Kinder sind.

Was willst du wirklich? Du kannst die Fallen haben, wenn du sie wirklich willst, oder du kannst das *süße Leben* haben. So oder so aber bist du derjenige, der die Wahl trifft.

Wähle klug, und tu es nicht zuletzt in deinem ureigenen Interesse.

Lektion 56

Der Punkt, an dem es kein Zurück mehr gibt

D as Gefühl fing während einer Coaching-Sitzung kurz vor dem Workshop an und reifte in mir wie eine Wassermelone, die kurz davor ist,
in der Julisonne aufzubrechen. Das Paar hatte sich heftig gestritten, und
die Situation war ernst. Sie waren an einem Punkt angelangt, an dem es
weder vor- noch zurückging. Jeder der beiden führte ein Argument an,
das eine Einigung unmöglich machte. „Weshalb sollen wir weitermachen,
wenn du mir nicht vertraust?" „Wenn du von mir erwartest, unter diesen
Bedingungen zu leben, dann empfindest du absolut nichts für mich." Und
so ging es immer weiter … Ich erklärte ihnen, dass ihre einzige Hoffnung
darin bestünde, über alle Forderungen hinaus an einen Punkt zu gelangen,
an dem sie eine Antwort finden konnten, die beide heilen, befriedigen und
auf eine neue Stufe der Partnerschaft führen würde. Wenn beide jedoch auf
ihren Forderungen beharrten, die auf ihren Anhaftungen beruhten, würden
sie scheitern und untergehen. Wenn sie aber genug Vertrauen aufbringen
konnten, um zum nächsten Schritt zu gelangen, würde eine Integration ihrer
beiden Wege stattfinden. Wenn sie sich nicht dafür entschieden, gemeinsam
weiterzugehen, würden ihre beiden wunderbaren Kinder, ein Mädchen und
ein Junge, darunter leiden, und ihre Firma würde zerbrechen. Um ihnen zu
helfen, zeigte ich ihnen den Weg, indem ich gemeinsam mit ihnen tatsächlich
den inneren Schritt ging, *alle Anhaftungen loszulassen*. Das setzte bei mir
einen machtvollen inneren Prozess in Gang.

Als wenige Minuten danach der letzte Tag des Workshops begann, erkannte ich, dass ich an einem Punkt angekommen war, an dem es kein
Zurück mehr gab. Es war ein Ort, an dem ich nicht mehr zu meinem alten
Leben zurückkehren konnte, den Weg voran aber nicht kannte. Also gab ich
alles auf. Ich legte meine Familie, meine Arbeit, mein Schreiben und meine
Lebensweise in die Hände des Himmels. Alles, was ich zu wissen glaubte,
bot ich dem Himmel dar.

„Ich weiß nichts. Weise mir den Weg. Ich weiß nicht, was das Beste für
mich ist. Weise mir den Weg. Ich weiß nicht, welche Aufgabe du mir zuge-

dacht hast. Weise mir den Weg. Ich biete alles dar. Zeige mir, was ich tun, sagen oder sein soll."

Weil ich für den nächsten Schritt alles gewagt hatte, war mein Herz weit offen. Es gab nichts zu tun, als den Weg voran zu erspüren und dem Prozess der Entfaltung zu folgen. Ich gab die Kontrolle über mein Leben auf. Ich gab „meinen Weg" auf und bat darum, dass mir der Weg des Himmels gezeigt werden möge. Überraschenderweise hat sich bisher – bis auf eine Offenherzigkeit und eine Freiheit, von denen mir nicht bewusst gewesen war, dass sie gefehlt hatten – kaum etwas geändert. Ich habe das Gefühl, dass eine Last von meinen Schultern genommen worden ist. Nun warte ich auf Aufgaben, warte auf Anweisungen. Bis ich sie erhalte, werde ich das tun, wozu ich mich berufen fühle.

Wenn du nicht umkehren kannst und die Gegenwart zu schmerzhaft erscheint, um weiterzugehen, dann kann es sein, dass du an einem Punkt angekommen bist, an dem es kein Zurück mehr gibt. Setze daher alles auf eine Karte. Wage alles. Gib jede Anhaftung auf und schaue, was zu dir zurückkehrt. Halte nichts zurück. Biete alles dar. Das, was zurückkehrt, ist der Weg voran. Vertraust du darauf, dass Gott besser als du selbst weiß, was wahr und glücklich für dich ist? Bitte darum, dass dir der Weg gezeigt werden möge. Lass deine Anhaftungen los. Wenn sie zurückgegeben werden, wird es mit einem höheren Maß an Verbundenheit geschehen. Ich hoffe, dass es dir gelingen wird, deinen Weg aufzugeben zugunsten des Weges, auf dem es weder Kampf noch Konflikt gibt. Glück und Freiheit erwarten dich. Es wird nicht dein Weg sein, denn wenn er es wäre, dann wärest du schon längst dort angelangt. Du allein kannst das, woran du anhaftest, auf eine Weise aufgeben, die es dir ermöglicht, die Segnungen des Glücks und des Erfolges, die dir angeboten werden, zu empfangen.

Lektion 57

Wie das Ego Aufopferung benutzt

Aufopferung ist ein Thema, mit dem ich mich seit Jahrzehnten befasse. Ich habe in dieser Disziplin sogar an den Olympischen Spielen teilgenommen und die Goldmedaille gewonnen. Ich empfehle diese Methode nicht, aber sie hat mich dazu motiviert, einen Ausweg zu finden.

Mir war von Anfang an klar, dass wir Aufopferung als Kompensation für Gefühle der Schuld und der Unwürdigkeit benutzen und dass sie ein Versuch ist, sich in einer Beziehung unentbehrlich zu machen. Aufopferung ist aber auch das, was Leblosigkeit in Beziehungen entstehen lässt, weil sie dafür sorgt, dass eine Rolle zwischen uns und unserem Partner steht.

Es gibt abhängige Aufopferer, die glauben, ihr eigenes „Selbst" sei nicht gut genug. Sie opfern sich auf, versuchen aber, das „Selbst" des anderen Menschen für ihr eigenes Wohlbefinden zu benutzen.

Es gibt auch die unabhängigen Aufopferer, die glauben, ihren bedürftigen Partner tragen zu müssen. Ihr bedürftiger Partner zeigt ihnen ihre eigenen bedürftigen Anteile, die sie dissoziiert haben. Würden sie eine Partnerschaft mit ihrem Partner eingehen und sich ihm verpflichten, statt sich aufzuopfern, indem sie ihn tragen, würden sie damit die Bedürftigkeit heilen, die in ihnen selbst verborgen liegt. Aufopferung ist eine Abwehr, die nie wirklich funktioniert. Sie führt zum Untergang statt zum Erfolg. Sie bewirkt, dass wir nicht empfangen können, und führt deshalb zum Burnout.

Je länger ich mich mit Aufopferung befasste, umso klarer erkannte ich, dass sie eine der drei großen Rollen ist, die wir benutzen, um Traumata und den Verlust unserer Verbundenheit zu kompensieren. Das Maß unserer Unabhängigkeit oder Abhängigkeit entspricht dem Maß, in dem wir uns insgeheim aufopfern. Im Gegenzug entspricht das Maß, in dem wir uns aufopfern, dem Maß an Unabhängigkeit und Bedürftigkeit, das sich unter der Rolle der Aufopferung verbirgt. Diese drei Rollen erzeugen folglich nicht nur einen Teufelskreis, sondern einen regelrechten Brandungsrückstrom, sodass es kaum denkbar scheint, dass wir es schaffen können, die Abwehrmechanismen zu überwinden, um das tiefe Trauma zu heilen, das die Wurzel unseres selbstschädigenden Musters ist.

Jede Rolle, ganz gleich, worin sie besteht, ist eine Aufopferung und eine Abwehr gegen Gefühle des Versagens, der Schuld und der Wertlosigkeit. Rollen beruhen auf Pflichten oder dem Gefühl, „etwas tun zu müssen", statt auf wahrem Geben. Etwas zu tun, weil wir glauben, dass wir es aus einer Rolle oder einem Gefühl der Pflicht heraus tun „sollten", statt uns authentisch dafür zu entscheiden, es zu tun, verhindert, dass wir empfangen können.

Aufopferung ist die entscheidende Dynamik aller Rollen. Dein Handeln entspringt harter Arbeit, aber es wird nicht belohnt. Aufopferung führt zu Leblosigkeit im Leben, im Beruf und in Beziehungen. Sie ist die Hauptursache für Burnout und die zweitwichtigste Ursache von Stress.

Danach habe ich mich mit Aufopferung als der Hauptdynamik von Familienrollen befasst, die zur Familienverschwörung führen. Die Familienverschwörung ist die größte Verschwörung, die wir benutzen, um uns selbst eine Falle zu stellen. Alle Familienrollen sind Formen der Aufopferung, die Schuld kompensieren. Fast alle Familiendynamiken drehen sich um Aufopferung, denn sie verschafft uns die Möglichkeit, uns vor unserer Lebensaufgabe zu verstecken, die auch die scheinbar unlösbare Aufgabe einschließt, unsere Familie zu retten. Daraus entstehen die unterbewussten Muster der Schuld und des Versagens, die uns in Dissoziation und Überarbeitung festhalten. Aufopferung ist ein Spiel, bei dem einer gewinnt und der andere verliert. In Wirklichkeit beruht sie auf Konkurrenz, die darauf abzielt, jetzt zu verlieren, um später zu gewinnen. Aufopferung will sich unentbehrlich machen, sorgt tatsächlich aber dafür, dass das Selbstwertgefühl noch weiter abnimmt. Aufopferung verwickelt uns in den Teufelskreis von Überlegenheit und Unterlegenheit, und sie verbirgt Urteil, moralische Überlegenheit und das Gefühl, besser als andere Menschen zu sein.

Das nächste Stadium meiner Arbeit auf dem Gebiet der Aufopferung brachte mich zu der Art und Weise, in der wir Aufopferung und die Familienverschwörung benutzen, um unsere Größe und unsere Lebensaufgabe zu verstecken. Ich erkannte, dass das ursprüngliche Trauma, das wir benutzt haben, um die Aufopferung auf uns zu nehmen und uns zu verstecken, nicht nur unsere Lebensaufgabe abwehren sollte, sondern auch unsere Bestimmung und die Meisterschaft, die wir in diesem Leben durch den goldenen Glanz unseres *Seins* verkörpern wollten. Dieses Selbst erkennt, dass es alle guten Dinge verdient hat. Dieses Selbst erkennt, dass alles, was nicht der Himmel, Gott und Gnade ist, eine Illusion und eine Falle ist. Das alles haben wir aufgegeben, um Aufopferung als Verschwörung zu benutzen, die uns die Möglichkeit gibt, uns zu verstecken, gegen Gott und unser wahres Selbst zu kämpfen und in einer Welt der Trennung zu leben. Dieses wahre Selbst – der Meister – ist ein Meilenstein auf dem Weg zurück zu unserem Selbst als reines *Sein* und reiner Geist.

Schließlich erkannte ich, dass Aufopferung ein Angriff auf wichtige Menschen, uns selbst und Gott ist. Sie ist eine Verzögerungstaktik, die Rollen und Entbehrung benutzt, um uns zurückzuhalten und um unser Ego und die Welt so aufrechtzuerhalten, wie wir sie geschaffen haben.

Wenn wir Aufopferung als eine Lebenseinstellung, die unseren Erfolg blockiert, vollkommen aufgeben können, dann gewinnen wir das von Leichtigkeit, Fülle, Liebe und Erfolg erfüllte Leben zurück, das uns auf unserem Weg zum Erwachen als reiner Geist und zu den Feldern des reinen Lichts, das unser *Sein* im *Höchsten Sein* ist, zugedacht war.

Verpflichte dich, deine Aufopferung und ihren Mangel an Einbeziehung zu heilen. Werde dir deiner *Geschichten der Aufopferung* ebenso bewusst wie der Schattenfiguren, der Götzen und der Verschwörungen des Aufopferers, die du hast. Finde heraus, wo du gibst, aber nicht empfängst, denn dort hast du eine Rolle angenommen und opferst dich auf. Du kannst dich dafür entscheiden, die Rolle mit der Emotion zu integrieren, die darunter verborgen liegt und die in Bedürfnis, Angst, Schuld oder Unwürdigkeit bestehen kann. Das macht dich frei für Partnerschaft und Erfolg. Keiner außer dir selbst verlangt, dass du dich aufopferst. Der Himmel will Lehrer und glückliche Vorbilder anstelle von Aufopferern und Märtyrern.

Lass deine Aufopferung los. Lege alle deine *Geschichten der Aufopferung*, deine Verschwörungen, Götzen und Schatten in Gottes Hände, und empfange erwartungsvoll das, was dir an ihrer Stelle gegeben wird.

Lektion 58

Der Kern der Sache

Stu war Geschäftsmann und ein sehr guter noch dazu. Er war glücklich, weil der Workshop für ihn sehr gut gelaufen war. Er sagte, er habe alle seine Ziele in den zehn Tagen erreicht. Stu wurde nochmals als Fokusperson gezogen, und zwar als diejenige, die für Ganzherzigkeit steht. Als ich ihn fragte, wie es ihm gehe, plauderte er vollkommen gelöst mit mir. Ich ließ ihn ausreden und erwiderte dann, dass sein Tonfall mir nicht nur sagte, dass er sich mit keiner größeren Sache auseinandersetzen würde, sondern dass das, was er sagte und wie er es sagte, außerdem nichts offen ließ, an dem wir hätten arbeiten können. Ich ließ die Bemerkung fallen, dass er, wenn sein ruhiges Verhalten eine Abwehr war, wirklich große Angst spüren musste.

Das brachte unser Gespräch ein wenig in Gang, aber Stu wollte trotzdem nichts einfallen, dessentwegen er hätte frustriert sein können. Ich fragte, was er zu verlieren fürchtete, weil Angst stets eine Angst vor Verlust ist, aber Stu hatte immer noch keine Ahnung. Ich hörte, wie einer meiner Freunde, auch Arzt, sich im Hintergrund räusperte. Ich bat ihn, zu einem freundschaftlichen Beratungsgespräch nach vorne zu kommen, da ich wusste, dass er erkannt hatte, was bei Stu vor sich ging.

Als mein Freund sich zu uns gesellt hatte, fragte ich ihn, was Stu zu verlieren fürchtete, und er erwiderte: „Er hat Angst vor genau derselben Sache, vor der ich auch Angst habe. Es ist die Angst, das Selbst zu verlieren, das er sein ganzes Leben lang aufgebaut hat." Das stieß auf Resonanz, und zwar nicht nur bei Stu, sondern bei allen Teilnehmern des Workshops. Wir hatten den Workshop damit zugebracht, spiralförmig immer weiter hinabzusteigen und die Tiefen unserer Fallen in diesem Leben zu klären. Zuerst hatten wir uns mit alten Herzensbrüchen, Konkurrenz und Schuld befasst. Dann hatten wir Familienrollen und Aufopferung durchleuchtet, die als Verschwörung unsere Lebensaufgabe und unsere Bestimmung blockieren. Nun waren wir allem Anschein nach ganz unten bei unserer Kerndynamik angekommen, in der wir unser wahres Wesen für ein Selbst aufgeben, das aus Selbstkonzepten besteht, die unser Ego erschaffen und zugleich von ihm erschaffen werden. Das Beste an unserem Gespräch aber kam jetzt. Es war die Beleuchtung des ersten Traumas, das unser Lebensmuster festlegt. Es ging um Angriff als Kernthema und um den Angriff, der sich unter dem Trauma verbirgt und von unserer Opferrolle herrührt. Er hat unser zentrales Trauma in Gang gesetzt, das erst an unseren Autoritätskonflikt und dann an einen Unterwerfungskomplex gebunden war, damit wir die Vergeltung nicht erleiden mussten, die mit einem Autoritätskonflikt einhergeht. Daraus entstand die Verschwörung aus Autoritätskonflikt und Unterwerfung, die unser Leben in der Folge durch Muster des Urteils, der Opferhaltung und anderer Formen aktiven und passiven Angriffs geprägt hat. Sie enthielt zudem das notwendige Maß an Unterwerfung, das verhinderte, dass auf uns gerichtete Gegenangriffe tödliche Wirkung hatten.

Alle Anwesenden spürten deutlich, dass wir etwas über die falsche Entscheidung herausgefunden hatten, die wir treffen, um unser Ego zu erschaffen und am Leben zu erhalten. Wir hatten das Gefühl, dass wir zum Kern der Sache vorgedrungen waren. Weil es unsere eigene Entscheidung gewesen war, die dieses Muster in Gang gesetzt hatte, glaubten wir, dass wir eine neue Entscheidung treffen könnten, die uns die Gabe unseres ursprünglichen Wesens zurückgeben würde. Es schien die einzige Möglichkeit zu sein, uns dem Leben rückhaltlos zu geben. Es fühlte sich so an, als könnten wir eine seit langem bestehende, überflüssige Schale abstreifen, um zu einem ursprünglicheren Selbst zu gelangen. Als wir zu dritt über die Möglichkeit sprachen, dass dieses Selbst wiederhergestellt werden könnte, schien es uns, als würden wir das *Wunderkind*, das goldene Kind in uns finden. Es wäre eine Wiederherstellung unserer Meisterschaft und der Verbindung zum Tao, dem goldenen Fluss des Lebens, wie es ursprünglich gedacht war. Um diesen Zustand zu erlangen, mussten wir bereit sein, das loszulassen, was wir als unser Selbst aufgebaut hatten. Wenn wir diese Anhaftung losließen, dann würde das ursprüngliche, glückliche Selbst wieder in uns erblühen und uns den Mut geben, diesen goldenen Lebensweg weiterzugehen.

Wir bereiteten eine Übung vor, in der wir zuerst das Selbst, das wir geschaffen hatten, an Gott übergeben und dann unser goldenes Kind wieder von ganzem Herzen annehmen wollten. Damit würde zugleich auch die Verschwörung aus Autoritätskonflikt und Unterwerfung aufgelöst. Der bewegende Anblick der beiden reifen und erfahrenen Männer, die Tränen der Neugeburt vergossen, als sie vor den Teilnehmern standen, die das Selbst verkörperten, das sie ihr ganzes Leben lang aufgebaut hatten, inspirierte die gesamte Gruppe. Dieses erfundene Selbst legten sie in Gottes Hände und umarmten dann den Teilnehmer, der für ihr goldenes Selbst stand. Es gab freudvolle Zustimmung aus der Gruppe, als sie gemeinsam zu dem Teilnehmer gingen, der Gott verkörperte, um die Gabe des „Spielenden Taos" zu empfangen. Dies geschah unter großem Jubel und mit einem Gefühl des Triumphs.

Es war der krönende Abschluss des Workshops, die Entscheidung, unser ganzes Selbst zurückzugewinnen. Nun konnten wir dem Leben unser ganzes Selbst geben. Es fühlte sich an wie die Rückgabe von etwas Kostbarem, das wir vor langer Zeit aus Angst aufgegeben hatten. Jetzt war es wieder da und erfüllte die Gruppe mit einem goldenen Gefühl, das ein guter Schlusspunkt für den Workshop war.

Lektion 59

Ruin

Denke an Zeiten in deinem Leben zurück, in denen du das Gefühl hattest, ruiniert zu sein. An diesen Orten sind wichtige Selbste in dir gestorben. Wenn du das Gefühl hast, ruiniert zu sein, gibt es meist viele Ebenen eines Ereignisses, die geheilt werden müssen. Alle diese Orte knüpfen an geplatzte Träume an. Es sind Orte der Qual und der Verzweiflung. Es sind Orte, an denen wir uns nicht nur verloren, sondern regelrecht weggeworfen haben. Das führt zu mangelndem Selbstwert und zu Gefühlen der Schuld und des Versagens, und im Hinblick auf Erfolg bekommen wir natürlich nur das, was wir glauben, verdient zu haben. Solche Orte des Ruins sind ausschlaggebend dafür, dass Erfolg auf das begrenzt ist, was durch harte Arbeit erreicht wird. Sie halten das *goldene Leben* von uns fern, und sie tun es ungeachtet dessen, wie lange und wie hart wir dafür gearbeitet haben. In dem Maße, in dem die Wurzeln wichtiger Muster – wie das Gefühl, ruiniert oder am Ende zu sein – ungeheilt bleiben, ist auch das Maß unseres Erfolges begrenzt.

Die Orte unseres Ruins sind Kreuzungen, an denen wir nicht nur die Gaben des Himmels abgelehnt haben, die in Einbeziehung und in der Heilung unserer Bedürfnisse bestanden hätten, sondern auch unsere Gabe größeren Selbstwerts sowie den wahren, in der Entfaltung begriffenen Prozess. Zu ihm gehören Gaben, Segnungen und ganze Bereiche unseres Geistes, die sich dem Bewusstsein in ähnlicher Weise geöffnet hätten, wie es bei einer Einweihung der Fall ist. Das alles haben wir abgelehnt, um die Richtung des Egos einzuschlagen, gelockt von seinen Versprechen, unabhängig sein zu können, Dinge so tun zu können, wie wir es wollen, oder beweisen zu können, dass wir wegen irgendeiner Sache im Recht sind. Fast immer sind wir den Weg des Egos gegangen und haben dafür den Preis der Hindernisse und des Missbrauchs bezahlt, den wir erleiden mussten. Wir leiden noch immer, auch wenn wir diese Tatsache unter Vergesslichkeit und Dissoziation vergraben haben. Ruin kann auf Ahnenebene von einer Generation zur nächsten weitergegeben werden, wenn er in der Generation, in der er entstanden ist, nicht geheilt wird. Wir können ihn auch auf Seelenebene in dieses Leben mitgebracht haben, um zu gewährleisten, dass wir uns dem Muster, uns selbst zu ruinieren, in dieser Zeit und an diesem Ort noch einmal stellen. Wenn Ruin geheilt wird, eint er den Geist und lässt ein höheres Maß an Einheit in unserem Leben und in unseren Beziehungen entstehen.

Frage dich, wie viele Opferrollen und abhängige Rollen du hast. Bist du bereit, sie loszulassen?

Frage dich, wie viele Rollen der Aufopferung und des Märtyrers du hast. Bist du bereit, sie loszulassen?

Frage dich, wie viele unabhängige Rollen und Rollen des Rebellen du hast. Bist du bereit, sie loszulassen?

Frage dich jetzt, wie viele Opferpersönlichkeiten und abhängige Persönlichkeiten du hast. Bist du bereit, sie loszulassen?

Frage dich, wie viele Persönlichkeiten der Aufopferung und des Märtyrers du hast. Bist du bereit, sie loszulassen?

Frage dich, wie viele unabhängige Persönlichkeiten und Persönlichkeiten des Rebellen du hast. Bist du bereit, sie loszulassen?

Wenn du bereit bist, sie loszulassen, werden sie durch Liebe ersetzt. Du kannst diese Orte des Ruins in Gottes Hände legen, damit er sie für dich ungeschehen macht, und dann nicht nur alle bereits genannten Gaben empfangen, sondern auch Einheit, das *goldene Leben* und *Göttliche Präsenz*. Sie werden zu einem Teil deines Gewahrseins und deiner Freude, ohne dass du sie anrufen musst. Heute kann dir ein großer Schritt im Hinblick darauf gelingen, die *Geschichte des goldenen Lebens* willkommen zu heißen und die Liebe zu spüren, die Gott für dich empfindet.

Lektion 60

Das goldene Leben

Das *goldene Leben* ist von Frieden, Leichtigkeit und kreativer Freude erfüllt. Es gibt nichts, was wir tun müssten, und daher tun wir das, was wir tun wollen, und das ist meist das, was wir schon immer getan haben. Wir tun es allerdings in der Freude des Losgelöstseins vom Ego und in einer so tiefen Verbindung mit allem, was uns umgibt, dass es von tiefem Wissen und Vergnügen erfüllt ist. Das *goldene Leben* ist das Leben, das wir immer angestrebt haben. Das Ziel unseres Erfolges besteht darin, Leichtigkeit, Fülle und die Freude zu haben, die durch Liebe entsteht.

Das *goldene Leben* ist ein Leben, das in Gnade gelebt wird. Jeder arbeitet hart für dieses Ziel, aber nur wenige Menschen erreichen es. Ein Grund dafür liegt darin, dass die Menschen glauben, sie müssten ein gewisses Maß an Erfolg und Geld haben, um das *goldene Leben* zu erreichen. In Wahrheit brauchen wir sehr wenig, eigentlich gerade genug, damit wir uns über die grundlegenden Dinge des Lebens keine Sorgen zu machen brauchen. Alles andere sind nur Zugaben, die wir benutzen, um unser Ego zu stärken. Du musst entscheiden, was „bequem leben" für dich bedeutet, aber gerate nicht in die Falle, in der „Tretmühle" zu bleiben, weil du versuchst, vorwärtszukommen. Wenn das Leben tatsächlich nur ein Traum ist, wäre es dann nicht an der Zeit, dass wir das wichtigste Ziel ansteuern, das darin besteht, glücklich zu sein? Um das *goldene Leben* zu erreichen, darf Glücklichsein nicht nur das Ziel sein. Es muss auch der Weg sein, der zu diesem Ziel führt.

Ich werde verschiedene Wege erläutern, auf denen das *goldene Leben* erreicht werden kann, aber *du* kannst es nicht erreichen, weil *du* der bist, der ihm Widerstand leistet. *Du* bist das Ego, zumindest in deinem Verstand. Mit einem Ego kannst du nicht zum *goldenen Leben* gelangen. Das *goldene Leben* erreichen heißt, den Niedergang des Egos zu besiegeln. Das bedeutet nicht unser Ende, sondern nur das Ende unseres Egos, das uns im Alter von ungefähr achtzehn Monaten bis neunzehn Jahren lediglich helfen sollte, in der Welt zurechtzukommen. Danach sollte es sich wieder der Freude, dem Empfangen und der Leichtigkeit des *goldenen Lebens* unterordnen. Sobald das Ego uns jedoch dazu gebracht hatte, uns mit ihm zu identifizieren, ließ es nicht mehr los. Es verleitete uns zu dem Glauben, wir seien unser Körper. Sobald wir in die Falle getappt waren, für unser Ego und unseren Körper zu sorgen, waren wir in der Tretmühle gefangen, statt das *goldene Leben* zu genießen. Durch unsere starke Identifikation mit dem Ego haben wir das *goldene Leben* aufgegeben. Wir haben es gar nicht einmal so sehr verloren als vielmehr preisgegeben, als wir uns mit dem Bedürfnis unseres Egos danach identifiziert haben, sich zu trennen, sich selbst zu beweisen und seinen Willen durchzusetzen. Unser Bedürfnis nach Unabhängigkeit hat uns ein Trauma durchleben lassen, um sie zu erreichen, und uns außerdem an andere Rollen wie Aufopferung und Unabhängigkeit gefesselt. Diese Rollen haben unser Opfer-Trauma-Muster fortgesetzt, das unser Ego ebenfalls benutzt hat, um sich selbst zu stärken. Diese Rollen sind zum Kern unserer Familienverschwörung geworden und haben unsere Beziehungen in die Suche des Egos nach dem Beweis dafür verwandelt, dass es etwas Besonderes ist. Das Ego hofft, dass die Suche endlos weitergeht, und in seinem Wahn glaubt es, sich selbst verewigen zu können. Deshalb bringt es uns dazu, dass wir ständig etwas tun, tun, tun, während es seine eigene Sicherheit ausbaut und sich gegen jede Beleidigung schützt, die gegen es gerichtet ist. Das alles sind sinnlose Bemühungen, die uns nicht glücklich machen können.

Die Essenz des *goldenen Lebens* besteht darin, glücklich zu sein und nur zu tun, was wir tun wollen oder wozu wir inspiriert werden. Es ist eine Rückkehr zu unserem *Sein*, unserem reinen Geist. Es ist eine Erkenntnis unserer selbst als Kind Gottes, das alle guten Dinge verdient hat und dem allein deshalb alle Gnade und alle Wunder zuteil werden, die notwendig sind, um jede negative Situation ungeschehen zu machen, weil es darum bittet. Eine Möglichkeit, das Ego zu zerstören, besteht darin, aus der Gnade zu leben. Dann stellen die harte Arbeit und die Selbstgefälligkeit, die von Schwierigkeiten herrühren, nicht einmal eine Versuchung für uns dar. Das *goldene Leben* überwindet die Dualität in immer höherem Maße, sodass es keinen Subjekt-Objekt-Zustand gibt, in dem wir andere Menschen zu Objekten machen, sondern vielmehr einen Zustand des In-der-Welt-Seins, in dem wir Zugehörigkeit und Verbundenheit genießen. Im *goldenen Leben* geht es darum, dass wir empfangen, die Fülle dessen, was wir empfangen haben, geben und dann noch mehr empfangen.

Lebe heute aus der Gnade. Rufe die *göttliche Präsenz* an. Sei vergnügt, während du durch den Tag gehst. In dem Maße, in dem die vielen Aufgaben des Egos fortfallen, wird dein Geist allmählich still und froh. Du brauchst keine Dinge mehr anzuhäufen oder zu tun, um dir selbst eine Identität zu geben. Du bist reiner Geist und trägst Ganzheit in dir. Als reiner Geist bist du in Sicherheit und kannst nicht zu Schaden kommen. Nur ein Körper kann verletzt werden. Je mehr du deinen Groll loslässt, umso unempfänglicher wirst du sowohl für körperlichen als auch für emotionalen Schmerz. Lass also zu, dass die Gnade heute alles, was du erledigen musst, für dich vollbringt. Lass zu, dass sie es mit Würde durch dich vollbringt. Gib die zahllosen falschen Aufgaben auf, die das Ego dir stellt. Jede der vielen tausend Persönlichkeiten, die du in dir trägst, hat die Aufgabe, ein bestimmtes Ziel zu erreichen. Dein Ego versucht dich glauben zu machen, dass es deine Aufgabe ist.

Im *goldenen Leben* gibt es nichts, was unbedingt getan werden muss. Sollte es dennoch einmal so sein, lässt du es durch dich geschehen, damit das Ego nicht daran beteiligt ist. Das gibt dir Zeit, wirklich mit dem in Kontakt zu kommen, was geschieht, und es zu genießen. Selbst wenn es dir gelänge, das persönliche Ego zu heilen, würde das kollektive Ego dir neue Persönlichkeiten und Egogedanken aufzwingen. Du kannst die Aufgaben und Gedanken des kollektiven Egos, zu denen du dich nicht berufen und von denen du dich nicht inspiriert fühlst, einfach ablehnen. Überlass Gott den Rest. Das Ego will Gott sein – oder zumindest so selbstherrlich, dass du ständig beschäftigt bist und für Vergnügen keine Zeit hast. Erleuchtete, fröhliche Menschen sind „Niemande", die sich nicht mit ihrem Körper gleichsetzen[3], und daher können sie alles genießen. Sie können ihre Zeit mit Gott verbringen, und auch das ist ein Weg, ein *goldenes Leben* zu führen. Es sind keine Missionare mit einem Programm, das anderen Menschen religiöse Lehren aufzwingen oder etwas beweisen soll. Die Liebe, die sie in sich tragen, ist aber so groß, dass Gott durch sie erfahren werden kann. Gott, der für die meisten Menschen nur eine Vorstellung ist, wird erfahren durch die Liebe eines Menschen, der das *goldene Leben* lebt.

Das *goldene Leben* ist ein Nebenprodukt deiner Liebe und deiner Freude. Es ist das Leben, das dir zugedacht war. Gib dich nicht mit weniger zufrieden. Du hast mehr verdient.

---

3   Anm. der Übersetzerin: „Enlightened, joyful people are ‚absolute *nobodies* and *no-bodies*'… ." Leider lässt sich das englische Wortspiel aus *nobodies* (Niemande) und *no-bodies* (wörtl.: keine Körper) nicht ins Deutsche übertragen.

Lektion 61

Ruin und Groll

Wenn wir an Zeiten zurückdenken, in denen wir das Gefühl hatten, vor dem Ruin zu stehen, dann denken wir an die schlimmsten Zeiten in unserem Leben zurück. Hätten wir das, was geschehen ist, hingegen angenommen, ihm vergeben und es losgelassen, wären wir in eine noch bessere Situation zurückversetzt worden. Wir wären direkt auf eine neue Stufe gesprungen. *Sogar die Notwendigkeit der Heilung hätten wir umgehen können*, wenn wir vor dem traumatischen Ereignis die richtige Entscheidung getroffen hätten, nicht den Weg unseres Egos, sondern den Weg unseres höheren Bewusstseins einzuschlagen. Als wir uns für den Weg unseres Egos entschieden und zu Fall kamen, geschah dasselbe mit unserer Seele, die auf ihrer schmerzhaften Reise ins Reich der Illusion ebenso zu Fall kam.

Wir haben das *goldene Leben* aufgegeben und zugelassen, dass es zu Ruinen verfällt. Es scheint töricht und unglaubhaft, aber wir haben es dennoch alle getan, weil wir unserer Vorliebe für die Muster unseres Egos gefolgt sind. Wir haben das *goldene Leben* nicht nur aufgegeben, sondern seinen Verlust durch Groll und Vergesslichkeit auch aufrechterhalten. Groll lässt unseren Ruin wirklich werden, und statt die Chance zu nutzen und auf eine höhere Ebene zu springen, benutzen wir ihn, um nicht nur das *goldene Leben*, das wir einmal gekannt haben, sondern auch die Erinnerung daran zu zerstören. Ruin und Groll werden zu einem Teufelskreis, der spiralförmig abwärts führt, und meist sind viele Schichten der Vergebung notwendig, um uns in unseren früheren Zustand zurückzuversetzen. Je mehr wir vergeben, umso mehr verstehen wir von dem, was wir vor uns selbst verborgen und vergessen haben, und umso besser wird unser Blick auf das, was wir verloren haben. Jeder Akt der Vergebung gibt unserem Leben mehr Leichtigkeit und Licht zurück und schenkt uns den äußeren Erfolg und die innere Freiheit, die wir wirklich verdienen.

Die Aufgabe des *goldenen Lebens* ist an Angst vor uns selbst und vor unserer Bestimmung geknüpft. Auf der tiefsten Ebene ist Ruin immer Selbstruin, und niemand außer uns selbst kann uns Schaden zufügen. Dies sind nur einige der Prinzipien, die ich im Laufe meiner fast vierzigjährigen Arbeit mit dem Unterbewusstsein in Erfahrung gebracht habe. Ruin hat ein entsetzliches Muster der Niederlage in unserem Leben in Gang gesetzt, und er führt den Groll im Schlepptau. Groll ist die Zelle im Gefängnis des Ruins. Jetzt ist die Zeit gekommen, den Prozess umzukehren und das *goldene Leben* zurückzugewinnen, in dem wir dieses Leben begonnen haben. Es war eine Ebene so tiefen Friedens, dass es Liebe, Freude, Fülle und Gnade hervorgebracht hat. Es war ein Ort der Zentriertheit und der tiefen Verbundenheit. Das alles haben wir aufgegeben, um unabhängig sein und unseren eigenen Willen durchsetzen zu können, und jetzt suchen wir das *goldene Leben*, das wir so verschwenderisch preisgegeben haben, und lehnen es gleichzeitig insgeheim ab.

Die Gnade möchte uns zurückführen. Der Himmel arbeitet mit uns zusammen, und in dem Maße, in dem wir unseren Groll loslassen, sind Wunder für uns verfügbar. Wir müssen die Angst vor Veränderung aufgeben, um das gute Leben wieder in seiner ganzen Fülle genießen zu können. Viele Menschen haben es aufgegeben, ehe sie sich erinnern konnten, sodass es so scheint, als hätten sie es niemals gehabt. Meine Arbeit mit dem Unterbewusstsein hat mir früh gezeigt, dass manche Menschen das *goldene Leben* bereits bei der Empfängnis aufgeben.

Wir würden unseren Groll gewiss loslassen, wenn wir erkennen könnten, welchen furchtbaren Preis wir dafür bezahlen. Er verdammt uns dazu, alles aus eigener Kraft tun zu müssen. Im besten Fall arbeiten wir hart, und im schlimmsten Fall glauben wir, in der Hölle gelandet zu sein, und verurteilen unseren Körper zum Tode, weil wir ihn für das bestrafen, woran wir anderen Menschen die Schuld geben.

Jetzt ist die Zeit gekommen, das alles umzukehren. Wünsche dir den Frieden, die Leichtigkeit und den Erfolg des *goldenen Lebens* von ganzem Herzen. Frage dich, von wem du noch immer glaubst, dass er dein Leben ruiniert hat. Frage dich dann, warum du selbst dein eigenes Leben ruiniert hast und warum du dem betreffenden Menschen die Schuld daran gegeben hast. Wovor wolltest du dich verstecken und warum? Was wolltest du beweisen, und warum hast du versucht, es zu beweisen? Was glaubtest du von deiner Unabhängigkeit bekommen zu können? Und hat es funktioniert? Hast du es bekommen?

Es wird Zeit, deinen Weg zurück zum *goldenen Leben* zu beschleunigen, indem du dich der Gnade bedienst. Übergib die ganze Verschwörung gegen dich selbst dem Himmel, damit er sie für dich auflöst. Übergib ihm deine

Wahrnehmung der Menschen, die du benutzt hast, um dich vor dir selbst und dem Leben zu verstecken, und die deine ständige Ausrede dafür waren, nicht erfolgreich zu sein. Übergib dem Himmel deinen Groll, denn er kreuzigt dich, den Menschen, den du benutzt hast, und die Menschen, die du liebst. Denke daran, dass Angriff niemals zielgerichtet ist. Wenn du einen Menschen angreifst, greifst du alle Menschen an. Gib das alles auf. Lass zu, dass die Welt, die du auf deinen Ruinen und deinem Groll aufgebaut hast, durch eine bessere Welt ersetzt wird. Lass zu, dass du zurückgeführt wirst. Lass zu, dass dein Leben ein Leben des Siegens und des Feierns ist. Erlange das *goldene Leben* zurück.

Lektion 62

Dein Leben transformieren

W enn du dein Leben transformieren möchtest – und ich schreibe diese Worte nicht leichtfertig nieder –, musst du es zuerst einer Prüfung unterziehen. Was möchtest du ändern? Wo hast du dich selbst sabotiert? Denke an deine Gesundheit, Geld, dein Liebesleben, deine berufliche Laufbahn, Erfolg, Freizeit und Kreativität. Wo schneidest du besonders gut ab? Wo schneidest du mittelmäßig ab? Wo schneidest du schlecht ab? Wo übst du Kontrolle anstelle von Zuversicht aus? Wo hast du alles richtig gemacht, aber keine Belohnung empfangen, weil es der Ort einer Kompensation oder Abwehr ist, an dem du entgegengesetzt zu den Gefühlen und Überzeugungen handelst, die du von dir selbst hast? Nachdem du diese Fragen beantwortet hast, denke einen Moment lang über dein Leben nach. Wie ist es verlaufen?

Wenn du dein Leben tatsächlich transformieren willst, dann bist du derjenige, der sich ändern muss. Das kann niemand anderer für dich tun. Das kannst nur du. Wenn du dich also wirklich ändern willst, dann besteht der nächste Schritt darin, dass du die volle Verantwortung für dein Leben übernimmst. Wenn du nicht die volle Verantwortung für dein Leben übernimmst, kannst du es nicht ändern und zu dem Erfolg machen, als der es gedacht war, weil du jemand anderen für dein Leben verantwortlich machst. Blicke also auf dein Leben zurück und stell dir vor, dass du es genauso geplant hattest, wie es verlaufen ist.

Wenn dein Leben entgegen deiner bewussten Wünsche schlecht verlaufen ist, dann gibt es bestimmte Themen und Entscheidungen in deinem Unterbewusstsein, die du vor dir selbst verbirgst. Wir wollen deshalb einmal so tun, als ob du dir dein Leben genau so gewünscht hättest, wie es ist. Wie kann das sein? Was wolltest du dadurch erreichen? Was wolltest du dadurch tun können?

Vertraue dem, was dir in den Sinn kommt. Es ist die entscheidende Antwort, der Schlüssel zu dem, was dich zurückhält. Es wäre ratsam, dir diese Fragen nicht nur ganz allgemein, sondern speziell auch im Hinblick auf einen bestimmten Bereich zu stellen, wie Gesundheit oder Geld. Wir wollen so tun, als hättest du die Dinge genau so haben wollen, wie sie waren oder sind. Wie kommt das? Was konntest du dadurch tun? Was brauchtest du nicht zu tun, weil die Dinge waren, wie sie waren, oder sind, wie sie sind? Diese verborgene Dynamik musst du ändern, wenn du dein Leben transformieren willst. Finde sie, und du hast die Schlacht halb gewonnen.

Das alles bedeutet, dass du andere Menschen als Nebendarsteller in deinem Stück benutzt hast, um herbeizuführen, was *du* geplant hattest. Was du ihnen nicht vergeben hast, sind die Dinge, für die du dir selbst die Schuld gibst. Eigenverantwortung birgt weder Schuldzuweisung noch Schuld, denn Schuldzuweisung, Urteil, Groll oder Schuld verhindern, dass du dich ändern kannst.

Stell dir vor, dass alle Menschen in deiner Vergangenheit unschuldig waren und dass alle Menschen in deiner Gegenwart ebenfalls unschuldig sind. Mit welchen Augen betrachtest du dich selbst, wenn das die Wahrheit ist? Eigenverantwortung heißt, dass jeder unschuldig ist – du eingeschlossen! Es mag Fehler gegeben haben, die gemacht wurden, aber sie können berichtigt werden. Verletzungen, die dir von deinen Eltern oder anderen Menschen zugefügt wurden, waren ihre eigenen Verletzungen, die zu heilen du versprochen hattest. Wenn du sie nicht heilst, übernimmst du sie. Du hast jedoch eine Seelengabe mitgebracht, um genau diese Probleme zu transformieren. Du kannst auch die Gabe empfangen, die der Himmel bereithält, um sie dem betreffenden Menschen zu geben und ihm damit zu helfen. Sobald du die Gabe selbst empfangen hast, kannst du sie mit ihm teilen. Sobald die Verletzung geheilt ist, kannst du die Tür öffnen, hinter der sich die Liebe zu diesem Menschen verbirgt, die du durch deinen Groll ausgesperrt hattest. Nun kannst du sie hereinlassen.

Dadurch kannst du dein Leben und auch den zerstörerischen oder mittelmäßigen Bereich in deinem Leben verändern, der dich zurückgehalten hat. Du allein kannst dein Leben ändern, und die Zeit dafür ist jetzt gekommen.

Lektion 63

Erfolg oder Rollen?

Wir alle sind in unserer frühen Kindheit in die Familienverschwörung hineingeraten. Wir haben unsere *Geschichte des goldenen Lebens* aufgegeben und versucht, unsere Familie durch Aufopferung zu retten. Meist haben wir ein Trauma als Ausrede benutzt, um das *goldene Leben* aufzugeben, das ein Ort des Staunens und der Freude war. Es war der Ort, an dem unser Geist still war und nicht zwischen uns und unserer Erfahrung stand. Die Welt war ein glücklicher Ort, und die Erfahrungen, die wir mit Menschen und Dingen gemacht haben, konnten wir zutiefst genießen. Wir haben das Trauma benutzt, um zu fallen, weil wir glaubten, das *goldene Leben* nicht aufrechterhalten und zugleich dem Leiden in unserer Umgebung zuschauen zu können. Wir fühlten uns unzulänglich und außerstande, alle Menschen zum *goldenen Leben* zurückzuführen. Statt also zu einem Ort noch größerer Meisterschaft aufzusteigen, um den Menschen aus ihrem Leid herauszuhelfen, sind wir aus einem Bewusstseinszustand herausgefallen, von dem aus wir mühelosen Zugang zur Gnade hatten.

Aus diesem goldenen Zustand sind wir in Rollen hineingefallen, und zwar nicht in einen Teufelskreis aus Rollen, sondern in den weit gefährlicheren Brandungsrückstrom, der aus drei miteinander verknüpften Rollen besteht. Diese drei Rollen haben ihrerseits Gegenströmungen in Gang gesetzt, sodass selbst dann, wenn es uns gelungen wäre, eine der drei Rollen zu heilen, die beiden verbleibenden Rollen sie sogleich wieder neu erschaffen hätten. Damit sorgen sie nicht nur dafür, dass unser Ego unversehrt bleibt, sondern verhindern außerdem, dass wir zu dem ursprünglichen Trauma zurückkehren können, um es zu heilen.

Rollen sind ein Grund dafür, dass es sehr schwierig ist, in unseren Beziehungen das Stadium der Partnerschaft zu erreichen oder unserer Familie ohne Aufopferung zu helfen. Die drei wichtigsten Rollen sind Abhängigkeit, Unabhängigkeit und Aufopferung. Abhängigkeit macht uns naiv und versucht, Bedürfnisse außerhalb von uns selbst erfüllt zu bekommen. Das führt dazu, dass wir Herzensbrüche und Niederlagen erleiden oder zum Opfer gemacht werden. Wenn wir von übermäßiger Aufopferung ausgebrannt sind, sterben wir entweder oder werden unabhängig, aber der Schmerz, die Bedürfnisse und die Aufopferung liegen weiterhin in uns vergraben. Aufopferung ist dann die Einstellung, mit der wir unsere Arbeit angehen. Sie führt zu Schwierigkeiten und harter Arbeit, und wie jede Rolle verhindert sie, dass wir empfangen können. Bestenfalls gibt sie uns die Möglichkeit, eine führende oder gehobene Position zu erreichen, aber unser Leben dreht sich dann einzig und allein um die Arbeit. Wir führen ein unausgeglichenes Leben, bei dem Beziehungen, Familie und Freizeit eine untergeordnete Rolle spielen. Es gibt so vieles, was wir genießen könnten, so vieles, worin wir allein deshalb auf ganz mühelose Weise erfolgreich sein könnten, weil wir im Fluss sind. Rollen bringen den Fluss dagegen zum Stillstand und sorgen dafür, dass wir hart arbeiten, um etwas zu erreichen, das wir dann aber nicht einmal genießen können, weil eine Rolle mit einer Rüstung vergleichbar ist. Es gelangt nicht viel daran vorbei, das wir empfangen könnten. Rollen machen das Leben hart und schwer, aber alle Rollen sind Muster, die von unserer Familie herrühren. Alle Muster des Opfers, der Niederlage, des Herzensbruchs, der Aufopferung und der Unabhängigkeit, die wir in uns tragen, rühren von unserer Familie her. Auch alle Muster des Erfolges, die wir in uns tragen, rühren von unserer Familie her. Bei ihnen handelt es sich um Muster der Verbundenheit, die zum Gleichgewicht von Nähe, Erfolg und Fluss führen.

Wir fühlen uns gezwungen, unsere Familie zu retten, und es scheint unmöglich, dieses Ziel zu erreichen. Es kann erreicht werden durch Gaben und Gnade, aber nicht durch die Aufopferung, die eine Rolle mit sich bringt.

Die folgenden Punkte zeigen Wege, auf denen wir das Stadium der Partnerschaft erreichen können, das jenseits des von unseren Rollen erzeugten Brandungsrückstroms liegt.

1. Selbsteinbeziehung bringt dich mühelos zur Partnerschaft voran.

2. Die Entscheidung, im Fluss zu sein, macht das Leben leicht. Fluss ist ein Zeichen für Gleichgewicht und Partnerschaft.

3. Verpflichtung bedeutet, dass du dich voll und ganz gibst. Sie bringt Partnerschaft und erspart dir viele Schwierigkeiten und viel Zeit.

4. Die Integration von Rollen der Abhängigkeit und des Opfers, der Unabhängigkeit und des Rebellen sowie der Aufopferung und des Märtyrers

bringt Partnerschaft. Frage dich, wie viele Rollen von jeder Art du hast, und verschmelze sie zu neuer Ganzheit. Das wird dich wieder neu mit dir selbst und mit anderen Menschen verbinden.

5. Lass alle drei Rollen und ihre Kombinationen, wie etwa den hart Arbeitenden, den guten Menschen oder den schlechten Menschen los.

6. Triff die Entscheidung zu geben, und zwar insbesondere dir selbst zu geben, statt etwas mechanisch oder nach Programm zu tun. Gib aufgrund einer authentischen Entscheidung und nicht aufgrund von Regeln, Rollen, Pflichten oder „Ich-sollte-aber"-Vorstellungen.

7. Bitte dein höheres Bewusstsein darum, deine Verschwörungen ungeschehen zu machen.

8. Nimm das *goldene Leben* immer wieder von ganzem Herzen an, sobald du daran denkst.

9. Sei dir selbst treu, denn dann bist du auf ganz natürliche Weise auch anderen Menschen und deiner Arbeit treu.

Das *goldene Leben* erwartet dich. Du brauchst nicht in Rollen gefangen zu sein. Fürchte dich nicht vor Erfolg. Du gibst nur das von dir auf, was nicht wahr ist, und die Gnade wird dir helfen, es zu bewahren.

Lektion 64

Durchschnitt sein

Ein durchschnittlicher Mensch ist jemand, der meist mit der Menge schwimmt. Er hält sich in einer persönlichen Sicherheitszone auf, die er selbst geschaffen hat. Obwohl es viele durchschnittliche Menschen gibt, glaube ich, dass keiner von uns hier ist, um durchschnittlich zu sein, sondern dass wir alle hier sind, um über uns hinauszuwachsen und unser *Selbst* zu finden. Ich glaube, dass wir alle hier sind, um ein *goldenes Leben* zu leben, und dass manche Menschen hier sind, um auch darüber hinauszugehen. Die meisten Menschen finden allerdings Sicherheit darin, sich mit ihrer Kultur, ihrer Religion, ihrer Familie und dem Zeitgeist zu umgeben.

Was dafür sorgt, dass wir feststecken, ist Angst. Wir fürchten uns davor, außerhalb unserer eigenen Sicherheitszone zu leben. Wir fürchten uns davor, kreativ zu leben und Wegbereiter zu sein. Wir verurteilen die, die anders sind als wir, statt uns auszudehnen und weit zu werden. Menschen sind zum Beispiel schnell dabei, andere Menschen für ihre religiösen Überzeugungen zu verurteilen, aber weit weniger Menschen sind bereit, selbst ein spirituelles Leben zu führen. Manche Menschen wollen anderen selbstgerecht ihren Weg aufzwingen, erkennen dabei aber nicht, dass sie damit nur Schuld zudecken. Vor etwa fünfzehn Jahren habe ich in Hawaii auf dem Kofferraum eines Wagens einen Aufkleber gesehen, der genau das zum Ausdruck brachte: „Herr, beschütze mich vor deinen Anhängern."

Wenn es weder Gottes Wille noch unser eigener wahrer Wille ist, durchschnittlich zu sein, was bedeutet Durchschnittlichkeit dann? Die Angst haben wir bereits erwähnt, aber hinter Durchschnittlichkeit steckt noch weit mehr. Wir benutzen sie als eine Abwehr gegen Angst, und diese Abwehr schließt Kontrolle und Angst vor Veränderung ein. Das Ego erklärt uns, dass wir sterben werden, wenn wir auf diesem Weg weitergehen, aber in Wahrheit ist es unser Ego, das stirbt und durch Gnade, Liebe und Kreativität ersetzt wird. Das Ego erklärt uns, dass wir unzulänglich sind und deshalb mit dem guten Leben gar nicht werden umgehen können. Ich habe hingegen festgestellt, dass die Zuversicht, die wir für den nächsten Schritt brauchen, bei diesem nächsten Schritt auf uns wartet, wenn wir ihn gehen, und dass wir stets darauf bauen können, dass Gnade gegenwärtig ist, die uns Kraft gibt.

Neulich habe ich mit einem Klienten gearbeitet, für den Durchschnittlichkeit mehr war als die Familienkultur der Angst und der Mittelmäßigkeit, die wir erben, und dabei habe ich eine Entdeckung gemacht. Ich habe festgestellt, dass Durchschnittlichkeit bis zu einem gewissen Grad auch mit Rache zu tun hat. Natürlich richtet sich diese Rache zuerst gegen unsere Eltern und setzt sich manchmal bei unserem Partner fort, aber sie hat auch mit einem Angriff auf Gott zu tun. Stell dir vor, dass Gott uns alle guten Dinge geben will, die Grundeigentumsurkunde für das Universum eingeschlossen. Das alles ist Gottes Wille für uns auf unserem Weg des Erwachens, der uns zur Erleuchtung und dann zu immer höheren Stufen der Erleuchtung führt.

Frage dich:

Wofür könnte ich mich an meinen Eltern rächen wollen?
Wofür könnte ich mich an meinem Partner rächen wollen?
Wofür könnte ich mich an Gott rächen wollen?

Wenn die Rache aufgegeben wird, werden uns Liebe und Erfolg auf einer höheren Stufe zuteil. Diese heimliche Rache nicht aufzugeben heißt, in der Durchschnittlichkeit steckenzubleiben. Wir lassen uns von unserer Angst beherrschen, und wir wagen uns niemals hinaus, um den zu finden, der wir wirklich sind. Jetzt ist die Zeit gekommen, uns zu bewegen und aus unserer Schale hervorzukommen. Die Schale konnte uns ohnehin niemals wirkliche Sicherheit bieten. Es wird Zeit, dass wir den Kulturkonformisten, der mit der Menge schwimmt, hinter uns zurücklassen. Kulturkonformisten sind die Schafe, denen die Wölfe auflauern.

Vertraue dir selbst. Gib die Ausrede auf, anderen Menschen – und insbesondere deinen Eltern – ihre Mittelmäßigkeit vorzuwerfen. Wo wir uns für unsere Mittelmäßigkeit rächen, wollten wir in Wirklichkeit unsere Eltern vor ihrer Mittelmäßigkeit retten. Wenn wir unseren Eltern auf diese Weise helfen, gelangen dadurch alle in der Familie sowohl über das Etwas-Besonderes-sein-Wollen als auch über die Stumpfsinnigkeit hinaus, die das Ego uns als Weg zum Glücklichsein empfiehlt. Der Vorschlag des Egos führt nur zu Kampf und Unglücklichsein. Stattdessen können wir die Einzigartigkeit unserer Aufgabe erkennen. Es ist die besondere, einzigartige Lebensaufgabe eines jeden Menschen, die weit über die Aufgabe hinausgeht, dir wir alle haben und die darin besteht, glücklich zu sein, uns zu heilen und der Welt zu helfen. Jedes Trauma, das wir jemals erlitten haben, und jede Verschwörung gegen uns, die uns in eine Falle gelockt hat, haben allein dem Zweck gedient, unserer Aufgabe aus dem Weg zu gehen. An unserer Aufgabe gibt es nichts, was durchschnittlich ist. Unsere Aufgabe ist in der Regel so groß, dass sie nur durch Gnade vollbracht werden kann. In Wahrheit sind wir alle zur Größe aufgerufen, aber nur wenige Menschen beschließen, darauf zu hören. Transzendenz erwartet uns, wenn wir sie wertschätzen würden.

Wir wollen nun die Bereiche unseres Lebens betrachten, die durchschnittlich und gewöhnlich sind. Was möchtest du verändern? Es hätte eine erhebende Wirkung, wenn du dich jeden Tag nicht nur dir selbst in diesen Bereichen, sondern auch den Bereichen selbst verpflichten würdest. Überall dort, wo du beschließt, dich rückhaltlos zu geben, gewinnst du Selbstanteile zurück, die du in der Vergangenheit verloren hast, verbindest vor langer Zeit durchtrennte Drähte wieder neu und gibst dir selbst die Möglichkeit, in großen Schritten voranzupreschen.

Gib die Rache der Mittelmäßigkeit auf. Sie ist ein zweischneidiges Schwert, das immer zuerst dich angreift, ehe es sich gegen jemand anderen richtet. Bist du wirklich hier, um durchschnittlich oder gewöhnlich zu sein, oder bist du hier, um zu lernen, wie du deine Begrenzungen überwinden kannst? Du stehst an einer Kreuzung, und du kannst entweder weitermachen wie bisher oder deinen Geist benutzen, um eine Veränderung herbeizuführen.

Lektion 65

In Problemen keinen Wert sehen

Weil wir Menschen sind, sind wir wertegesteuert. Wir streben ganz natürlich nach dem, was einen Wert für uns hat. Umgekehrt können wir nur das verlieren, was wir nicht mehr schätzen. Aller Verlust rührt entweder daher, dass wir in etwas keinen Wert mehr sehen, oder daher, dass wir zwiespältige Gefühle im Hinblick auf etwas haben. Dieser Gefühle müssen wir uns gar nicht immer bewusst sein. Zwiespältige Gefühle und ein gespaltenes Bewusstsein können dazu führen, dass wir das verlieren, was wir glaubten, haben zu wollen.

Wenn wir Frieden oder Erfolg nicht wertschätzen, kann es sehr schnell geschehen, dass wir beides verlieren.

Wenn wir das haben, was wir schätzen, aber trotzdem Probleme haben, messen wir Problemen einen Wert bei. Die Tatsache, dass Probleme einen Wert für uns haben, wird natürlich ins Unterbewusstsein verbannt. Es gibt viele Gründe, für die wir unsere Probleme benutzen. Dazu gehört die Möglichkeit, unabhängig zu sein, Angst vor Erfolg, Angst vor Größe, Selbstbestrafung für Schuld oder ein Autoritätskonflikt. Natürlich gibt es noch viele weitere Dynamiken, die wir allesamt durch Leugnung verbergen. Werden sie jedoch ins Licht der Vernunft unseres Bewusstseins gerückt, lassen wir die meisten sofort los, weil sie falsche Entscheidungen sind.

Um Probleme zu lösen, können wir zwar an ihrer Dynamik arbeiten, aber es gibt einen schnelleren Weg. Er besteht darin, dass wir einem Problem ganz einfach keinen Wert mehr beimessen und es dadurch loslassen.

Es gibt Menschen, die wissen wollen, worin die versteckte Hauptdynamik besteht, die sie loslassen. Wenn du es wissen möchtest, frage dich einfach: „Wenn ich wüsste, in welcher Sache ich einen Wert sehe, um dieses Problem aufrechtzuerhalten, dann ist es vermutlich ...."

„Wenn ich wüsste, in welcher anderen Sache ich noch einen Wert sehe, um das Problem aufrechtzuerhalten, dann ist es vermutlich ...."

Wiederhole die Frage ein Dutzend Mal, um herauszufinden, was du vor dir selbst verborgen hast. Wenn wir anerkennen können, dass wir bei dem, was uns wichtig war, einen Fehler gemacht haben, dann macht unser höheres Bewusstsein, dessen Aufgabe es ist, unsere Probleme aufzulösen, sich sofort daran, es für uns zu transformieren und loszulassen.

Eine Schlüsselmethode zur Heilung eines Problems besteht darin, zum Kern der Sache vorzudringen, in der du fälschlicherweise einen Wert gesehen hast. Wiederhole einfach die folgenden Worte und lege dabei alle Kraft deiner Entscheidungsfähigkeit in sie hinein.

Ich sehe in diesem Problem keinen Wert mehr.
Ich habe mich in dem, was ich von ihm zu bekommen glaubte, geirrt.
Ich will in dem, was wertlos ist, keinen Wert sehen.
Ich sehe keinen Wert mehr in dem falschen Wert, den ich angestrebt habe, weil ich dieses Problem habe.
Ich entscheide mich für die Lösung anstelle des Problems.

Lektion 66

Ruhe

U m erfolgreich zu sein, brauchst du Ruhe, und zwar nicht nur als eine einmalige Sache nach einem besonders hohen Arbeitspensum, sondern geplante Zeiten der Ruhe und der Sammlung, die Teil deiner Lebenseinstellung sind. Ohne Gleichgewicht kannst du nicht erfolgreich sein, denn ohne Gleichgewicht lebst du für den Kick des Adrenalins, statt Belohnungen und Erfolg wirklich zu genießen. Adrenalin bewirkt, dass du deinen Körper auszehrst und insgeheim unterstreichst, dass *du* derjenige bist, der alles tut, was die Aufmerksamkeit auf *dich* lenkt und *dich* die ganze Arbeit erledigen lässt, sodass du irgendwann völlig erschöpft bist.

Ruhe ist ein Bewusstseinszustand. Du bist nicht mehr auf der Suche nach äußeren Reizen. Das adrenalingesteuerte Leben birgt einen heimlichen Aspekt von Habgier und Konsumdenken, der lediglich ein Deckmantel für Wertlosigkeit ist. Wir streben danach, äußeren Wert zu erwerben, weil wir ihn in uns nicht spüren. Das führt dazu, dass wir von einem Abenteuer, Drama oder Dilemma zum nächsten rennen. Sogar unsere Ruhe- und Entspannungsphasen können von Hektik geprägt sein.

Ruhe ist Gleichgewicht, Frieden und Wiederherstellung. Ruhe ist Entspannung und die Chance zur Vision. Wir könnten immer Ruhe empfinden, wenn wir aufhören würden, das Sagen haben zu wollen. Der allgemeine Bewusstseinszustand nach dem Stadium der Partnerschaft ist von einem immer höheren Maß an Ruhe und Frieden geprägt – es sei denn, dass du ein Wegbereiter oder ein visionärer Führer bist. Selbst dann besteht aber eine weit größere Chance zur Sammlung und zur Reflexion, als es im Stadium der Unabhängigkeit der Fall war.

Auf die Unabhängigkeit folgt das Stadium der radikalen Abhängigkeit. In diesem Stadium hat der Himmel das Sagen. Wir gleichen kleinen Kindern. Wir vertrauen auf die Gnade. Es wird für uns gesorgt. Wir handeln und vollbringen Dinge durch Inspiration. Ansonsten herrscht Ruhe. Wir sind von Staunen erfüllt, und unser Leben ist von Frieden geprägt. In der Zeit unserer Ruhe versuchen wir nicht, etwas von außen zu bekommen. Das zeigt uns –

zumindest für eine Weile – das Bewusstsein der Meisterschaftsebene. Meister befinden sich in einem Zustand der Ruhe. Wenn sie zum Handeln inspiriert oder geleitet werden, lassen sie es durch sich geschehen. Meister tragen ihre Ruhe stets bei sich, weil sie erkannt haben, dass sie von der Welt nichts wollen. Alles kommt von innen, wo der Himmel – die Erfahrung des Einsseins jenseits des Bewusstseins – ist. Meister befinden sich im Traum, sind aber jederzeit für einen Ausbruch bereit. Sie wissen, dass es nur eine Frage der Zeit ist.

Du denkst jetzt vielleicht: „Für einen Meister ist das ja alles schön und gut, aber was ist mit mir? Ich habe einen Beruf und eine Familie. Ich leite eine Firma. Ich bin ein Student oder eine Mutter, und ich will auf jeden Fall etwas von der Welt." Ruhe ist ein Geisteszustand, der durch Frieden entsteht, und du wirst Ruhe haben, wenn du auch bei einem vollen Terminkalender einen Wert in ihr siehst. Darüber hinaus ist es wichtig, dass du die Richtung kennst, die du eingeschlagen hast. Gehst du in Richtung von mehr Ruhe, Erholung und Vergnügen? Frieden führt zu Vergnügen, Fülle, Liebe und Glück. Frieden ist die stimulierendste Sache, die es gibt, aber das wissen nur diejenigen, die ihn zutiefst erfahren haben. Wenn du Ruhe anstrebst, ist es ist wichtig, alles zu kennen, was Frieden zu bieten hat. Du brauchst Frieden, damit du wiederhergestellt und verjüngt werden kannst.

Wie können wir angesichts dessen, dass wir alle Konflikte und Probleme haben, denen wir uns stellen müssen, Frieden – den Zustand tiefer Ruhe – erreichen?

Das erste Prinzip, das dir die Möglichkeit gibt, Sorgenfreiheit zu erlangen, besteht darin, deine Zukunft in die Hände Gottes zu legen. Dann weißt du, dass du deine Sorgen aufgeben kannst, die in Wahrheit sowohl ein Angriff auf dich selbst als auch ein Angriff auf andere Menschen sind. Lege dich anschließend selbst in Gottes Hände oder, wenn du entspannt genug bist, stell dir vor, dass du Licht bist, das im Licht und in der Liebe ruht, die Gott ist. Schwebe darin. Entspanne dich darin. Lass zu, dass du geliebt und umsorgt wirst. Alles, was du brauchst, wird dir gegeben.

Wenn du mit der Kirche in der Vergangenheit negative Erfahrungen gemacht hast und es dir deshalb schwerfällt, eine Beziehung zu Gott aufzubauen, stell dir einfach vor, dass du als kleines Kind in den Armen deiner Eltern liegst. Wenn selbst dieses Bild zu negativ für dich ist, stell dir vor, dass du in den Armen zweier Menschen liegst, die ideale Eltern für dich wären, oder stell dir einfach vor, dass du im Licht schwebst. Du kannst jeden Menschen benutzen, von dem du glaubst, dass er dir Geborgenheit und Zuwendung geben kann, um dich zu halten oder zu trösten.

Komm nun einfach zur Ruhe. Lass zu, dass dein Geist erneuert wird. Lass zu, dass dein Körper verjüngt wird. Lass dich von Liebe und Gnade durchströmen. Lass zu, dass dein Herz leichter wird. Du hast es verdient. Bitte darum, dass dir gezeigt wird, wie du mehr Ruhe in dein Leben hineinbringen kannst.

Der menschliche Körper ist unermüdlich, wenn er durch die Kraft deines Geistes und durch Gnade gestärkt wird. Er beginnt sich abzunutzen, wenn du ihn missbrauchst, weil du Egoziele verfolgst oder in eine Schwäche investierst.

Wenn du dich unermüdlich deiner Lebensaufgabe widmest, können zehn Minuten der Ruhe am Morgen, am Nachmittag und am Abend dich zutiefst erfrischen. In tiefer Ruhe können Antworten auf Probleme zu dir kommen, denn wenn du dich entspannst, verliert das Ego seine Kontrolle über dich, und Antworten können zu dir kommen. Dies ist ein positiver Nebeneffekt, den Ruhe dir bringt. Ruhe ist ein kleines Geschenk, das du dir selbst machen kannst und das dich selbst und dein ganzes Leben leichter atmen lässt.

Lektion 67

Lauschen

Mache heute keine Pläne, und triff keine Entscheidungen. Der heutige Tag ist dem Lauschen gewidmet. Alle Gedanken, die du dir über das machst, was geschieht, rühren aus der Vergangenheit her, und allem, was aus der Vergangenheit herrührt, wohnt kein schöpferischer Geist inne. Ein schöpferischer Geist geht auf die jeweilige Situation in einer ursprünglichen Weise ein, die nicht alt und von der Vergangenheit vorgegeben ist. Du erkennst die Inspiration des schöpferischen Geistes, weil sie sich wahr anfühlt. Sie fühlt sich so an, als würdest du aus deinem besten Selbst heraus handeln. Es gibt kein sinnloses Geschwätz. Keinerlei Zweifel. Keine emotionale Ladung, die dich aggressiv oder defensiv handeln lässt. Sie geschieht hier und jetzt. Sie ist visionäres Handeln, das nicht von der Vergangenheit abhängig ist. Sie hat den Mut, zu lauschen und erst dann eine Entscheidung zu treffen oder den ersten Schritt zu tun, wenn die Wahrheit bekannt ist. Dann handelt sie, nichts sonst.

Wenn du erkennen würdest, dass all dein Planen eine Abwehr ist, die dich retten soll, und dass es gänzlich aus der Vergangenheit herrührt, dann würdest du allmählich verstehen, dass die Vergangenheit dir unmöglich eine Antwort auf das geben kann, was *jetzt* gebraucht wird. Jetzt wird ein Eingehen auf die augenblickliche Situation gebraucht und keine Reaktion, die wegen dem, was in der Vergangenheit geschehen ist, auf Angst vor dem beruht, was in der Zukunft geschehen könnte.

Dein Planen ist eine Abwehr, und jede Abwehr beruht auf dem Ego und stärkt das „Status-quo-Du", das „Sicherheitszonen-Du" – nicht das wahre Du. Jede Abwehr führt genau das herbei, was sie eigentlich abwehren sollte. Entspanne dich. Es wird für dich gesorgt. Der Himmel hält einen Plan für deinen Erfolg bereit, der nicht mit Schmerzen, Aufopferung oder Tod verbunden ist. Der Himmel glaubt nicht an Prüfungen, Proben, Märtyrertum, Bestrafung oder Karma. Das sind Werkzeuge des Egos, die auf Fehlern beruhen und die es benutzt, um seine Existenz zu verlängern. Der Himmel arbeitet mit Liebe, Frieden, Freude und Fülle. Er führt dich, wenn du die

Bresche nicht mit eigenen Entscheidungen füllst. Er inspiriert dich auf deinem Weg hin zu Glücklichsein und Erfolg. Bewahre heute einen offenen Geist und einen offenen Terminkalender, so gut es dir möglich ist. Lass zu, dass der Himmel deinen Tag bestimmt. Plane deinen Tag nicht, und fülle ihn nicht aus. Lebe durch Handeln und nicht durch Aktivität, die ein Plan ist, der Konflikt und Angst kompensiert.

Eine inspirierte Idee kann dir Tage oder sogar Monate der Aktivität sparen. Noch wichtiger ist aber, dass sie dich auf den Weg bringt, der zur Wahrheit führt. Angesichts dessen sind andere Entscheidungen aus der Vergangenheit bestenfalls Rezepte und schlimmstenfalls Kompensationen für eine Vergangenheit, die dich wieder an denselben Ort zurückführt. Das ist der lange, schwierige Weg. Gehe stattdessen eine Partnerschaft mit dem Himmel ein. Werde dir bewusst, dass du hilflos bist, wenn es darum geht, den besten Weg zu deiner Befreiung zu kennen. Bitte um die Hilfe des Himmels. Widerstehe der Versuchung, es aus eigener Kraft tun oder aus eigener Kraft herausfinden zu wollen. Nur der Himmel kann dir mühelos den Weg zeigen, der aus einer scheinbar unlösbaren Situation herausführt.

Lausche heute. Handle, wenn du dazu inspiriert wirst. Bis dahin beobachte deine Situation und die Flut an Ideen, die dein Ego dir präsentiert und die dich aufgrund einer alten emotionalen Ladung dazu bringen sollen, sie abzuwehren. Vertraue dem Prozess. Vertraue dem Himmel, und vertraue auch der Zukunft. Wenn du dann handelst, ist dein Handeln von Zuversicht geprägt und du nimmst keine Überreste alter Geschichten mit in die Zukunft.

Entspanne dich. Lausche. Gehe auf die Situation ein.

Entdecke den Weg zur Wahrheit, indem du lauschst. Dann erkennst du, wie groß der Teil des Tages ist, den du mit Planung, Abwehr und anderen selbstsabotierenden Maßnahmen verbringst. Lauschen bringt dich zu deiner Aufgabe und deiner Erfüllung. Lauschen lässt dich zur Ruhe kommen. Lauschen lässt dich einen besseren Weg zum Erfolg erkennen. Lauschen erlaubt dir, geliebt zu werden.

Lektion 68

Die Natur von Problemen

Probleme haben viele gemeinsame Dynamiken. Bei manchen dieser Dynamiken lohnt es sich, sie immer wieder zu überprüfen, weil es in der Natur von Problemen liegt, dass wir sie ständig haben, auch noch nach der Erleuchtung, obwohl sie sich dann nicht mehr negativ auf uns auswirken. Wenn wir eine Dynamik erkannt haben, können wir uns bewusst machen, dass sie ein Fehler ist, und sie loslassen. Nur auf der allerhöchsten Stufe des Geistes, ehe er sich jenseits des dualistischen Bewusstseins im *Gewahrsein* des Einsseins als reiner Geist erkennt, haben Probleme keine Bedeutung mehr. In der Erfahrung der Erleuchtung haben wir uns über unsere Probleme erhoben, aber solange wir nicht erleuchtet sind, wirken sie sich negativ auf uns aus und stellen Hindernisse für uns dar.

Nicht nur unser Ego und das kollektive Ego stellen uns vor Probleme, sondern auch das, was auf Ahnenebene an uns weitergegeben wird und was aus dem kollektiven Unbewussten ans Licht kommt, um geheilt zu werden. In dieser Lektion möchte ich auf die Probleme eingehen, die das persönliche Ego hervorruft, denn wenn wir unser Ego besänftigt haben, können wir leichter erkennen, was aus dem kollektiven Ego kommt. Wir brauchen uns ganz einfach nicht damit zu identifizieren und müssen den Gedanken des kollektiven Egos keinen Glauben schenken. Wenn wir Probleme auf dieser Ebene überwinden, helfen wir der gesamten Menschheit.

Jedes Problem ist mit Angst verbunden. Es kann Angst vor Verlust, Angst vor dem nächsten Schritt, Angst vor Unzulänglichkeit oder Angst vor Gaben sein, um nur einige zu nennen.

Schuld ist gleichfalls eine Wurzeldynamik, die jedem Problem zugrunde liegt. Ein Problem wird zu einer Form der Selbstbestrafung für eine Missetat, die wir begangen zu haben glauben, die in Wirklichkeit aber nur ein Fehler war, den wir in der Vergangenheit gemacht haben.

Jedes Problem, das wir haben, ist sowohl eine Form der Rache an einem anderen Menschen als auch Teil eines Machtkampfs. Jedes Problem ist ein Angriff auf einen anderen Menschen und auf uns selbst. Es ist ein Finger der

Anklage, den wir auf einen Menschen richten, weil dieser eine vermeintliche Missetat begangen hat. Wir benutzen Probleme, um anderen Menschen die Schuld zu geben.

Jedes Problem ist die Wiederaufführung einer der drei Rollen der Unabhängigkeit, der Abhängigkeit und der Aufopferung, die wir benutzen, um Traumata und den Verlust unserer Verbundenheit zu verdecken.

Jedes Problem wird benutzt, um uns zu verstecken, uns eine Ausrede zu geben und eine Form des Schwelgens zu verbergen.

Jedes Problem ist ein Mittel, das wir einsetzen, um Recht zu haben und um etwas zu beweisen. Wir benutzen Probleme, um klein zu bleiben und unserer Lebensaufgabe aus dem Weg zu gehen. Wir benutzen Probleme, um ein Bedürfnis erfüllt zu bekommen und um an einer Anhaftung festzuhalten.

Jedes Problem ist die Wiederholung eines unterbewussten oder unbewussten Musters, das von schmerzhafter Emotion erfüllt ist. Jedes Problem ist ein altes Problem, das von alten, unerledigten Geschichten erfüllt ist.

Jedes Problem zeigt einen Konflikt, den wir in uns tragen und nach außen projiziert haben.

Jedes Problem ist Teil eines Autoritätskonflikts, eines Wutanfalls und eines Akts der Rebellion.

Jedes Problem wird benutzt, um uns zu trennen, unser Ego stärker zu machen, die Aufmerksamkeit auf uns zu lenken und uns zu jemand Besonderem zu machen. Ein Problem ist eine Investition in das Ego.

Jedes Problem ist Angst vor einer Gabe, eine Zurückweisung der Gnade und ein Angriff auf Gott.

Wenn du eine dieser Dynamiken heilst, kannst du möglicherweise das gesamte Problem auflösen.

Wichtige Prinzipien der Heilung sind:

- Die Emotion fühlen, bis auf einer höheren Stufe eine Neugeburt stattfindet
- Verstehen
- Annehmen
- Vergebung
- Verbundenheit wiederherstellen
- Loslassen
- Zentrierung
- Vertrauen

- Den nächsten Schritt gehen
- Die Gaben annehmen, die das Problem verbirgt
- Verpflichtung
- Liebe
- Die heimliche Belohnung erkennen, die uns das Problem bringt, und stattdessen die Leichtigkeit, die Freiheit und die Gaben annehmen, die uns unser höheres Bewusstsein anbietet
- Integration des gespaltenen Bewusstseins
- Gnade
- Wunder

Gehe durch die Liste der Dynamiken, die Problemen zugrunde liegen. Erkenne, welche Dynamiken dich in Bezug auf dein Problem ansprechen, aber unterziehe dann auch die anderen Dynamiken einer Prüfung. Schau dir anschließend die Prinzipien der Heilung an und wähle jeden Tag eines oder mehrere davon aus, um sie zu praktizieren, bis dein Problem gelöst ist.

Lektion 69

Dein Erfolg liegt in deinen Händen

W ir sind der Welt, die wir sehen, nicht unterworfen. Unser Erfolg liegt in unseren Händen. *Ein Kurs in Wundern* stellt fest, dass wir nicht das Opfer der Welt sind, die wir sehen, sondern dass wir selbst entscheiden, was wir wahrnehmen. Das entspricht den Erkenntnissen der Quantenphysik, denen zufolge es nur Licht gibt, bis wir entscheiden, was es geben soll. Es entspricht auch meiner eigenen Erfahrung, die ich in zahllosen Workshops und Coaching-Sitzungen gemacht habe.

Unsere Wahrnehmung wird durch Glaubenssätze hervorgerufen, die aus alten und mittlerweile statischen Entscheidungen bestehen. Wahrnehmung entsteht jedoch auch durch Intentionalität oder durch die Entscheidung, die wir jetzt treffen. Diese Möglichkeit bietet sich uns häufig auf einer unterbewussten Ebene, obwohl viele Glaubenssätze wie Zeit, Raum und andere existenzielle Faktoren auf kollektiven unbewussten Ebenen oder Seelenebenen entstehen. Die Wirklichkeit, wie wir sie kennen, ist eine gesellschaftliche Auslegung oder kollektive Entscheidung. Gemeinsam mit allen anderen Menschen und dem kollektiven Bewusstsein der ganzen Menschheit in Vergangenheit und Gegenwart entscheiden wir selbst uns für die Wirklichkeit, wie wir sie kennen. Auf einer bestimmten Ebene könnte man es damit vergleichen, dass wir uns in einem gewaltigen Gefängnis befinden, das verhindert, dass wir zum transzendenten Erfolg und zum Einssein gelangen können.

Für die meisten Menschen ist die Wirklichkeit, wie wir sie kennen, ganz einfach eine Gegebenheit, und sie befassen sich nicht mit ihr, sondern nur damit, zu überleben, vorwärtszukommen oder Spaß zu haben. Wir alle tragen jedoch die Macht in uns, über unsere gegenwärtige Situation hinauszugehen und zu einem höheren Maß an Erfolg zu gelangen.

Als ich an der Duquesne University an meinem Master-Abschluss arbeitete, ging ich eines Tages ins Psychologische Institut und entdeckte dort am Schwarzen Brett die Kopie eines Bildes, das mir immer im Gedächtnis haften geblieben ist. Es zeigte einen Vogel, der aus einem Käfig heraus- und in einen größeren Käfig hineinfliegt. Über dem Bild stand das Wort „Freiheit".

Welchen Grund kann es haben, dass wir uns dafür entscheiden, das Leben nur zu spielen, zu einer bloßen Karikatur dessen geschrumpft, der wir wirklich sind? Ganz besonders dann, wenn es in unserer Macht steht, das Leben, wie wir es kennen, zum Besseren zu verändern? Der Wunsch, einen Weg hindurch zu finden, hat mich im Laufe der Jahre dazu gebracht, Psychologie und das menschliche Bewusstsein, übersinnliche Wahrnehmung, Schamanismus sowie Spiritualität zu studieren. Ganz besonders hilfreich waren für mich dabei *Ein Kurs in Wundern* und die *Oneness University*. Ich lerne noch immer von ihnen, besonders im Hinblick auf alles, was mit Heilung und Transformation zu tun hat.

Ich habe einen meiner eigenen Wahlsprüche verwirklicht, der besagt, dass es „nie zu spät ist, eine glückliche Kindheit zu haben". Ich habe meine größten Herzensbrüche transformiert, die ich als Kind und als junger Mann erlitten habe. Ich habe die Kontrolle und „meinen Weg" der Unabhängigkeit für die Ehe und für eine Familie aufgegeben, und ich suche weiterhin nach Wegen, die aus dem Traum herausführen und imstande sind, das Leiden im Traum zu transformieren.

Auch in meinem eigenen Leben kommen noch immer Probleme und Muster hoch, denen ich mich stellen und dic ich heilen muss, während ich anderen Menschen die Hand reiche, um ihnen zu helfen. Ich werde jedes Jahr mutiger im Umgang mit meinen eigenen Emotionen, vergrabe infolgedessen weniger und bin stärker motiviert, das zu finden, was ich vergraben habe und was die Probleme und Schwierigkeiten in meinem Leben entstehen lässt.

Betrachte ein Problem, das du gerade hast, und unterziehe es einer Prüfung im Hinblick auf die Eigenverantwortung, die du dafür trägst. Eigenverantwortung bewirkt, dass wir erkennen, was wir vor uns selbst verborgen haben, und deshalb eine neue Entscheidung für einen besseren Weg treffen können. *Ein Kurs in Wundern* stellt fest, dass es einen besseren Weg geben muss, und die Entscheidung für diese Worte regt unser höheres Bewusstsein dazu an, ihn zu finden.

Wähle drei Zahlen zwischen eins und achtzehn. Die erste Zahl, die du wählst, stellt die wichtigste Dynamik, die letzte Zahl eine weniger wichtige Dynamik für dein Problem dar. Dynamiken sind der Grund, warum wir bestimmte Probleme haben. Es sind falsche Entscheidungen, die zu negativen Mustern und Dingen führen, die uns niemals glücklich machen können, aber sie können berichtigt werden. Wähle deine Zahlen und untersuche anhand der nachstehenden Liste, was du im Hinblick auf ein Problem, das du gerne transformieren möchtest, möglicherweise vor dir selbst verborgen hast. Denke an dein Problem, während du deine Wahl triffst.

Die folgenden Punkte listen achtzehn der wichtigsten Gründe auf, aus denen wir schmerzhafte Probleme haben:

1. Trennung
2. Stärkung des Egos
3. Schuld
4. Angst
5. Festhalten
6. Rache
7. Meinen Willen durchsetzen
8. Unwürdigkeit
9. Depression
10. Hass
11. Groll
12. Eine Ausrede
13. Kontrolle
14. Unbeweglichkeit
15. Verstecken
16. Klein bleiben
17. Unserer Lebensaufgabe aus dem Weg gehen
18. Unserer Bestimmung aus dem Weg gehen

Unsere Bestimmung ist eine *Geschichte des Himmels auf Erden*. Unsere Aufgabe besteht darin, glücklich zu sein, heil zu werden, anderen Menschen zu helfen und alle Versprechen zu erfüllen, die wir gegeben haben.

Betrachte deine drei Dynamiken und überlege, was sie mit deinem Problem zu tun haben könnten. Wenn du dann bereit bist, entscheide dich dafür, nicht mehr länger in sie zu investieren. Entscheide dich dafür, sie loszulassen. Entscheide dich dafür, sie in Gottes Hände zu legen.

Erlaube dann der Gnade oder der besonderen Gabe, die dir gegeben ist, den Platz der Wurzeln einzunehmen, die das Problem aufrechterhalten haben. Nimm dir ein wenig Zeit, die Dynamiken aufzugeben, die Gnade zu empfangen und dir vorzustellen, welche Wirkung dies auf dein Problem hat. Du bist der Welt, die du siehst, nicht unterworfen. Dein Erfolg liegt in deinen eigenen Händen. Deine Bestimmung ist eine *Geschichte des Himmels auf Erden*. Nimm sie von ganzem Herzen an.

Lektion 70

Was deine Eltern dir nicht geben konnten

Eltern geben ihre Gaben an ihre Kinder weiter. Das liegt in ihrer Natur als Eltern. Die Gaben sind das Erbe und das Vermächtnis, das sie an uns weitergeben. Wenn sie bestimmte Gaben aber selbst nicht haben, um sie weiterzugeben, dann können sie uns diese Gaben nicht geben. Neulich hatte ich eine Klientin, die sich die Augen ausweinte, während sie berichtete, wie hartherzig ihre Mutter gewesen sei. Ihre Mutter war weder zärtlich noch fürsorglich gewesen. Das hatte zur Folge, dass die Frau – ihr Name war Mary Anne – selbst nicht imstande gewesen war, eine fürsorgliche Atmosphäre für ihre Kinder oder ihren Mann zu schaffen, der auf ähnliche Weise aufgewachsen war wie sie selbst.

Ich führte sie intuitiv zu ihrer Geburt zurück, denn sie hatte das Gefühl, dass ihr Mangel an Fürsorge in dieser Zeit begonnen hatte. Hier begann sie laut zu klagen, dass ihre Mutter sie nicht gewollt habe, dass niemand sie gewollt habe. Ich fragte sie, ob sie ihre Mutter gewollt habe. „Nein", sagte sie unter Tränen. Ich erklärte ihr, dass es nicht die Einstellung und das Verhalten ihrer Mutter ihr gegenüber waren, die ihr das Gefühl vermittelten, dass sie nicht gewollt war. Es war ihr Verhalten nicht nur gegenüber ihrer Mutter, sondern gegenüber allen Menschen, das ihr Gefühl hervorrief, nicht gewollt zu sein. Es war ganz klar, dass sie in ihrem Leben nur begrenzt Erfolg haben konnte, wenn sie das Gefühl hatte, dass sie ungewollt war. Das Gefühl, von ihrer Mutter nicht gewollt zu sein, rief Schwierigkeiten hervor und verhinderte, dass sie empfangen konnte, weil aus psychologischer Sicht die Beziehung zu unserer Mutter über Nähe, Leichtigkeit und die Fähigkeit zu empfangen in unserem Leben entscheidet.

Schmerz ist eine falsche Wahrnehmung. Deshalb kann er verändert und in Erfolg verwandelt werden. Ich erklärte Mary Anne, dass, wenn ihre Mutter die Eigenschaften, die sie brauchte, nicht hatte, sie selbst diejenige war, die diese Gaben auf Seelenebene mitgebracht hatte, um ihrer Mutter zu helfen. Die Gabe lag unter dem Schmerz und der Abwehr, die sie von ihrer Mutter übernommen hatte, unter ihrem eigenen Wunsch nach Unabhängigkeit, unter ihrem Groll darüber, dass ihre Mutter ihr nicht geholfen hatte, und unter ihrer Schuld dafür, dass sie ihrer Mutter nicht geholfen hatte, vergraben. Nachdem sie alle diese Blockaden losgelassen hatte, würde sie die Gabe in sich selbst entdecken können.

Es waren diese Blockaden, die Mary Annes Gaben der Nähe und der Zärtlichkeit verbargen. Sobald Mary Anne sich ihrer Gaben bewusst war, würde sie die Blockaden mühelos auflösen können, indem sie diese Gaben von ganzem Herzen annahm. Mary Anne stellte sich vor, dass sie die Gaben bei ihrer Geburt mit ihrer Mutter teilte. Dabei spürte sie, wie ein tiefes Gefühl des Friedens sie erfüllte, und sie hatte das Gefühl, die Gaben der Nähe und der Zärtlichkeit nun an ihren Mann und ihre Kinder weitergeben zu können. Als sie ihre Gaben mit ihrer Mutter teilte, hatte sie endlich das Gefühl, bei ihrer Geburt und in ihrem Leben willkommen zu sein.

Ihr ganzes Leben lang hatte Mary Anne versucht, perfekt zu sein, weil sie glaubte, dass sie nur so akzeptabel und liebenswert sei. Und obwohl es für die Menschen in ihrer Umgebung offensichtlich war, dass sie die Gaben der Nähe und der Zärtlichkeit besaß, konnte sie selbst diese Gaben nie spüren und hatte deshalb auch das Gefühl, sie nicht geben zu können. Nachdem sie ihre Gaben der Nähe und Zärtlichkeit mit ihrer Mutter geteilt hatte, spürte Mary Anne, dass ihr Herz sich öffnete, und hatte das Gefühl, nicht länger perfekt sein zu müssen. Die tiefe Leere und Einsamkeit, die sie ihr ganzes Leben lang gespürt hatte, waren fort. Sie fühlte sich ganz auf eine Weise, wie sie es nie zuvor gespürt hatte, und hatte außerdem das Gefühl, in Bezug auf ihre Mutter einen wichtigen Schritt gegangen zu sein. Mary Anne gestattete sich, endlich die ganze Liebe zu spüren, die ihre Mutter ein Leben lang für sie empfunden hatte.

Dieses Beispiel ist typisch für das, was ich in vielen Workshops oder Coaching-Sitzungen immer wieder erlebe. Was wir von unseren Eltern nicht empfangen haben, ist für uns trotzdem nicht verloren. Wir tragen es in der Regel als Seelengabe in uns, die unter dem Schmerz, dem Groll und der Schuld verborgen liegt. Außerdem hält der Himmel stets Gaben für uns bereit, die er unseren Eltern durch uns geben will, um zur Wiederherstellung der Verbundenheit beizutragen. Unter dem Strich heißt das, dass in Situationen, in denen unsere Eltern eine bestimmte Gabe nicht besaßen, um sie uns zu geben, das Ego uns dazu gebracht hat, uns zu seinen Gunsten zu entscheiden, und es hat diese Situationen benutzt, um unabhängig sein, etwas Besonderes sein und „seinen Weg" durchsetzen zu können.

Wir können zurückkehren und aufspüren, was unsere Eltern uns nicht gegeben haben. Besonders wichtig ist es, das zu untersuchen, was ihnen zum Zeitpunkt unserer Geburt scheinbar gefehlt hat. Mangelte es ihnen an Geld, Erfolg, Liebe, Leichtigkeit, der Fähigkeit zu empfangen, Zuversicht, Integrität oder Glück? Diese Dinge benutzen wir sehr oft, um uns ungewollt zu fühlen.

Du kannst einbringen, was ihnen gefehlt hat. Ich habe diese Übung schon viele tausend Male durchgeführt, und bislang war noch niemand dabei, der die Seelengabe nicht in sich getragen hätte. Auch der Himmel möchte eine Gabe geben, um die Liebe und Verbundenheit zu stärken, die zum Erfolg führen.

Nimm dir also ein wenig Zeit, um herauszufinden, was dein Vater dir nicht geben konnte. Nimm dir dann Zeit und finde heraus, was deine Mutter dir nicht geben konnte. Stell dir vor, wie du die innere Tür öffnest, die zu diesen Gaben führt. Worin bestehen sie? Gib sie energetisch an den Elternteil weiter, dem sie gefehlt haben. Empfange dann die Gaben der Gnade, die der Himmel dir für deine Eltern geben möchte, damit auch sie die Liebe und den Erfolg spüren können. Der einzige Preis, den du dafür zahlen musst, besteht darin, dass du die Gaben selbst empfängst.

Mit Hilfe der Gaben, die du selbst in dir trägst, und den Gaben des Himmels, die beständig sind und nur auf eine Möglichkeit warten, empfangen zu werden, kannst du deine Ganzheit und deinen Erfolg zurückbringen.

Lektion 71

Wollen ohne Sinn

Wollen ist die Macht des reinen Geistes, die durch unseren Geist über-setzt wird. Wenn wir mit unserem reinen Geist in Berührung sind, dann sind wir in Berührung mit dem Geist, der eins mit Gott ist, und auf-grund der Macht *seines Willens* gibt es nichts, was wir nicht tun könnten. Von unserem Willen rührt die Macht des Geistes her, etwas zu manifestie-ren, es von ganzem Herzen zu wollen und so zu erschaffen. Infolgedessen können wir beten, Anspruch erheben, uns entscheiden, wollen, uns ein Ziel setzen und uns schließlich dazu verpflichten, entweder das, was wir wollen, oder aber die Wahrheit herbeizuführen, die uns das gibt, was wir in Wirk-lichkeit wollen. Dies sind Geisteskräfte, die jeder von uns besitzt. Obwohl viele Menschen diese Kräfte in ihrem Leben äußerst wirksam einsetzen, kann es mitunter Zeiten geben, in denen sie nicht zu funktionieren scheinen. Der Grund liegt fast immer darin, dass eine innere Depression stärker ist und sie überdeckt.

Eine Depression kann ganz leicht geheilt werden. Man braucht nur her-auszufinden, worin der Verlust besteht, und ihn loszulassen. Wir können zu diesem Ort zurückkehren und die Emotionen fühlen, denen wir aus dem Weg gegangen sind, bis wir an einem Ort des Neubeginns ankommen. Wir können auch einfach zurückkehren, die Gaben finden, denen wir aus dem Weg gegangen sind, und sie von ganzem Herzen annehmen. Eine weitere Möglichkeit besteht darin, dass wir nach dem Prinzip der Eigenverantwort-lichkeit herausfinden, weshalb wir in dem, was wir verloren haben, keinen Wert mehr gesehen haben, oder weshalb wir uns dazu entschieden haben, es zu verlieren. Sollten bei uns Götzen der Depression am Werk sein, kann dies jedoch ein unendlich langer Prozess werden.

Ein Götze der Depression ist ein falscher Gott. Wir glauben, dass eine Depression uns irgendwie retten, uns das geben, was wir wollen, oder uns glücklich machen kann. Ein Götze der Depression kann stärker sein als un-sere Geisteskraft und dafür sorgen, dass wir steckenbleiben und uns fragen, weshalb unsere üblichen Kräfte nicht wirken. Götzen liegen fast immer tief im Unbewussten verborgen und sind daher schwierig zu entdecken. Das Ego schlägt sie üblicherweise als Möglichkeit vor, uns zu verstecken, während die Alternative, die darin besteht, uns von ganzem Herzen zu geben, echtes Glück und echten Erfolg bringen würde. Verpflichtung würde auf natürliche Weise eine *Geschichte der Liebe* eröffnen, sodass unser Leben erfüllt wäre. Ohne die Götzen der Depression könnte der Himmel die Bedürftigkeit heilen, die mit ihnen zusammen einen Teufelskreis bildet.

Denke über dein Leben nach. Steckst du an einem Ort fest, an dem dein Einsatz für deinen Erfolg keine Wirkung zeigt? Sollte das der Fall sein, frage dich, ob du Götzen der Depression in dir trägst. Wenn ja, frage dich, auf welche Weise sie dir dienen. Für welchen Zweck könntest du sie benutzen?

Wenn du die Antwort herausfindest, wirst du erkennen, dass du diese Götzen und die Gründe, aus denen du sie hast, nur deshalb behalten konntest, weil du sie vor dir selbst versteckt hast. Wenn du sie im Licht der Vernunft betrachtest, wirst du erkennen, dass sie dich niemals glücklich machen können. Du wirst deine Götzen der Depression ganz einfach loslassen, sodass sie durch Verpflichtung ersetzt werden können, die dir echte Geisteskraft schenkt, um deinen Erfolg zu verwirklichen.

Lass deine Götzen der Depression los.

Nimm deine *Geschichte der Liebe* von ganzem Herzen an, und lass zu, dass die Gnade des Himmels deine Bedürftigkeit dahinschmelzen lässt.

Lektion 72

Der Verlierer

E in Selbstkonzept, das Erfolg blockiert und Misserfolg oder Versagen begünstigt, ist das Selbstkonzept des Verlierers. Ein Verlierer ist jemand, der es schafft, den Klauen des Sieges die Niederlage zu entreißen. Ein Verlierer ist jemand, der weit mehr verliert, als der Zufall es wollen könnte. Ein Verlierer ist jemand, bei dem psychologische Muster des Verlustes am Werk sind und der kein Geschick im Handeln hat.

Jemand, der psychologische Muster des Verlustes hat, glaubt fälschlicherweise, dass er gewinnen kann, indem er verliert. Das mag sich zwar verrückt anhören, ist aber eine häufige psychologische Falle, für die es alle möglichen verborgenen Motive gibt. Dazu gehören:

1. Recht haben wollen
2. Das eigene Ego aufbauen
3. Etwas beweisen wollen
4. Aufmerksamkeit bekommen
5. Etwas Besonderes sein wollen
6. Angriff
7. Rache
8. Verborgenes Selbst
9. Ein Versuch, jemand anderem eine Niederlage zuzufügen
10. Selbstangriff
11. Glaubenssätze
12. Autoritätskonflikt
13. Investition in Kleinheit
14. Angst
15. Schuld
16. Kontrolle
17. Versteck
18. Angriff auf Gott
19. Flucht vor deiner Lebensaufgabe und Bestimmung
20. Versuch, dich zu verstecken

Wir können Geschichten, Verschwörungen und Schattenfiguren des Verlierers und Götzen des Verlierens haben. Das kann zur Folge haben, dass einige unserer Chakras aus dem Gleichgewicht geraten oder blockiert sind, vor allem das dritte Chakra, das für Macht und Erfolg steht, sowie das sechste Chakra, das für Intelligenz, Kreativität und Vision steht. Auch das zweite Chakra kann in Mitleidenschaft gezogen sein. Es ist in der Regel das am stärksten geschädigte Chakra, weil es mit unserem Selbstwertgefühl zu tun hat und Selbstangriff unser größtes Problem ist.

Befasse dich mit den Dynamiken, die deiner Meinung nach hinter deiner Absicht zu verlieren stehen. Sollte dir die Antwort nicht gleich in den Sinn kommen, wähle drei Zahlen zwischen eins und zwanzig. Betrachte dann die oben aufgeführten Dynamiken und beschäftige dich eingehend mit den Antworten. Die Dynamik, die du zuerst wählst, ist deine wichtigste Dynamik, gefolgt von den Dynamiken, die du an zweiter und dritter Stelle wählst.

Das verborgene Selbst ist ein Teil deines Geistes, der will, dass du verlierst. Wenn es eine deiner Dynamiken ist, frage es, welchen Zweck es damit verfolgt, dich verlieren zu lassen. Wenn die Antwort dir den Zweck nicht vollständig erklärt, frage es, welchen Zweck der Zweck hat, den das verborgene Selbst dir genannt hat. Manchmal musst du eine ganze Weile nach dem Zweck jedes Zwecks fragen, bis die Sache allmählich klar wird. Um ihm einen Rahmen zu bieten, frage ich das verborgene Selbst, das will, dass wir verlieren, mitunter nach seinem Namen und danach, wie alt es ist. Sein Alter hilft dir manchmal besser zu verstehen, warum seine Argumentation dir allzu simpel erscheint. Was immer es auch erreichen möchte, versucht es aus einem gespaltenen Bewusstsein heraus zu erreichen, und wenn es nicht integriert wird, kann es nie so erfolgreich sein, wie es wäre, wenn es seiner wahren Aufgabe folgen würde.

Die folgende Übung der Zentrierung kann alle Themen sowohl auf unterbewussten als auch auf unbewussten Ebenen heilen.

Rufe zuerst die *Göttliche Präsenz* an. Bitte die *Göttliche Präsenz* darum, sich in der Mitte deines Geistes einzufinden. Frage dich dann, zu wie viel Prozent du aus deiner Mitte geraten bist. Gestatte der *Göttlichen Präsenz*, dich in deine Mitte zurückzurufen, die Erfolg ist. Lass zu, dass du von der *Göttlichen Präsenz* umarmt wirst. Bitte darum, dass alle deine Schattenfiguren, Selbstkonzepte und Glaubenssysteme des Verlierers in die Mitte deines Geistes zurückgeführt werden, wo sie schmelzen, bis nur noch ihre reine Energie übrig bleibt. Nachdem dieser Prozess abgeschlossen ist, ruft die *Göttliche Präsenz* alle unterbewussten Muster wieder in deine Mitte zurück, um sie deinem *Sein* zurückzugeben. Danach ruft sie alle Dinge aus deinem persönlichen Unbewussten in deine Mitte zurück. Dazu zählen beispielsweise Geschichten, Verschwörungen, Götzen, Ahnenmuster und vergangene Leben des Verlierers. Nachdem sie alle integriert sind, ruft die *Göttliche Präsenz* alle Dinge aus dem kollektiven Unbewussten, dem kollektiven Ego, dem astralen oder dunklen Unbewussten und schließlich dem „Sündenfall" selbst in deine Mitte zurück. Nimm den tiefen Frieden wahr, den du spürst, nachdem sie alle in deine Mitte zurückgeführt worden sind. Dieser Frieden ist die Wurzel von Zuversicht und Erfolg.

Spüre, wie dein Wille auf den Willen Gottes – das höchste Prinzip des Erfolges – ausgerichtet ist. Gott als der höchste Erfolg hat dich als Erfolg selbst und nicht als nur erfolgreich erschaffen.

Freue dich an dieser Bedeutung. Sie ist ein Teil deines *Seins*, und dein *Sein* ist das Wesen des Erfolges.

Lektion 73

Der große Krieg zwischen Gewinnen und Verlieren

S eit etwa zwanzig Jahren befasse ich mich eingehend mit den *großen Krie-gen*. Sie sind ein Aspekt des Unbewussten, der die hohe Stufe der Vision – geistige Vision – blockiert. Die großen Kriege sind uranfängliche Spaltun-gen im Bewusstsein, zu denen beispielsweise Leben und Tod, Gut und Böse, Männlich und Weiblich, Hell und Dunkel, Geistig und Materiell, Oben und Unten, Innen und Außen, Hier und Dort, Gewinnen und Verlieren gehören.

Damit es das Gewinnen geben kann, muss es auch das Verlieren geben. Damit es Gewinner geben kann, muss es auch Verlierer geben. Bis du die Dualität überwunden und die voll entfaltete geistige Meisterschaft erreicht hast, wird ein Teil deines Geistes immer in Kategorien von Gewinnen und Verlieren denken, und es ist jederzeit möglich, dass du verlierst.

Wir könnten anfangen, diese unbewusste Spaltung in unserem Bewusst-sein zu überwinden, indem wir unsere Einstellung von Gewinnern und Ver-lierern in Gewinner und Lernende ändern. Wenn wir nicht gewinnen oder Erfolg haben, dann gibt es etwas, das wir noch zu lernen haben. In dem Moment, in dem wir aufhören zu lernen, fangen wir an zu sterben.

Erst lernen wir, anschließend wachsen wir durch das, was wir gelernt haben, und dann geben wir das, was wir gelernt haben, an andere Menschen weiter. Dies ist ein Kreislauf, der seit uralten Zeiten anerkannt ist. Es ist ein Kreislauf des Wandels und der Expansion.

Blicke zurück auf dein Leben und deinen Kreislauf aus Gewinnen und Verlieren, aus Erfolg und Misserfolg. Nimm dir ein wenig Zeit, um darü-ber nachzudenken. Stell dir dann vor, es hätte nur Gewinnen und Erfolg gegeben. Wie wäre dein Leben heute? Welche Einstellung hättest du zu dir selbst?

Frage dich, wie viele große Kriege zwischen Gewinnen und Verlieren in dir selbst am Werk sind. Frage dich dann, wie viele Kriege zwischen Erfolg und Misserfolg in dir ausgetragen werden.

Stell dir ein aus mehreren Ebenen bestehendes Schlachtfeld vor, auf dem die Armeen des Gewinnens und des Verlierens jeweils auf einer Seite und auf mehreren Ebenen übereinander aufgestellt sind. Stell dir dann vor, dass du erst zur einen Seite blickst, wo du die Armeen des Gewinnens siehst, und dann zur anderen Seite, wo du die Armeen des Verlierens siehst. Gehe die Mittellinie aller Ebenen des Schlachtfeldes nun entweder gleichzeitig oder einzeln hinab. Gehe weiter, bis du etwa zwanzig Meter über das Schlachtfeld hinausgelangt bist. Der Krieg sollte einzig und allein verhindern, dass du über diese gewaltige Spaltung hinausgelangst. Nachdem du sie überwunden hast, wirst du feststellen, dass die beiden Seiten des Gewinnens und des Verlierens sich zu einem neuen Ganzen zusammenfügen.

Wiederhole diese Übung nun mit Erfolg und Misserfolg. Während du deinen Weg durch die Mitte dieser großen Dichotomie vollendest, nimm wahr, wie beide Seiten sich zu neuer Ganzheit zusammenfügen. Genieße den neuen Blickwinkel und die Offenheit für ganz neue Stufen der Gnade.

Lektion 74

Sallys Geschichte des Mangels

Sally berichtete mir, dass sie alles richtig gemacht hatte, dass das Programm zur Gesundheitsvorsorge, das sie ausgearbeitet hatte, aber trotzdem einfach nicht in Gang kommen wollte. Auf ihrer Website war das Interesse sehr groß, und ihr Programm bot für ein drängendes Problem eine Lösung, die auf lange Sicht unbezahlbar sein würde. Die Krankenhäuser und Kliniken, die ihr Programm bereits einsetzten, erzielten damit hervorragende Ergebnisse, aber irgendwie wollte der Verkauf einfach nicht richtig in Gang kommen.

Sie war gerade von einer Verkaufspräsentation zurückgekommen, als es Zeit für unseren Termin war.

Sallys erste Prozesskarte war die *Geschichte des Mangels*. Ich hatte sie bereits einige Stunden zuvor gezogen, ohne auch nur im geringsten zu wissen, über welches Thema sie mit mir sprechen wollte. Ich fragte sie, wann ihre *Geschichte des Mangels* angefangen hätte, und sie erwiderte: „Bei der Geburt." Ich fragte sie, wer daran beteiligt gewesen sei, und sie sagte: „Meine Mutter." Als ich sie fragte, was denn bei ihr und ihrer Mutter vorgegangen sei, berichtete sie, dass ihre Mutter das Gefühl gehabt hatte, von ihrem Mann nach England mitgeschleppt worden zu sein und in der Falle zu sitzen. Ich fragte Sally, welche Entscheidung sie angesichts dessen, was in ihrer Mutter vorging, für sich selbst getroffen hatte. Sie erwiderte, sie habe beschlossen, dass es besser sei, keine Schwierigkeiten zu machen, und dass sie ihrer Mutter helfen und sie unterstützen müsse. Ich machte ihr klar, dass Hilfe und Unterstützung als „Muss" zu einer Form von Verschmelzung, Aufopferung und Abhängigkeit führten und von ihr benutzt wurden, um sich selbst und alle Menschen, denen sie „half", aufzuhalten, weil sie dazu dienten, ihre Angst vor Erfolg, Nähe und dem nächsten Schritt zu verbergen.

Wir arbeiteten zunächst daran, das Problem zum Zeitpunkt ihrer Geburt zu heilen (das auf Seelen- und Lebensmuster hinweist). Dazu öffnete Sally die Gabe, die sie für genau diese Gelegenheit mitgebracht hatte, um ihre Mutter zu befreien. Dann fragte ich sie, welche Gabe der Himmel für sie bereithielt, um sie mit ihrer Mutter zu teilen. Ihre eigene Gabe war Wahrheit, die Gabe des Himmels war Mut. Nachdem sie diese Gaben mit ihrer Mutter geteilt hatte, fühlte sie sich zwar besser, hatte aber das Gefühl, dass die Angelegenheit nicht vollständig gelöst war.

Dies ist immer ein Hinweis auf einen früheren Konflikt, der nicht gelöst wurde, und tatsächlich war Sallys nächste Prozesskarte, die ihre *Geschichte des Mangels* erzeugte und antrieb, der Götze des Nehmens. Götzen sind viel schwieriger zu erkennen als die Geschichten, die wir schreiben, weil sie in der Regel tiefer im Unbewussten verborgen liegen. Ich fragte Sally, wann ihr Götze des Nehmens entstanden sei, und sie erwiderte, dass er in ihrem zweiten Monat im Mutterleib entstanden war und dass dieses Thema mit ihren Eltern zu tun hatte. Das Verhalten ihres Vaters war von großer Unabhängigkeit geprägt gewesen, und ihre Mutter war darüber verärgert und verbittert. Sally hatte den Konflikt übernommen und ihn dann durch gutes Betragen kompensiert. Sie hatte sowohl die Unabhängigkeit ihres Vaters als auch die Bedürftigkeit ihrer Mutter übernommen. Bedürftigkeit blockiert unsere Fähigkeit zu empfangen, und das lässt uns glauben, dass Nehmen die einzige Möglichkeit ist, die wir haben, unsere Bedürfnisse zu befriedigen. In Wahrheit führt es zu Niederlage und Herzensbruch.

Als Sally das Muster in ihrem Leben betrachtete, konnte sie sehen, dass sowohl ihre Unabhängigkeit als auch der Versuch, ihre Bedürfnisse durch Nehmen erfüllt zu bekommen, weder auf geschäftlicher Ebene noch in ihrer Ehe funktioniert hatten. Ihre Nettigkeit und Hilfsbereitschaft hatten das *Nehmen* verborgen, die selbstsabotierenden Ergebnisse aber waren dennoch vorhanden.

Wir kehrten zu Sallys zweitem Monat im Mutterleib zurück und entdeckten, dass sie selbst die Gaben der Verbindung und des Ideenreichtums für ihre Eltern besaß und dass der Himmel die Gaben der Kommunikation und guten Organisation für ihre Eltern bereithielt. Daraufhin konnte Sally fühlen, wie das Muster sich auflöste und nur noch ein Restgefühl von Ärger übrigblieb. Als ich sie darum bat, intuitiv zu sagen, wo er herkam, erwiderte sie: „Aus einem vergangenen Leben."

Als ich Sally bat, mir intuitiv zu sagen, was in ihr vorging, erwiderte sie, sie habe ein Gefühl von „Oh, nein, ich muss tatsächlich noch einmal geboren werden. Wann kann ich endlich aus diesem Karussell aussteigen?" Das hatte zur Folge gehabt, dass sie ein furchtbares Leben für sich geplant hatte, in dem sie in dem Versuch, ihr ganzes Karma mit einem Schlag zu tilgen, alles verloren hatte. Sie hatte es getan, um alle Anhaftungen loszulassen und nicht noch einmal geboren werden zu müssen. Tatsächlich aber rief es großen Schmerz, Verbitterung und Ärger hervor und hatte zur Folge, dass sie andere Menschen verfluchte. Das wiederum erzeugte noch größeren Schmerz. Ihre Lektion in diesem Leben hatte Transzendenz sein sollen, aber sie hatte kläglich versagt und dafür gesorgt, dass sie zurückgeworfen wurde. Ich führte sie in ihre frühe Kindheit in diesem Leben zurück und fragte sie, welche Seelengabe sie selbst mitgebracht hatte, um sie mit allen Menschen in diesem Leben zu teilen, und welche Gabe der Himmel als Beitrag für alle Menschen in diesem Leben mit ihr teilen wollte.

Sally erwiderte: „Meine Gabe bestand darin, den Frieden Gottes weiterzugeben. Die Gabe des Himmels war Fülle." Nachdem sie die Tür in ihrem Geist geöffnet hatte, um ihre eigene Gabe hervorzubringen und die Gabe des Himmels zu empfangen, teilte sie diese Gaben mit allem und jedem. Dadurch hatte sie das Gefühl, dass ihr damaliges Leben erfüllt und transzendent verlaufen war.

Ich erklärte Sally, dass es angesichts der Folgen, die ihr Erleuchtungsplan gehabt hatte, vielleicht besser sei, den Job als ihre eigene Lehrerin aufzugeben. Dann forderte ich sie auf, die Schattenfigur des Verfluchers zu heilen. Als ich fragte, wie viele dieser Schattenfiguren sie habe, erwiderte Sally: „Zweiundsiebzig." Ich forderte sie auf, sie alle zu integrieren, bis nur noch ihre reine Energie übrig war, und diese Energie dann wieder in sich aufzunehmen. Danach bat ich Sally, die geheilte Energie dieses vergangenen Lebens durch alle anderen Leben hindurch bis in ihr jetziges Leben und dann bis zum gegenwärtigen Moment mitzubringen. Als ich sie fragte, wie viele Götzen des Nehmens und wie viele *Geschichten des Mangels* sie insgesamt hatte, entgegnete sie: „Drei und vierzig." Ich forderte sie auf, sie alle in Gottes Hände zu legen und darauf zu achten, was ihr an ihrer Stelle gegeben wurde. Sie sagte: „Staunen."

Dann fragte ich sie, was in diesem Leben ihre Gabe an sich selbst war, und sie erwiderte: „Die Heilung meiner Angst vor dem Erwachen." Sie hatte bereits festgestellt, dass der Erleuchtungsplan, den sie in ihrem früheren Leben gefasst hatte, in Wahrheit ihre Angst vor Erleuchtung verbarg.

Ihre dritte Prozesskarte, die unter der *Geschichte des Mangels* und dem Götzen des Nehmens verborgen lag und den wahren Prozess zeigte, der sich für Sally gerade entfaltete, war *Gottes Wille*, eine der höchsten Karten im gesamten Spiel. Ich bat Sally, zum zweiten Monat ihrer Zeit im Mutterleib sowie zu ihrer Geburt zurückzukehren, die Anteile ihrer selbst wieder willkommen zu heißen, die sie preisgegeben hatte, und die Tür zur *Geschichte des goldenen Lebens* aufzustoßen, die *Gottes Wille* für sie war. Am Ende der Sitzung empfand Sally tiefe Freude und hatte das Gefühl, dass Erfolg kein Thema mehr für sie war. Es war das glückliche Ende dessen, was zuvor ein Ringen um Erfolg gewesen war.

Lektion 75

Die Lektion des Überwältigtseins lernen

Wenn wir überwältigt sind, dann haben wir eine Sache, die auf uns zugekommen ist, nicht einkalkuliert. Sowohl unsere Planung als auch unser Bewusstsein für das, was auf uns zugekommen ist, waren kurzsichtig. Überwältigtsein kann schnell zum Burnout führen, was zur Folge hat, dass wir uns noch stärker trennen und noch anfälliger für Stress sind.

Überwältigtsein bedeutet, dass wir uns aufopfern, und wenn wir ausbrennen, dann bleibt nichts mehr, was wir noch geben könnten. Aufopferung ist eine verborgene Form des Angriffs auf die Menschen in unserer Umgebung, und sie ist eine Rolle, die uns in der Trennung festhält. Wir verstecken uns vor unserer Lebensaufgabe und dem heiligen Versprechen, das wir gegeben haben, indem wir die Gnade und die Fähigkeit, unsere Gaben zu verwirklichen, durch Aufopferung zurückweisen und indem wir uns vor dem Empfangen fürchten. Wenn wir uns aufopfern, geben wir Verbundenheit zugunsten von Verschmelzung auf, die eine vorgetäuschte Form von Verbundenheit ist und von Co-Abhängigkeit, verwischten Grenzen und Aufopferung herrührt. Unsere Co-Abhängigkeit beginnt zumeist in unserer Familie, in der auch der Ursprung unseres Überwältigtseins liegt, obwohl sie manchmal auch auf Ahnenebene von einer Generation der Familie zur nächsten weitergegeben werden kann. Typische Botschaften von Überwältigtsein und Burnout sind:

Ich muss alles allein und aus eigener Kraft schaffen.
Es gibt niemanden, der mir hilft.
Schau, was du mir angetan hast. Es ist deine Schuld.
Es ist nicht meine Schuld. Ich habe alles gegeben.
Ich bin heldenmütig!
He, schaut mich an!
Wir sind nicht wirklich verbunden.

Überwältigtsein zeigt die anderen Fallen, die in Unabhängigkeit, Aufopferung, dem Annehmen von Aufgaben, die nicht unsere Aufgaben sind, verborgener Familienschuld, Investition in Kleinheit und dem Verstecken vor unserer Lebensaufgabe und vor unserer Bestimmung bestehen. Wir greifen an, indem wir unseren Platz nicht einnehmen und indem wir nicht der Führer in Begabtheit sind, der wir sein wollten. Burnout zeigt, dass in uns verborgen noch immer *Geschichten der Tragödie* und *Geschichten der falschen Geisteshaltung* am Werk sind. Die äußerst schmerzhafte *Geschichte der Tragödie*, die wir in dieses Leben mitgebracht haben, hat dazu geführt, dass wir eine dysfunktionale Familie hatten und als erwachsener Mensch an gebrochenem Herzen gelitten haben, was den Wunsch, durchschnittlich zu sein, um sie zu kompensieren, vielfach verstärkt hat. Die *Geschichte der falschen Geisteshaltung* besteht darin, dass wir unseren Platz nicht eingenommen haben, um unserer Familie zu helfen. Darüber hinaus erlauben wir uns nicht mehr, mit der wilden Selbstvergessenheit zu lieben, wie wir es als Kind getan haben. So rückhaltlos zu lieben könnte uns unsere weibliche Seite und auch unser Herz zurückbringen.

Wir glaubten zu wissen, was für uns am besten ist, und haben darüber unsere Begabtheit, unsere Lebensaufgabe und unsere Bestimmung aufgegeben, die allein groß genug sind, um die Familienverschwörung zu heilen. Auf den tiefsten Ebenen sorgt die Ablehnung dieser Dinge dafür, dass wir unabhängig und dissoziiert bleiben, abhängig oder Opfer sind oder uns aufopfern. Unsere Familie ist immer noch dysfunktional, weil wir nie vorgetreten sind, um das zu tun, was wir versprochen haben, oder der zu sein, der zu sein wir versprochen haben. Das hat zur Folge, dass wir nicht die Anerkennung und die Belohnung erhalten, die wir verdient haben, weil wir weder die Mission erfüllen, die unser Beitrag sein sollte, noch unsere Bestimmung tatsächlich von ganzem Herzen annehmen.

Nun können wir uns unserer *Geschichte der Tragödie* und unserer *Geschichte der falschen Geisteshaltung* bewusst werden und sie loslassen. An ihrer Stelle können wir unsere Gaben und unsere Aufgabe als Führer in Begabtheit annehmen. Ein Führer in Begabtheit zu sein ist mehr Fluss als Anstrengung und bedeutet viel für die Menschen, denen durch unsere Gaben geholfen wird. Unser eigenes Leben wird durch ein höheres Maß an Reibungslosigkeit und Glück bereichert. Endlich können wir die transformative Wirkung auf unsere Familie haben, die wir immer haben wollten. Hinzu kommt, dass wir mehr Glück haben und effektiver sind, weil wir Rebellion und „meinen Weg" zugunsten von Gnade und Führung aufgegeben haben.

Einzig und allein die Gnade und die Gaben, die uns vom Himmel gegeben werden, können uns vor dem Überwältigtsein bewahren. Es war unsere Zurückweisung sowohl unserer Lebensaufgabe als auch der Gnade des Himmels, die dazu geführt hat, dass wir Herzensbrüche in unserer Familie erlitten haben und zum Opfer gemacht worden sind. Das hält uns im großen Kreislauf des Versteckens fest und verhindert, dass wir unsere Größe erkennen. Es macht uns abhängig und zum Opfer, führt zu Aufopferung und Märtyrertum und verbirgt nicht zuletzt unsere Entscheidung, unabhängig zu sein, sowie eine Einstellung, die sagt: „Es kümmert mich nicht!" Dies hat die *Geschichte der Tragödie*, die *Geschichte der falschen Geisteshaltung* und auch die Verschwörung der Kleinheit in Gang gesetzt.

Nimm deine Lebensaufgabe und deine Gaben von ganzem Herzen an. Nimm dein Herz an, das wahrhaftig, bis über beide Ohren und zutiefst lieben will. Lass zu, dass der Himmel deine *Geschichten der falschen Geisteshaltung* und deine *Geschichten der Tragödie* sowie deine Verschwörung der Kleinheit zerfetzt.

Werde zu dem, der du sein wolltest, indem du eine Partnerschaft mit dem Himmel eingehst und ein Leben führst, das von Glück geprägt ist.

Lektion 76

Das Gesetz des Sehens

D as Gesetz des Sehens ist ganz einfach: „Was du außerhalb von dir siehst, ist das, was du in dir fühlst." Das gibt dir unendlich viele Möglichkeiten, die Verantwortung sowohl für das zu übernehmen, was du wahrnimmst, als auch für das, was in deinem Umfeld geschieht. Es gibt dir außerdem eine Fülle an Macht, es zu transformieren, weil es in dir selbst liegt. Mithilfe dieses Prinzips konnte ich vielen meiner Klienten nicht nur dabei helfen, ihrerseits anderen Menschen zu helfen, die in großer Not waren, sondern auch eine negative Eigenschaft zu transformieren, die jemand in ihrer Umgebung an den Tag legte.

Die folgenden Beispiele gehören zu den grundlegenden Eigenschaften, die es zu transformieren gilt, wenn du sie in deiner Umgebung wahrnimmst: Starrsinn, Dummheit, falsche Geisteshaltung, Verrat, Autoritätskonflikt, Kampf, Schwelgen oder Sucht, Pech, Verlierer sein, Mangel an Integrität, Niederlage, Wertlosigkeit. Diese Eigenschaften, von denen es natürlich noch weit mehr als die oben genannten Beispiele gibt, führen vom Erfolg fort.

Letzten Endes ist die Welt, die du sehen willst, deine eigene Wahl. Entscheidest du dich für eine Welt des Erfolges oder für eine Welt der Niederlage? Entscheidest du dich für eine Welt der Liebe oder für eine Welt des Hasses? Glaubenssätze, die unsere Wahrnehmung und unsere Erfahrung bilden, sind alte Entscheidungen, die wir vor langer Zeit getroffen haben und die nun statisch in uns verankert sind. Wie Entscheidungen, die wir treffen und dann sofort wieder verdrängen oder die wir auf einer Ebene unterhalb unserer bewussten Wahrnehmung treffen, können diese Glaubenssätze tief in unserem Bewusstsein verankert sein. Weil wir die negativen Auswirkungen dessen erleiden, was in uns selbst ist, werden wir dadurch, dass wir die Verantwortung für unsere Welt und unsere Erfahrung übernehmen, ganz einfach daran erinnert, dass wir die Macht haben, unser Denken zu ändern.

Hüte dich vor dem Versuch des Egos, dir wegen dem, was du siehst, ein schlechtes Gefühl einzureden, denn das ist Schuld. Das Ego heftet Schuld an nahezu jede negative Emotion, die wir fühlen, vor allem aber an Ärger, Traurigkeit und Versagen. Außerdem haben wir viel Schuld aus der Vergangenheit in uns vergraben, die das Ego benutzt, um unsere innere Welt in Unordnung zu bringen. Mit Schuld überzogen zu werden hindert uns daran, tief in uns hineinzublicken, wo es letztlich nur Licht und Liebe gibt. Wenn wir unsere Welt betrachten, können wir unsere inneren Gefühle erkennen, die uns von der Erfahrung einer von Licht und Liebe erfüllten Welt trennen.

Betrachte nun also deine Welt.

Welche negativen Verhaltensweisen hast du in letzter Zeit in deiner Umgebung bemerkt?

Liste sie für deine Familie, für deine Arbeitskollegen, für deine Freunde und für deinen Bekanntenkreis auf.

1. .... 4. .... 7. ....
2. .... 5. .... 8. ....
3. .... 6. .... 9. ....

Ich möchte nun drei Heilmethoden vorstellen, die du benutzen kannst, um diese Eigenschaften zu transformieren. Es wäre sinnvoll, diese Übungen mindestens einmal in der Woche durchzuführen. Wenn du eine harte Zeit durchmachst, kannst du sie sogar jeden Tag praktizieren.

I. Stell dir vor, dass du selbst diese Eigenschaft besitzt. Erfahre sie, bis du wirklich spüren kannst, dass es deine Eigenschaft ist. Es kann sein, dass du dich anfangs hineinlehnen und großen Widerstand überwinden musst, denn normalerweise ist diese Eigenschaft sehr gut verteidigt. Sie liegt in dir vergraben und wird auf einen anderen Menschen projiziert. Diese Übung kann deine Wahrnehmung zumindest so weit verändern, dass du das Handeln des betreffenden Menschen als Hilferuf erkennst, der Mitgefühl in dir auslöst.

Sobald du dir diese Eigenschaft eingestanden hast, nimm alle Emotionen wahr, von denen sie umgeben ist. Fühle sie, übertreibe sie. Nimm wahr, wie die Dinge sich entwickeln, während du sowohl die Emotionen fühlst, die mit der Eigenschaft verbunden sind, als auch das Urteil, das du darüber gefällt hattest. Sobald du die Emotionen spürst, arbeite daran, sie anzunehmen. In dem Maße, in dem du sie annehmen kannst, bleibst du nicht länger darin stecken, und sie können sich auf eine heilende Weise entwickeln. Sei dir jedoch bewusst, dass es, ehe es besser wird, zunächst schlimmer werden kann, wenn du es mit unbewussten Emotionen zu tun hast oder viele Emotionen tief eingepresst sind. Trotzdem hast du endlich die richtige Richtung eingeschlagen. Wenn du den Prozess beschleunigen willst, dann vergib dir selbst für die Verhaltensweise und die Emotionen, und vergib auch der Verhaltensweise und den Emotionen selbst. Irgendwann kommt ein Punkt, an dem du in Bezug auf diese Verhaltensweise ein Gefühl des Friedens empfindest. Wenn es sich einstellt, betrachte den Menschen und die Eigenschaft, die dir zuerst gezeigt haben, was du innerlich geglaubt und gefühlt hast. Wie stellen sie sich dir jetzt dar?

Diese Übung bietet den zusätzlichen Vorteil, dass sie unsere weibliche Seite vom Urteil befreit, unser Herz zurückgewinnt und uns durch Dissoziation und Leugnung zur Partnerschaft voranbringt, sodass wir empfangen können.

II. Stell dir vor, wie groß die Entfernung zwischen dir und dem Menschen ist, der die negative Eigenschaft an den Tag legt. Wenn du es in Schritten ausdrücken solltest, wie viele Schritte sind es dann?

Fühle, was du fühlst, nun aus der Entfernung dieser Anzahl von Schritten. Lehne dich in das Gefühl hinein. Übertreibe es. Beobachte die Emotion, während sie sich entfaltet. Nimm sie an. Wenn es sehr lange dauert oder du auf Widerstand triffst, vergib der Emotion. Irgendwann wirst du das Gefühl haben, dass dieser Prozess abgeschlossen ist und du an einen neuen Ort gelangt bist. Wie viele Schritte bist du jetzt entfernt, und welche Emotion spürst du hier? Fühle diese Emotion. Lehne dich in sie hinein, bis du auch hier wiederum das Gefühl hast, dass der Prozess abgeschlossen ist.

Gehe mit Dissoziation so um, wie du mit jeder anderen Emotion umgehen würdest. Du kannst durch sie hindurchgehen wie durch eine Emotion, auch wenn sie eine Abwehr ist, die verhindern soll, dass du Gefühle fühlst, die du nicht fühlen willst. Wiederhole die einzelnen Schritte dieser Übung so oft, bis du mit dem betreffenden Menschen oder der Situation eins geworden bist.

III. Bitte um die Hilfe des Himmels. In dieser Übung lässt du den Himmel die ganze Arbeit erledigen. Bitte den Himmel darum, dir die Angst, die Selbstkonzepte, das Urteil und die Schuld zu nehmen, die verhindern, dass du die Liebe Gottes spüren kannst, die du für den betreffenden Menschen oder die betreffende Situation in dir trägst. Wenn du diese Liebe spürst, trägst du aktiv dazu bei, Erfolg und Glück in dein Leben hineinzutragen. Was du projiziert hattest, wird geheilt. Schuld wird durch Liebe ersetzt. Anstelle von Projektion und Urteil hast du nun Partnerschaft und Fluss. Und nicht zuletzt hast du der Welt geholfen, indem du einem anderen Menschen geholfen oder eine Situation transformiert hast, um einen besseren Weg zu finden.

Lektion 77

Verschmelzung und Mangel an Erfolg

Verschmelzung geschieht, wenn wir durch den Verlust der Verbundenheit unsere Grenzen verlieren. Dieser Verlust der Verbundenheit hat die direkte Auswirkung, dass wir entweder unabhängiger oder abhängiger werden, führt aber gleichzeitig dazu, dass wir verschmelzen. Durch den Verlust der Verbundenheit verlieren wir unsere Mitte, die ein Ort des Friedens und Gleichgewichts ist. Das führt dazu, dass wir Schuld, Gefühle des Versagens und Verschmelzung fühlen, die wir durch Aufopferung und Aktivismus überdecken. Bis die Verbundenheit wiederhergestellt wird, sind wir auf einer Ebene des Lebens gefangen, die ungeachtet dessen, wie viel wir auch tun mögen, verhindert, dass wir empfangen können. Erfolg können wir nur durch Akte reinen Gebens haben. Über die Falle der Aufopferung können wir nur hinausgelangen, indem wir die Verbundenheit wiederherstellen. Weil wir die Verschmelzung in uns tragen, kann es passieren, dass wir unabhängig bleiben, um die Aufopferung nicht zu fühlen, aber die Verschmelzung in uns wartet nur darauf, an einen Partner anzudocken. Unsere Unabhängigkeit verbirgt dabei natürlich, dass wir mit einigen Mitgliedern unserer Familie nach wie vor verschmolzen sind.

Verschmelzung sorgt dafür, dass wir das Gefühl haben, eine große Last mit uns herumzutragen. Unsere Beziehungen und unsere Arbeit fühlen sich beschwerlich und leblos an. Das Leben wird schwer, und es mangelt ihm an Fluss, was dazu führt, dass wir uns entweder antreiben oder aufgeben. Wenn wir uns antreiben, leiden wir früher oder später an Burnout, denn unsere ursprüngliche Familienschuld und die Gefühle des Versagens, die mit dem Verlust der Verbundenheit begonnen haben, verhindern, dass wir empfangen können.

Verschmelzung ist das Gefühl, einem Menschen extrem nahe zu sein, manchmal sogar zu nahe, was dann zu einer Abstoßung führt, wie man sie von zwei gleichpoligen Magneten kennt. Wenn unser Partner unsere Eltern oder unsere Geschwister angreift, weil wir mit ihm verschmolzen sind, dann spürt er aufgrund dieser Verschmelzung oft Gefühle der Eifersucht oder der Konkurrenz. Er will nicht, dass jemand anderer uns näher ist als er selbst. Ihm ist möglicherweise kaum bewusst, dass dies der Grund für sein Verhalten ist, und wir können dadurch sehr stark unter Druck geraten, weil wir das Gefühl haben, zwischen zwei Verschmelzungen gefangen zu sein – der Verschmelzung mit unserem Partner und der Verschmelzung mit einem Mitglied unserer Familie, das uns besonders nahe ist. Wenn wir eine Verschmelzung auf unabhängige Weise lösen, bleibt der Stachel stecken, und wir werden auch weiterhin daran gehindert, erfolgreich zu sein. Je größer die Verschmelzung, umso weniger Fluss gibt es. *Was unser Partner nicht erkennt, ist die Tatsache, dass eine unserer Verschmelzungen ihn nur deshalb aus der Fassung bringen kann, weil er Schuld für eine Verschmelzung empfindet, die unserer eigenen Verschmelzung entspricht.*

Das Ego benutzt unsere Verschmelzung, um uns in den Rollen von Abhängigkeit, Unabhängigkeit oder Aufopferung festzuhalten. Auf diese Weise streben wir nach Erfolg und leisten ihm gleichzeitig Widerstand. Wir haben dasselbe gespaltene Bewusstsein wie zu dem Zeitpunkt, als wir den Verlust der Verbundenheit erfahren haben, der unter anderem zu dieser Verschmelzung geführt hat.

Wege aus der Verschmelzung sind Wege, die aus der Toten Zone hinaus und in Fluss, Partnerschaft, Nähe und Erfolg hineinführen. Eine ähnlich heilende Wirkung hat es, wenn wir uns unserer Arbeit, uns selbst, dem nächsten Schritt, der Wahrheit oder unserem Partner verpflichten. Die Verbundenheit wird Schritt für Schritt in dem Maße wiederhergestellt, in dem wir sowohl uns selbst als auch dem Menschen vergeben, mit dem wir verschmolzen sind.

Eine weitere ausgezeichnete Methode, Verschmelzung zu heilen, sind Übungen der Verbundenheit, in denen du beispielsweise dein Licht mit dem Licht aller anderen an der Situation beteiligten Menschen verbindest, bis du Frieden, Einheit oder Einssein spürst.

Verschmelzung ist vorgetäuschte Verbindung. Wir verlassen unsere Mitte, um mit einem anderen Menschen zu verschmelzen. Das blockiert Kommunikation und fördert Introjektion. Introjektion bedeutet, dass wir den Schmerz des Menschen, mit dem wir verschmolzen sind, „schlucken", was es doppelt schwierig macht, zur Partnerschaft zu gelangen oder zu empfangen.

Eine weitere Methode, die uns und andere Menschen zur Verbundenheit anstelle von Verschmelzung zurückführen kann, ist Zentrierung. Zentrierung ist einfach. Bitte in einer traumatischen oder problembehafteten Situation darum, dass jeder in seine Mitte zurückgebracht werden möge. Bitte darum, bis sich ein tiefes Gefühl des Friedens und der Einheit einstellt oder sich alles in Licht verwandelt. Dies ist die Mitte, in der Gnade gegenwärtig ist und in der Wunder in Fülle vorhanden sind.

Verschmelzung kann auch durch eine alte hawaiianische Methode geheilt werden, die das *Schwert der Wahrheit* genannt wird. Du rufst das *Schwert der Wahrheit* an, das Illusionen und Verschmelzung durchschneidet. Dann benutzt du es, um die Stricke der Verschmelzung zwischen allen Menschen zu durchtrennen, die auf eine unwahre Weise aneinander gebunden sind. Stell dir vor, dass du das *Schwert der Wahrheit* in Händen hältst und es schwingst, um die Verschmelzung zwischen dir selbst und einem anderen Menschen oder zwischen zwei anderen Menschen, die miteinander verschmolzen sind, zu durchschneiden. Wenn du die Stricke der Verschmelzung durchtrennt hast, bleibt nur noch Verbundenheit übrig. Es kann passieren, dass du diese Übung jeden zweiten oder dritten Tag wiederholen musst, weil die Stricke anfangs möglicherweise nachwachsen, besonders dann, wenn die Verschmelzung dazu dient, Angst vor Erfolg, vor Nähe oder vor unserer Lebensaufgabe zu verbergen. In diesem Fall soll Verschmelzung uns daran hindern, vorzutreten und uns zu zeigen.

Das Maß, in dem wir das Meisterschaftsbewusstsein aufgegeben haben, entspricht dem Maß, in dem wir verschmolzen sind und uns vor Größe fürchten. Verschmelzung zeigt unwahre Loyalität, die manchmal verborgen ist. Jetzt ist es an der Zeit, unwahre Loyalität zugunsten der Wahrheit aufzugeben. Wolle die Wahrheit von ganzem Herzen. Benutze dann eine der oben beschriebenen Heilmethoden oder bitte den Heiligen Geist darum, die Verschmelzung aufzulösen und die Verbundenheit wiederherzustellen, um dir Erfolg in Beziehungen und Beruf zu bringen.

Wir tragen viele Schichten der Aufopferung und Verschmelzung in uns, und es ist an der Zeit, dass wir sie aufgeben, um Leichtigkeit und Erfolg zurückzubringen.

Lektion 78

Schamanische Prüfungen

Wir alle werden in unserem Leben bestimmten Prüfungen unterzogen. Bei diesen Herausforderungen handelt es sich nicht um reine Prüfungen unseres Gedächtnisses oder Intellekts, sondern vielmehr um Prüfungen des Geistes und des Herzens. Manche Prüfungen sind klein und können beispielsweise darin bestehen, ob wir freundlich oder kränkend auf einen anderen Menschen reagieren oder ob wir einen Schritt auf ihn zutun oder einen weiteren Schritt in die Trennung hineingehen. Die meisten dieser Prüfungen haben keine größeren oder unmittelbaren Folgen oder Auswirkungen. Andererseits gibt es aber auch einige Prüfungen, die unsere Seele bereits vor unserer Geburt angesetzt hat. Bestehen wir sie erfolgreich, werden wir in eine neue Stufe von Macht, Liebe oder Erfolg eingeweiht. Unser Geist und unser Herz dehnen sich aus. Unsere Kreativität und unsere medialen Fähigkeiten wachsen. Eine Seelenprüfung, die wir nicht bestehen – ganz gleich, ob wir sie uns selbst gestellt haben, ob sie uns von einem Lehrer gegeben wurde oder ob sie ein plötzlicher Angriff des Lebens in seiner schlimmsten Form ist, der uns alles abverlangt –, kann eine der schmerzhaftesten Erfahrungen in unserem Leben sein.

Schamanen erlegten ihren Schülern häufig derartige Prüfungen auf. Das konnten Situationen sein, in denen es um Leben oder Tod ging, wenn beispielsweise ein Schüler eine bestimmte Flüssigkeit trinken musste, die ihn umbringen, ihn wahnsinnig machen oder dazu führen konnte, dass er die Grenzen der natürlichen Welt überschritt. Andere Einweihungen, wie etwa eine Krankheit, konnten jemanden scheinbar völlig ungebeten heimsuchen. Bei manchen Krankheiten sah der betreffende Mensch, wie er selbst oder ein bestimmter Teil seines Körpers – wie etwa die Augen – von Dämonen verschlungen wurde. Wenn er diese Krankheit überlebte, stellte er fest, dass er heilende Fähigkeiten besaß oder bestimmte Krankheiten – wie etwa Augenkrankheiten im Fall des Dämons, der seine Augen verschlungen hatte – heilen konnte. Mitunter konnte ein Mensch auch Zugang zu schamanischen Kräften erlangen, wenn er sich angesichts von Bedrohung oder Not auflehnte und dadurch eine lange verlorene Fähigkeit erschloss, die Rettung brachte.

Von einem Schamanen wurde normalerweise gefordert, dass er alles wagte und alles auf eine Karte setzte. Sein heldenhaftes Geben erweiterte sein Bewusstsein und vergrößerte seine schamanischen Gaben.

Auch wir setzen in unserem Leben von Zeit zu Zeit eine schamanische Prüfung an. Wenn wir sie bestehen, wächst unsere Zuversicht, in ein ganz neues Stadium des Erfolges eintreten zu können, weil unser Herz und unser Geist sich ausgedehnt haben. Wenn wir diese Prüfungen nicht bestehen, haben wir kaum noch das Gefühl, lebendig zu sein, oder wir glauben, man habe uns das Herz aus der Brust gerissen. Prüfungen, die wir nicht bestehen, gehen weiter. Wir tragen sie so lange in uns, bis wir sie bestehen, auch wenn sie normalerweise unter einem hohen Maß an Dissoziation vergraben sind, damit wir mit unseren Gefühlen umgehen und trotz des großen Schmerzes überleben können. Wenn wir eine schamanische Prüfung nicht bestehen, scheinen wir von unserer vorherigen Größe geschrumpft zu sein und an Ansehen verloren zu haben. Sobald wir jedoch erkennen, dass die Prüfung weitergeht, können wir sie noch einmal ablegen und bestehen.

Eine schamanische Prüfung zu bestehen, erfordert:

- dass wir alles geben
- Vergebung
- dass wir um die Hilfe des Himmels bitten

1. **Alles geben**
   Wenn du alles und noch ein wenig mehr gibst, weitet sich dein Geist über das hinaus, was du für möglich hieltest. Dein Blick öffnet sich, und ein Weg tritt klar zutage. Lange verborgene Kräfte erschließen sich dir auf eine ganz natürliche Weise für die Situation, die vor dir liegt.

2. **Vergebung**
   Eine Textzeile in *Ein Kurs in Wundern* lautet: „Ich will vergeben, und dieses wird verschwinden." Vergib zuerst dir selbst und dann der Situation. Vergib danach allen Menschen, die an der Situation beteiligt sind, und allem, was fehlgeschlagen ist. Vergib jedem und allem in der Vergangenheit und der Gegenwart. Vergib deinem gespaltenen Bewusstsein, das die Situation wahrnimmt, und vergib dem Konflikt. Du kannst eine schamanische Prüfung ganz einfach durch Vergebung bestehen.

Sobald allerdings heimliche Nichtvergebung bestehen bleibt, bleiben auch Leid oder Bedrohung bestehen. Bitte dein höheres Bewusstsein um Hilfe, damit du das finden und vergeben kannst, was notwendig ist, um die schamanische Prüfung zu bestehen.

3. **Um die Hilfe des Himmels bitten**
    Um ein Wunder zu bitten – was manche Menschen für die bestmögliche Methode des „Mogelns" halten – ist der wirklich einfache Weg, eine schamanische Prüfung zu bestehen. Es rückt alles wieder in die richtige Perspektive. Es erinnert uns an Gott und daran, dass wir Gottes kostbares Kind sind und es verdienen, dass uns alle guten Dinge mühelos zuteil werden. Bitte von ganzem Herzen um ein Wunder, denn Gott hört dein Herz und nicht deine Worte.

Wenn eine schamanische Prüfung bestanden wird, vermag sie tiefe Spaltungen im Unbewussten zu integrieren. Es kann daher laufende schamanische Prüfungen geben, wie es beispielsweise der Fall ist, wenn Eltern ständig Krieg gegeneinander führen. Der Druck kann dein Leben zerstören, kann dich – richtig eingesetzt – jedoch auch in einen Diamanten verwandeln. Wenn du die Prüfung bestehst, wirst du zu einem Diamanten, der anderen Diamanten zu Hilfe kommt.

Untersuche dein Leben nun auf Zeiten, in denen du das Gefühl hattest, dir würde das Herz herausgerissen und du wärest gerade noch mit dem Leben davongekommen. Es sind die schmerzhaftesten Ereignisse deines Lebens.

Erstelle eine Liste dieser Ereignisse.
1. ....
2. ....
3. ....

Frage dich dann, zu wie viel Prozent du jede der Prüfungen bestanden hast. Der Rest ist das, was du noch zu lernen hast.

Wähle anschließend eine der drei oben beschriebenen Methoden und praktiziere sie so lange, bis du von einem Gefühl des Friedens erfüllt bist und die kreative Macht in dir spüren kannst, die daher rührt, dass du eine schamanische Prüfung bestanden hast.

Denke daran, dass, wenn noch Reste von Schmerz vorhanden sind oder du noch Urteile über etwas hegst, es noch etwas gibt, das abgeschlossen werden muss. Diese schamanischen Prüfungen wurden von deiner eigenen Seele angesetzt. Du musst auf einer tiefen Ebene die Zuversicht gehabt haben, dass du die Prüfung bestehen kannst und dass es einen Weg gibt. Gib nicht auf. Es gibt einen besseren Weg, und du kannst ihn finden.

Lektion 79

Die Überholspur zum Erfolg

D ie meisten Menschen erkennen nicht, dass Ärger, Angriff und Streit wunderbare Mittel sind, die das Ego einsetzt, um unseren inneren Fluss zum Stillstand zu bringen. Dadurch geben sie uns die Möglichkeit, Angst und Schuld zu verstecken. Sobald wir mit einem anderen Menschen streiten, benutzen wir ihn, um unseren nächsten Schritt nicht gehen zu müssen. Er wird für uns zur idealen Ausrede. Wir sind von ihm und unserem Streit besessen, und kaum jemand käme auf die Idee, dass der Streit eine Angst vor dem nächsten Schritt verbirgt. Urteil verschließt sogar den Geist und das Herz. Unsere Wahrnehmung wird heruntergefahren, was zur Folge hat, dass wir in der Wahrnehmung einer Situation oder eines anderen Menschen so gefangen bleiben, wie wir sie oder ihn verurteilt haben. Wir haben uns selbst und den Menschen, den wir verurteilt haben, in ein Gefängnis gesperrt. Unser Urteil ist ein Angriff auf ihn und auf uns selbst. Es hindert uns am Weitergehen und fährt unsere Wahrnehmung auf den kleinsten gemeinsamen Nenner herunter. Wieder benutzen wir die Menschen, die wir verurteilen, um uns selbst zurückzuhalten und als Möglichkeit, unsere Schuld zu verstecken. Ganz zu schweigen davon, dass jeder Angriff auf einen anderen Menschen auch ein Angriff auf uns selbst ist. Wir zahlen einen hohen Preis für Ärger, Angriff, Urteil und Streit, die aber verhindern, dass wir erfolgreich sind, oder unseren Erfolg auf ein weit geringeres Maß begrenzen, als anderenfalls möglich gewesen wäre.

Wir halten Streit, Ärger und Urteil für selbstverständlich, ohne zu bedenken, dass sie auf Kosten unseres Erfolges gehen. Wenn wir streiten, verstärken wir die Angst, die uns überhaupt erst dazu bringt, eine Ausrede zu finden, um den nächsten Schritt nicht gehen zu müssen. Die Angst, die dazu führt, dass wir streiten, ist Teil des gespaltenen Bewusstseins, das daher rührt, dass wir die Verbundenheit verloren haben. Wir wollen unabhängig sein und führen daher eine schmerzhafte Situation herbei, die dann unsere Ausrede dafür wird, uns von der Verbundenheit abzuspalten. Des Schmerzes waren wir uns bewusst, aber nun wird jeder unserer Schritte zum Erfolg von Angst, Widerstand und dem Wunsch nach Unabhängigkeit gequält.

Wenn wir auf die Überholspur zum Erfolg gelangen wollen, müssen wir Angriff, Ärger, Urteil und Streit aufgeben. Wir müssen unseren inneren Frieden um jeden Preis wertschätzen. Wo wir versucht sind, zu streiten und anzugreifen, können wir stattdessen segnen, vergeben oder helfen.

Segen erzeugt Fluss. Vergebung erzeugt Frieden und eine neue Wahrnehmung. Sie hilft uns, die Lektion zu lernen, die das Ereignis für uns birgt, und sie zeigt uns, dass Vergebung auf dem Weg zur Lösung eine neue und bessere Wahrnehmung entstehen lässt. Wenn wir helfen, statt zu urteilen, geben wir der Sache ein ganz neues Gesicht, vor allem dann, wenn wir negatives Verhalten erkennen, das zeigt, dass Hilfe gebraucht wird. Ob wir tatsächlich aktiv werden oder uns vorstellen, dass wir eine Seelengabe für den betreffenden Menschen mitgebracht haben, um sie mit ihm zu teilen, oder die Gabe empfangen, die der Himmel für ihn bereithält, und sie mit ihm teilen, spielt dabei keine Rolle. Alle diese Dinge tragen dazu bei, dass sowohl der betreffende Mensch selbst als auch die Situation sich in eine positive Richtung entfalten können. Wenn wir die Lektion lernen, indem wir Angriff aufgeben, Frieden als den Schöpfer des Erfolges wertschätzen und unsere Wahrnehmung durch Vergebung in eine positive Richtung lenken, können wir auf die Überholspur zum Erfolg gelangen.

Lektion 80

Dunkle Gruben und Dich selbst festbinden

Ich arbeitete mit einer intelligenten jungen Akademikerin namens Marie, und wir befassten uns mit ihrem Gefühl, in einer dunklen Grube gefangen zu sein. Ich fragte sie, zu welchem Zweck sie diese dunkle Grube benutzte, und wie lange sie sie schon hatte. Sie erwiderte, dass die Grube sie seit ihrer Kindheit begleite, dass sie aber nicht wisse, aus welchem Grund sie sie habe. Daraufhin fragte ich sie, was die dunkle Grube ihr zu tun erlaube.

Sie antwortete: „Mich selbst festzubinden."

Ich fragte sie, auf welche Weise ihr das diene, und sie erwiderte, festgebunden zu werden sei ein Gefühl, das ihr vertraut sei.

Ich fragte sie, wie es ihr damit gehe, und sie sagte, sie sei an einem Punkt ihres Lebens angekommen, an dem sie bereit sei, den nächsten Schritt zu gehen. Sie legte die dunkle Grube in die Hände Gottes und spürte sofort, dass sie endlich mit ihrer Kindheit abschließen konnte, deren Heilung ihr sehr wichtig gewesen war. Außerdem brachte es ihr ein tiefes Gefühl der Befreiung.

Ich fragte sie, wie viele dunkle Gruben ihre Mutter und ihr Vater hatten, und sie erwiderte: „Eine beziehungsweise zwei."

Ich fragte sie, wie viele dunkle Gruben ihre beiden besten Freunde hatten, und sie erwiderte, dass der eine Freund zwei dunkle Gruben und der andere Freund eine dunkle Grube hatte.

Ich fragte Marie, ob sie ihren Eltern und ihren Freunden helfen wolle, ihre Gruben in Gottes Hände zu legen. Sie tat es und nahm wahr, wie ihnen stattdessen Gaben des Friedens, der Befreiung, der Zuversicht und der Klarheit gegeben wurden.

Frage du dich nun, mit wie vielen „Stricken" du dich selbst festbindest.
Frage dich, welchen Zweck du damit verfolgst, dass du dich selbst festbindest. In welcher Weise hat es dir gedient?
Wie ist es dir damit ergangen?
Hat es dich glücklich gemacht?

Bist du bereit, sie jetzt aufzugeben, um zu sehen, was dir im Gegenzug gegeben wird?

Wie viele dunkle Gruben trägst du in dir?

Wozu hast du sie benutzt?

Verleihen deine Gruben dir Bedeutung oder dunklen Glanz?

Vor welcher Angst versuchst du dich dadurch zu schützen, dass du eine dunkle Grube hast?

Wie ist es dir damit ergangen?

Bist du bereit, diese Strategie jetzt loszulassen?

Was empfängst du im Gegenzug für deine dunkle Grube?

Wer in deiner Umgebung bindet sich selbst fest? Würdest du dem betreffenden Menschen helfen, alle Orte, an denen er sich selbst festgebunden hat, in Gottes Hände zu legen?

Was erhaltet ihr beide im Gegenzug?

Wer in deiner Umgebung trägt dunkle Gruben in sich? Würdest du ihm helfen, diese dunklen Gruben in Gottes Hände zu legen?

Was erhaltet ihr beide im Gegenzug?

Diese Geschichte und die Übungen verdeutlichen ein weit verbreitetes Thema. Wir benutzen Probleme, um uns selbst festzubinden, weil wir Angst haben. Heute ist ein guter Tag, um darüber hinauszugelangen. Du bist nicht das Opfer deiner inneren Welt. Du kannst dich ändern. Du kannst alles, was dich zurückhält, in Gottes Hände legen.

Lektion 81

Wenn etwas fehlt

Wenn du das Gefühl hast, dass auf deinem Weg zum Erfolg *etwas fehlt*, kannst du dich nicht erfolgreich fühlen, und wenn etwas Entscheidendes fehlt, kannst du nicht erfolgreich sein. Wenn du dich nicht erfolgreich fühlst, hast du keinen Erfolg, und selbst dann, wenn du dissoziiert bist und dich nicht erfolgreich fühlst oder glaubst, dass etwas fehlt, weil du es nicht fühlen kannst, funktioniert es nicht. Wenn du nicht erfolgreich bist, finde also heraus, welches Element *in dir* selbst fehlt, dessen Fehlen dafür sorgt, dass sich auch dein Erfolg nicht einstellt. Ist es vielleicht Zuversicht, Macht oder Stärke? Sie alle setzen automatisch Selbstwert voraus und begünstigen Erfolg. Wo sie fehlen, fehlt auch der Erfolg.

Wenn du eines der drei Elemente – beispielsweise Zuversicht – in dir trägst, dann stärkt es nicht nur die beiden anderen Elemente, sondern gibt dir den Selbstwert noch dazu. Wenn du ein Element in dir trägst, besitzt du also automatisch alle drei. Wenn du sie nicht hast, dann hast du sie verleugnet, denn Gott selbst, der die oberste Macht und der höchste Wert ist, hat dich als machtvoll und wertvoll erschaffen, weil Gleiches aus Gleichem hervorgeht. Wenn du nicht das Gefühl hast, Macht zu besitzen, dann leugnest du sie und hast dein *Sein*, das auf ganz natürliche Weise machtvoll ist, aus irgendeinem Grund mit anderen Selbstkonzepten zugedeckt. Wenn du deine Macht leugnest, glaubst du, dass Schwäche dich irgendwie retten kann. Das bedeutet, dass du auch Schuld in dir trägst, die in einem Mangel an Selbstwert besteht, der an die Schwäche gekoppelt ist, von der du glaubst, dass sie dich retten wird, denn diese beiden Dynamiken gehen immer Hand in Hand. Das ist ganz einfach nicht der Weg, der zum Erfolg führt. Schuld und Schwäche verleugnen Macht, Stärke und Zuversicht, und sie lassen dich glauben, dass Schwäche der Weg zum Erfolg ist. Wenn wir es bewusst betrachten, dann sehen wir, dass es keinen Sinn macht, und genau das ist der Grund, weshalb wir es vor uns selbst verborgen halten.

Wenn du dich als schwach und gefesselt siehst, wird das Gefängnis dein Zuhause. Du wirst dieses Gefängnis erst verlassen, wenn Schuld, Schwäche und Erfolg nicht als eins gesehen werden. Wenn du Schuld und Schwäche weder suchst noch Anspruch auf sie erhebst, wirst du auf natürliche Weise erfolgreich sein.

Um frei zu sein, müssen wir erkennen, dass das, wovon wir glauben, dass es uns retten wird, mit Schwäche, Schuld und Wertlosigkeit verschmolzen ist. Das heißt, dass Elemente mit Erfolg verwechselt werden, die alles andere als erfolgreich sind. Es sind Elemente, die das genaue Gegenteil von Erfolg sind. Dass wir diese Tatsache vor uns selbst verborgen haben, ist offensichtlich, aber unser erwachendes Bewusstsein dafür ist der Beginn der Freiheit. In derselben Weise, in der wir uns als schwach und gefesselt gesehen haben, können wir uns auch als machtvoll und frei sehen. Das Gefängnis ist nicht unser Zuhause, obwohl wir es dazu gemacht haben. Was in uns fehlt und uns vom Erfolg fernhält, ist das, wovor wir Angst haben. Was fehlt, ist das, was wir nicht wollen, weil wir glauben, dass wir etwas verlieren könnten. Wir wollen Erfolg, aber das, was wir für Erfolg halten, ist etwas anderes, das kein Erfolg ist.

Stell dir vor, dass du das *Schwert der Wahrheit* in Händen hältst und die Stricke zwischen Erfolg und Schwäche, Schuld und Wertlosigkeit durchschneidest. Benutze das *Schwert der Wahrheit* auch, um das wegzuschneiden, wovon du geglaubt hast, dass es dich retten könne, während es dich in Wirklichkeit vom Erfolg ferngehalten hat – sei es Kleinheit oder Unabhängigkeit.

Es ist an der Zeit, dich wieder als stark zu betrachten. Strebe nach deiner Macht, und erhebe Anspruch darauf. Erkenne deine Zuversicht. Alles andere war eine Illusion. Du solltest aufhören, noch länger in sie zu investieren, weil sie ein schlechtes Geschäft ist. Entscheide dich von neuem für deine Stärke und deine Unschuld, die dich zu immer höheren Zuständen der wechselseitigen Abhängigkeit und des Erfolges führen können. Unsere Entscheidung bestimmt unsere Wahrnehmung und unsere Erfahrung. Wir wollen uns für das entscheiden, was uns wirklich erfolgreich macht.

Lektion 82

Deinen Mangel an Erfolg heilen

Wenn du ein Ziel, das du dir beispielsweise in Bezug auf Geld, Beziehungen oder einen anderen Bereich deines Lebens gesteckt hattest, nicht erreichst, dann ist das ein sicheres Anzeichen dafür, dass du ein gespaltenes Bewusstsein und widersprüchliche Ziele hast. Ein gespaltenes Bewusstsein verhindert, dass du Erfolg hast, auch wenn du noch so hart daran arbeitest, ihn zu verwirklichen. Jede Seite deines Bewusstseins will ihre eigenen Bedürfnisse erfüllt haben und zieht die andere Seite wieder zurück, sobald sie vorwärtszukommen scheint. Ein solcher Konflikt erzeugt Angst, und diese Angst ist es, die dich lähmt. Eine Seite will dein Ziel, das dich, würdest du es erreichen, auf eine neue Stufe der Verbundenheit und des Empfangens voranbringen würde. Das steht im Konflikt zu der Seite, die um jeden Preis unabhängig sein will. Diese Unabhängigkeit ist dissoziiert und vor der anderen, bedürftigen Seite deines Bewusstseins verborgen. Die unabhängige Seite kann nicht empfangen und gibt vor, nichts zu brauchen. Das lässt der bedürftigen Seite nur die Wahl, heimlich zu nehmen oder zu bekommen, aber ohne Empfangen kann es weder Erfüllung noch ein Vorankommen geben. Die unabhängige Seite macht sich gut, ist aber über alle Maßen aufgebläht, weil sie weder empfangen noch genießen kann.

Ich habe die Geschichte eines Mannes gelesen, der Chef der Firma sein wollte, in der er arbeitete. Eines Tages rechnete er nach, auf welcher Etage des Firmengebäudes er angekommen war, denn je höher die Etage, auf der jemand arbeitete, umso höher war die Position, die er erreicht hatte. Er erkannte, dass er nach vielen Jahren des Ringens erst auf halber Höhe angekommen war und dass er sein Ziel, Geschäftsführer seiner Firma zu werden, bei diesem Tempo nie erreichen würde. Er erkannte, dass er sowohl ein gespaltenes Bewusstsein als auch Angst vor Erfolg hatte. In diesem Moment traf er die Entscheidung, alle seine angsterfüllten und zwiegespaltenen Anteile mit den Anteilen zu integrieren, die erfolgreich sein wollten. Zweieinhalb Jahre später war er Vorsitzender der Geschäftsleitung seiner Firma und führte den Wendepunkt auf den Tag zurück, an dem er abgeschätzt hatte, wo er sich befand, und beschlossen hatte, die beiden Seiten seines Bewusstseins zu integrieren.

Wenn du also feststellst, dass du erfolglos nach etwas strebst, oder wenn du dich davor fürchtest, auf eine neue Ebene voranzugehen, dann ist es entscheidend wichtig, dass du dich irgendwann mit deinem inneren Konflikt befasst.

Frage dich, wie viele Schichten tief dieser Konflikt in dein Bewusstsein hinabreicht, damit du alle Ebenen gleichzeitig heilen kannst.

Sobald du erkannt hast, wie viele Ebenen tief dieser Konflikt in dein Bewusstsein hinabreicht, entscheide dich dafür, alle Ebenen der beiden in Konflikt stehenden Seiten zu integrieren. Du kannst natürlich auch den Himmel darum bitten, diese Ebenen für dich zu integrieren.

Die Zeit ist gekommen, über die von den verborgenen Seiten deines Bewusstseins verursachte Zwiespältigkeit hinauszugelangen. Die Zeit ist gekommen, die verborgene, unabhängige Seite, mit der du dich nicht identifizierst, und die offensichtliche Seite, die Erfolg haben will, miteinander zu integrieren.

Lektion 83

Deine Eltern integrieren

Deine Eltern stehen für den positiven und den negativen Pol in der Batterie deiner Seele. Sie sind die beiden wichtigsten psychologischen Elemente in deinem Leben, die Erfolg oder Niederlage erzeugen. Sie stehen nicht nur für elementare Selbstkonzepte, die du tief in dir trägst, sondern auch für zwei wichtige Bereiche deiner Seele, die du in diesem Leben integrieren wolltest. Sobald diese Integration stattgefunden hat, gelangst du über wichtige Aspekte der Dualität und damit über Konflikt und Trennung hinaus hin zu Frieden und Erfolg.

Auch dein Partner ist ein entscheidender Aspekt deiner Seele, den du in diesem Leben integrieren wolltest. Sobald die Integration *vollständig* stattgefunden hat, agierst du auf einer erleuchteten Stufe, und ein hohes Maß an Liebe und Erfolg steht dir offen. Durch die Integration mit deinem Partner wird die Integration mit deinen Eltern deutlich erleichtert, und eine Integration mit deinen Eltern erleichtert die Integration mit deinem Partner. Falls du gerade keinen Partner hast, kann es sich lohnen, frühere Partner zu integrieren, die eine wichtige Rolle in deinem Leben gespielt haben, und manchmal gilt das auch dann, wenn du einen Partner hast. In der Reihenfolge ihrer Bedeutung sind deine Kinder dann die nächsten Menschen, die es zu integrieren gilt, gefolgt von deinen Geschäftspartnern.

Integration nimmt zwei scheinbar gegensätzliche Elemente und verbindet sie zu einem neuen Ganzen, das ein höheres Maß an Stärke, Zuversicht und Integrität bringt und uns die Fähigkeit verleiht, mehr zu empfangen und mehr Spaß zu haben. Das alles führt dazu, dass wir stärker im Fluss sind.

Die Integration mit deinen Eltern wird meist Schritt für Schritt durchgeführt, weil es sehr viel gibt, das es zu integrieren gilt, und weil auf deinem Weg so viele verschiedene Schichten der Wahrnehmung in Bezug auf deine Eltern zutage treten. Jede Schicht der Wahrnehmung kann dich jedoch zu einem neuen Schritt und manchmal sogar zu einer ganz neuen Stufe des Erfolges im Leben voranbringen.

Führe die nachstehend beschriebene Übung durch. Nach einigen Monaten kannst du die Art und Weise, in der du deine Eltern wahrnimmst, dann noch einmal überprüfen, um festzustellen, ob sich mittlerweile eine neue Schicht der Wahrnehmung zeigt, an der du weiterarbeiten kannst.

1. **Glaubenssätze**

   Denke über deine Eltern, ihre Beziehung zueinander und ihre Beziehung zu dir nach. Erkenne, dass das, was in deinem Leben geschehen ist, daher rührt, dass sie tief verwurzelte Glaubenssätze ausgelebt haben, die du von dir selbst hattest. Erkenne, dass die Selbstkonzepte, die deine Eltern ausgelebt haben, mit denen du dich jedoch nicht identifiziert hast, auf unbewusster Ebene großen Einfluss auf die Selbstkonzepte hatten, mit denen du dich identifiziert hast. Aus einem anderen, noch deutlicheren Blickwinkel könnte man sogar sagen, dass alles, was in deiner *Lebensgeschichte* geschehen ist, genau so passiert ist, wie du es gewollt hast. Es ist das beste Ergebnis, das angesichts deiner Glaubenssysteme möglich war. Es hat sich zudem genau so entwickelt, wie du es angesichts deines Verlangens nach Unabhängigkeit und danach, dich vor deiner Lebensaufgabe zu verstecken, gewollt hast. Deine Eltern haben nicht nur unbewusste Selbstkonzepte, sondern auch alte Handlungs-, Emotions- und Glaubensmuster ausgelebt, die noch geheilt werden müssen.

   Sobald du die Verantwortung für dein Leben übernimmst, hast du die Macht, es zu verändern. Überlege, wie nahe deine Eltern einander waren. Wenn sie ständig gestritten haben, hat es größere Auseinandersetzungen zwischen diesen beiden Bereichen deines Bewusstseins gegeben. Das kann dir das Herz brechen, deine Träume zerstören und dich dein Leben lang lähmen. Es kann dich allerdings auch zu einem Diamanten formen, und du kannst alles, was geschehen ist, für deine persönliche Entwicklung nutzen. Wenn du auch darüber noch hinausgehst und die wichtigen Pole deines Bewusstseins, für die deine Eltern stehen, integrierst, trägst du dazu bei, dass deine Meisterschaft größer wird.

2. **Selbstkonzepte**

   a) Denke darüber nach, wann und wie du deine Eltern als negativ erlebt hast, oder an negative Begegnungen zwischen ihnen und dir. Hierbei handelt es sich um Selbstkonzepte von Schatten, die du deinem höheren Bewusstsein übergeben könntest, damit es sie für dich integriert. Bitte darum, dass alle Selbstkonzepte einer bestimmten Art integriert werden. *War* dein Vater zum Beispiel untreu, dann bitte darum, dass *alle* deine untreuen Schattenfiguren integriert werden.

Wenn die Integration umfassend gelingt, verändert sich dadurch die Art und Weise, in der du deine Eltern wahrnimmst, denn Integration birgt Elemente des Annehmens, der Vergebung und des Loslassen in sich, die alle dazu beitragen, deine Wahrnehmung zu verändern.

Der sehr seltene Fall, dass die Integration nicht gelingt, tritt dann ein, wenn du es nicht willst. Er bedeutet, dass du zum einen deine Wahrnehmung des betreffenden Elternteils oder die Erfahrung, die du mit ihm machst, als eine Ausrede benutzt und zum anderen noch weitere heimliche Tagesordnungen hast.

Nachdem deine Wahrnehmung sich verändert hat, kann es passieren, dass sich in einigen Monaten ähnliche Selbstkonzepte über deine Eltern und dich selbst zeigen, weil eine neue Schicht der Wahrnehmung zutage getreten ist. Da die erste Heilung jedoch bereits stattgefunden hat, ist die Heilung dieser Selbstkonzepte wesentlich einfacher.

b) Untersuche die positiven Eigenschaften deiner Eltern, die du scheinbar nicht mit ihnen gemeinsam hast. Sie stehen für die Gaben oder Selbstkonzepte, vor denen du Angst hast. Frage dich, was dich an jeder dieser Eigenschaften ängstigt.

Bitte den Himmel, dich von deiner Angst zu befreien, und bitte dein höheres Bewusstsein, diese Gaben oder Selbstkonzepte in dir zu integrieren, damit neue Ganzheit entstehen kann.

3. **Frühere Leben heilen (Metapher des Unbewussten)**

Frage dich, wie viele frühere Leben du gelebt hast, in denen du genau wie dein Vater warst.

Frage dich, wie viele frühere Leben du gelebt hast, in denen du genau wie deine Mutter warst.

Frage dich, in wie vielen früheren Leben du eine Beziehung geführt hast, die der Beziehung deiner Eltern glich.

Wenn du wüsstest, in welchem Land du während des Lebens gelebt hast, in dem du genau wie dein Vater warst und das alle diese Selbstkonzepte in Gang gesetzt hat, dann war es das Land, das heute .... heißt.

Wenn du wüsstest, ob du ein Mann oder eine Frau warst, dann warst du vermutlich ....

Wenn du wüsstest, was in diesem früheren Leben passiert ist, das die

negativen Selbstkonzepte einzementiert hat, dann war es vermutlich
....

Wenn du wüsstest, welche Lektion du in diesem Leben lernen wolltest, dann war es vermutlich ....

Wenn du wüsstest, welche Aufgabe du in diesem Leben erfüllen wolltest, dann war es vermutlich eine Aufgabe, bei der es um .... ging.

Wenn du wüsstest, welche Seelengabe du in diesem Leben geben wolltest, dann war es vermutlich ....

Wenn du wüsstest, welche Gabe der Himmel für dich bereithielt, um sie mit allen Menschen zu teilen, dann war es vermutlich ....

Kehre in diesem Leben in deine frühe Kindheit zurück, nimm deine Aufgabe an, öffne deine Seelengabe und empfange die Gabe des Himmels. Teile diese Gaben mit jedem, dem du in diesem Leben begegnest, und mit allem, was du in diesem Leben siehst. Bringe die geheilte Energie dieses Lebens durch alle anderen Leben seit dieser Zeit mit zurück in dieses Leben und dann durch dieses Leben bis in den gegenwärtigen Moment.

Wiederhole die Übung nun mit deiner Mutter.

Führe die Übung mit jedem anderen Menschen durch, mit dem du augenblicklich Heilung anstrebst.

4. **Integration**

Bitte darum, dass alle positiven und negativen Charakterzüge deines Vaters in dir integriert werden. Integration beseitigt Negativität, und sie lässt neue Ganzheit und Zuversicht entstehen. Stell dir vor, dass sie vollkommen schmelzen, bis nur noch ihre reine Energie und ihr reines Licht übrig sind. Diese Energie und dieses Licht werden dann mit deiner Energie und deinem Licht vereinigt, die auf dieser Ebene genau gleich aussehen.

Wiederhole die Integration mit deiner Mutter.

Führe die Übung danach mit jedem anderen Menschen durch, mit dem du gerade arbeitest. Das können beispielsweise dein Partner, frühere Partner, deine Kinder oder Geschäftspartner sein.

Dies ist eine machtvolle Erfolgsübung. Sie allein könnte dein Leben mühelos auf eine neue Stufe des Erfolges bringen. Tut sie es nicht, dann deshalb nicht, weil du nicht willst, dass sie funktioniert. Und du musst dich fragen, weshalb du nicht willst, dass sie funktioniert. Wenn dir das, was dir als Antwort in den Sinn kommt, nicht gefällt, kannst du deine Meinung ändern. Wenn dir nichts in den Sinn kommt, sind deine Leugnung und deine Angst stärker als dein Wunsch nach Erfolg, und du musst an deiner Bereitschaft arbeiten. Wahrheit und Bereitschaft werden dir jederzeit gegeben, wenn du sie wirklich willst.

Was willst du wirklich?

Lektion 84

Höre nie auf, dein Handwerk zu lernen

W enn du dein Handwerk immer weiter lernst, werden dein Bewusstsein und dein Geschäft immer weiter wachsen. Finde die Bücher, Zeitschriften und Seminare, die dich insbesondere im Hinblick auf dein Handwerk voranbringen. Finde von Zeit zu Zeit einen Workshop zum Thema persönliche Entwicklung oder Heilung, denn in dem Maße, in dem du alten Schutt und Illusionen loslässt, wirst du offen für Erfolg in jeder Beziehung, weil du angefangen hast, kreativ zu denken. Finde Zeit für Kurse, Retreats oder Workshops, Spiritualität, Meditation und Yoga, weil sie dich als Mensch voranbringen können, wenn du dich daran erinnerst, dass du reiner Geist bist.

Wenn du dich voll und ganz einbringst, wirst du feststellen, dass dir neue Ideen und Inspiration für deine Arbeit kommen. Wenn du dich rückhaltlos und selbstvergessen in das einbringst, was du tust, kann Vision sich auf ursprüngliche Weise offenbaren. Auf dieser Ebene des Arbeitens kommt das, was du lernst, mehr von innen als von außen zu dir. Wenn du einen spirituellen Weg wahrhaftig gehst, entwickelt sich dadurch deine Arbeit zu einer Form von Dharma oder Dienen. Es ist die Spiritualität guter Taten durch Arbeit, und deine Seele wird in dem Maße weit, in dem du dich einbringst. Dann kannst du den Himmel um Gnade und Wunder für deine Arbeit bitten. Sie stellen sich mühelos ein, wenn du dich an Gott erinnerst.

Nimm dir heute ein wenig Zeit, um wieder mehr über deine Arbeit als genau das Mittel zu lernen, das dir den Erfolg und den Fluss bringt, die du verdient hast. Wenn du nicht sicher bist, was am besten für dich ist, fasse einen festen Vorsatz und bitte darum, dass dir der beste Weg des Lernens gezeigt werden möge, um dich auf die nächste Stufe zu bringen.

Lektion 85

Es ist nicht die Form. Es ist die Absicht!

Die folgende Geschichte gibt es in mehreren, unterschiedlichen Versionen. Sie handelt von einem Mann, der erleuchtete Meister suchte. Er hörte von einem Meister, der in einem Sumpf lebte, und ließ sich zum Haus dieses Meisters hinausrudern. Als er ankam, hörte er, wie der Meister ein uraltes Gebet rezitierte, und ihm fiel auf, dass der Meister einige Worte falsch aussprach. Als der Meister sein Gebet beendet hatte, grüßte ihn der Suchende und sprach mit ihm. Am Ende des Gesprächs sagte der Suchende: „Ich habe gehört, dass du einige Worte des Gebets falsch ausgesprochen hast. Ich will dir sagen, wie man sie richtig ausspricht." Er erklärte dem Meister, wie die Worte richtig ausgesprochen werden. Der Meister nickte nur. Als der Suchende zehn Minuten später über den Sumpf zurückgerudert wurde, da sah er, wie der Meister über das Wasser auf ihn zukam. Als das Boot anhielt, trat der Meister heran und sagte: „Ich habe vergessen, dir dafür zu danken, dass du mir gesagt hast, wie man die Worte richtig ausspricht. Ich danke dir."

Als Berater und Coach habe ich gelernt, dass die Form, in der du etwas tust, bei weitem nicht so wichtig ist wie die Absicht, in der du es tust. Wenn du also keine Form kennst, aber das notwendige Feuer und die notwendige Inspiration besitzt, wirst du eine Form finden, die gut genug für dich ist, weil deine Absicht, erfolgreich zu sein, so stark ist. Bleibe nicht in der Form stecken, denn das, was wirklich zählt, ist das, was in dir ist. Ich habe immer wieder Geschichten von Leuten gehört, denen man gesagt hatte, dass etwas unheilbar oder unmöglich sei. Ihr Wunsch, einen Ausweg zu finden, ließ nicht zu, dass sie aufgaben. Dieser Wunsch war so stark, dass sie den einzigen Arzt im ganzen Land fanden, der glaubte, dass man etwas tun könne, oder dass sie einen Ausweg aus einer scheinbar unmöglichen Situation fanden, weil ihr tief empfundener Wunsch ihnen die Inspiration brachte, die zum Erfolg führte.

Ohne engagierte, entschlossene und zielgerichtete Absicht kann selbst die beste Mannschaft verlieren.

Hast du die Absicht, erfolgreich zu sein?

Falls nicht, warum hast du sie nicht?

Welche Ausrede hast du dafür, dass du sie nicht hast?

Was ist dir wichtiger als Erfolg?

Absicht ist die Art und Weise, in der du deinen Geist auf ein Ziel ausrichtest. Sie bewirkt, dass dein Geist durch Hingabe auf eine immer umfassendere Weise gesammelt wird. Absicht ist eine engagierte Entscheidung, deinen Geist in positiver Weise für das gewünschte Ziel einzusetzen. Da sich der Geist in irgendeiner Weise einbringen muss, sei es positiv oder negativ, kannst du dich dafür entscheiden, ihn durch Vertrauen und Zuversicht positiv einzusetzen, damit das Ziel verwirklicht wird.

Lektion 86

Dich selbst wertschätzen

Wenn du wüsstest, wie alt du gewesen bist, als du den größten Teil deiner selbst preisgegeben hast, dann war es vermutlich im Alter von ....

Wenn du wüsstest, wer daran beteiligt war, dann war es vermutlich ....

Wenn du wüsstest, was geschehen ist, dann war es vermutlich ....

Wenn du wüsstest, welchen Prozentsatz deiner selbst du preisgegeben hast, dann waren es vermutlich .... Prozent.

Dieses Ereignis hat dazu geführt, dass du einen großen Teil deines Selbstwertes verloren hast. Das wollen wir jetzt ändern.

Frage dich, welche Seelengaben du mitgebracht hast, um allen an der Situation beteiligten Menschen zu helfen. Öffne die entsprechende Tür in deinem Geist, um diese Seelengaben willkommen zu heißen. Teile sie mit allen Menschen, für die sie bestimmt sind. Empfange dann die Gaben, die der Himmel für dich selbst bereithält, und auch die Gaben, die er dir geben will, damit du sie mit allen Menschen teilst, die an der Situation beteiligt waren.

Vergib der Situation, dir selbst und allen Menschen, die an der Situation beteiligt waren. Vergib Gott.

Verpflichte dich dir selbst und deinem Selbstwert.

Verpflichte dich allen Menschen, die an der Situation beteiligt waren, damit auch sie wachsen und sich selbst wertschätzen können.

Verpflichte dich dem Himmel, damit du seine Fülle empfangen kannst.

Verpflichte dich der Situation, damit sie wachsen und sich ausdehnen kann. Sie wird dadurch zu einer Quelle des Erfolges statt zu einer Falle.

Frage dich, wie viel Selbstwert du zurückerlangt hast, nachdem du deine Gaben empfangen und geteilt hast.

Wie viel Selbstwert hast du zurückerlangt, nachdem du allen und allem vergeben hast?

Wie viel Selbstwert hast du zurückerlangt, nachdem du dich dir selbst, dem Himmel, allen Menschen und der Situation verpflichtet hast?

Führe die oben beschriebenen Übungen der Heilung morgen mit dem schlimmsten Ereignis durch, das dir im Leben zugestoßen ist.

Wiederhole sie übermorgen mit dem zweitschlimmsten Ereignis.

Wiederhole sie am dritten Tag mit dem drittschlimmsten Ereignis.

Führe die Übungen mindestens eine Woche lang jeden Tag durch.

Nachdem du die Übungen durchgeführt hast, kann es durchaus sein, dass diese Ereignisse in einigen Monaten zum Teil noch einmal hochkommen. Dann wird es jedoch auf einer ganz neuen Ebene der Heilung sein.

Lektion 87

Wie sehr du dich wertschätzt

Das Maß, in dem du dich selbst wertschätzt, entspricht dem Maß, in dem du Erfolg hast. Es geht dabei jedoch nicht nur um deine bewusste Wertschätzung für dich selbst, obwohl sie ein guter Ausgangspunkt ist, weil dein Bewusstsein dir die Möglichkeit gibt, noch einmal alle Fehler zu betrachten, die zu dem Mangel an Selbstwert geführt haben, den du ins Unterbewusstsein und ins Unbewusste verbannt hast. Um dein Bewusstsein vollständig zu klären, bedarf es jedoch größerer Hingabe. Es gibt ein Bewusstsein, das tiefer als alle diese Bewusstseinsebenen ist, und das ist das Überbewusstsein oder das Bewusstsein des reinen Geistes. Die evolutive Entwicklung aller Menschen geht dahin, dass sie eins mit ihrem Geist werden. Unsere Seele befindet sich auf einer Reise, die zu dieser Erkenntnis führt. Auf der Ebene des reinen Geistes sind wir so, wie Gott uns erschaffen hat, und erkennen, dass wir unschätzbar wertvoll sind.

Wir wollen also mit deinem Bewusstsein beginnen.

Wenn du intuitiv wüsstest, wie sehr du dich wertschätzt, dann sind es vermutlich .... Prozent.

Was hindert dich daran, dich voll und ganz wertzuschätzen?

Wärest du bereit, deinen Selbstangriff aufzugeben?

Da Angriff nicht zielgerichtet ist, bedeutet jeder Angriff auf dich selbst einen Angriff auf die Menschen, die du liebst. Selbstangriff ist das Gegenteil von Selbstwertschätzung. Wenn du dich selbst nur wenig wertschätzt, kannst du auch die Menschen, die du liebst, nur in diesem geringen Maße wertschätzen. Deine bewusste Entscheidung dafür, dich selbst wertzuschätzen, kann auch für die Menschen, die du liebst, etwas ändern. Dein Selbstwert führt dazu, dass du empfangen kannst. Er vergrößert dein Glück, verstärkt den Fluss, und gibt dir ein besseres Gefühl für den richtigen Zeitpunkt.

Vor zwei Tagen hörte ich, wie ein Sportpsychologe sagte, dass man, um ein guter Sportler zu sein, lernen müsse, seine Emotionen unter Kontrolle zu haben. Er sagte, er meine damit nicht, dass wir keinen Ärger empfinden oder zeigen sollten. Er meinte, die eigenen Gefühle unter Kontrolle zu haben heiße, sie nicht von Ereignissen beherrschen zu lassen und sich vor allem nicht selbst anzugreifen. Andererseits sei es aber wichtig, durch die eigenen Gefühle in positiver Weise auf Ereignisse einzuwirken. Dieses Prinzip funktioniert natürlich auch im Hinblick auf Erfolg.

Das Leben verändert sich ständig. Immer neue Herausforderungen und Lektionen erwarten uns. Immer neue Schichten unterbewusster und unbewusster Muster kommen in uns hoch, um geheilt zu werden. Das nagt an unserem Selbstwert. Innerlich wissen wir genau, wie viel wir bewältigen können, aber wenn wir mit dem, was hochkommt, nicht auf eine positive Weise umgehen, dann wird es sehr schnell stressig und schließlich zu viel. In *Ein Kurs in Wundern* heißt es, dass wir uns, wenn unser ganzer Selbsthass auf einmal hochkäme, vermutlich von einer Klippe stürzen würden. Deshalb sollten wir den Zeitplan, der für uns aufgestellt wurde, zu schätzen wissen. Mutter Teresa soll einmal gesagt haben: „Ich weiß, dass Gott uns nicht mehr gibt, als wir bewältigen können. Ich wünschte nur, er hätte nicht gar so großes Vertrauen in mich."

Der erste Schlüssel liegt also darin, dich unter allen Umständen wertzuschätzen. Das hat den zusätzlichen Vorteil, dass es sich positiv auf deine Umgebung und auf die Menschen in deiner Umgebung auswirkt.

Geben, Vergeben und Verpflichtung lassen Wert entstehen. Durch Geben gibst du einem anderen Menschen einen Wert nicht nur durch das, was du gibst, sondern auch durch die Tatsache, dass du ihm etwas gibst. Vergebung erhöht sowohl deinen eigenen Wert als auch den Wert des Menschen, dem du vergibst, weil sie die heimliche Schuld fortnimmt, die du auf ihn projiziert hattest. Die Wegnahme deiner Schuld und deines Urteils segnet die Welt und erhöht ihren Wert. Vergebung ist eine gute Möglichkeit, das zu beseitigen, was wir im Unterbewusstsein verborgen haben.

Verpflichtung führt zu einem höheren Maß an Partnerschaft mit dem Menschen, dem du dich verpflichtest, und zu größerer Leistungskraft für euch beide. Sie bringt dir Selbstanteile zurück, die du verloren oder preisgegeben hattest, und vergrößert dadurch deinen Erfolg.

Entscheide dich jeden Tag dafür, dich um deiner selbst willen, um der Menschen willen, die du liebst, und um der Wahrheit willen wertzuschätzen.

Gib den Menschen, die deine Hilfe brauchen, indem du ihnen deine Liebe und alles andere sendest, wozu du dich inspiriert fühlst.

Vergib und gib den Menschen, mit denen du Probleme hast. Vergib der Situation. Verpflichte dich der Situation und den Menschen, die daran beteiligt sind.

Welche Situation ist das größte Hindernis für deinen Selbstwert?

Vergib dir selbst und allen Menschen, die an dieser Situation beteiligt sind. Vergib ihnen und der Situation, bis du mit dir selbst in Frieden bist und deinen Selbstwert von neuem zurückerlangen kannst.

Tu heute alles, was du kannst, um deinen eigenen Selbstwert und den Selbstwert der Menschen in deiner Umgebung zu vergrößern.

Wo du andere Menschen nicht wertschätzt, dort hast du auch keine Wertschätzung für dich selbst und beziehst dich nicht ein.

Empfange den unschätzbaren Wert, den du in Gottes Augen besitzt.

Lektion 88

Die Triade der Rollen

B ei jedem Trauma und in jedem Bereich, in dem wir die Verbundenheit verloren haben, wird die Lücke, die Verlust, Angst und Schmerz gerissen haben, von einer Triade aus Rollen ausgefüllt. Einige Rollen lassen uns gut aussehen, während andere, wie die Rolle des Opfers, davon ziemlich weit entfernt sind. Rollen sind so angelegt, dass du *fast* erfolgreich bist oder einen hohen Preis für deinen Erfolg bezahlst. Sie gewinnen, aber ohne die Fähigkeit, die Belohnung dafür zu empfangen. Sie fördern Konkurrenz, die ein tiefes Verlangen nach und eine unbewusste Angst vor Erfolg verbirgt. Sie sorgen dafür, dass du steckenbleibst oder hart arbeitest, aber nicht vorwärtskommst. Wenn du eine Rolle spielst, dann gibst du, hast aber keinen Erfolg, was früher oder später dazu führt, dass du dich leblos und erschöpft fühlst.

In einer Rolle tust du Dinge, gibst dich dem, was du tust, aber nicht hin. Dich dem hinzugeben, was du tust, ist jedoch ein Schlüsselelement des Erfolges und außerdem das Element, das es dir ermöglicht, dich wieder neu zu verbinden, sodass harte Arbeit durch Leichtigkeit und Fluss ersetzt wird.

Ich befasse mich seit vielen Jahren eingehend mit dem Verlust der Verbundenheit, und in dieser Zeit ist mir klar geworden, dass dieser Verlust nicht einfach eingetreten ist, sondern eine – wenn auch falsche – Entscheidung war, die wir getroffen haben. Wir haben geglaubt, dass wir neben anderen Belohnungen vor allem eine Ausrede haben wollten, um getrennt und unabhängig zu sein. Damit war gewährleistet, dass wir den leidvollen Weg – den Weg des Egos – gehen. Unabhängigkeit ist eine von drei Rollen, die durch den Verlust unserer Verbundenheit entstanden sind. Die anderen Rollen sind Aufopferung und Opferhaltung. Jede dieser Rollen hat Muster in Gang gesetzt, die Erfolg blockieren, und jede Rolle stärkt die anderen dadurch, dass sie unser Denken fest im Griff hat. Aufopferung gestattet Erfolg nur nach harter Arbeit und großer Anstrengung. Auch wenn es ganz natürlich scheinen mag, dass man hart arbeitet, um erfolgreich zu sein, wollen wir schauen, was wirklich dahinter steckt. Unser Ego benutzt Aufopferung, um etwas Besonderes zu sein: „Schaut her, wie hart ich gearbeitet habe!" Wenn das Etwas-Besonderes-Sein an Schuld geknüpft ist, wird es besonders fordernd: „Sieh nur, was ich für dich getan habe. Sieh nur, was ich für dich aufgegeben habe!" Aufopferung bedeutet, dass sich alles um uns dreht, während sie sich den Deckmantel des Dienens anlegt und den, der sich aufopfert, gleichzeitig herabsetzt.

Aufopferung ist Konkurrenz. Sie stellt den anderen Menschen über uns, versucht gleichzeitig jedoch, dessen „besseres Selbst" zu benutzen, während sie ihm scheinbar die ganze Zeit zu Diensten ist. Wenn der andere größere Macht hat oder unabhängiger ist als wir selbst, fühlen wir uns ihm zumindest *moralisch* überlegen. In der umgekehrten Form der Aufopferung fühlen wir uns dem anderen überlegen und glauben, uns seiner annehmen zu müssen. Konkurrenz fürchtet Erfolg und Nähe, die eine natürliche Folge von Verbundenheit sind, denn Verbundenheit würde den Verlust der Unabhängigkeit mit sich bringen, die der Preis des Egos ist. Das Ego gedeiht durch Aufopferung und Opfersein, und es strebt nach Großartigkeit oder Kleinheit. Nichts davon trägt zu dem wahren Vergnügen bei, das Erfolg und Nähe bringen.

Eine weitere Eigenschaft der unheiligen Dreiheit besteht darin, dass sie einander immer wieder neu erschaffen. Wird nur eine Seite der Triade geheilt, beeilen sich die beiden verbleibenden Seiten, sie schnellstmöglich wieder entstehen zu lassen. Wenn du also daran arbeitest, deine Opferrolle – die schmerzhafteste der drei Rollen – zu heilen, dann kann ihre Energie in der unabhängigen oder der aufopfernden Rolle gespeichert bleiben, während das Opfer selbst eine Weile untertaucht. Mitunter kann es dann auch den Anschein haben, dass das Bemühen, dein Opfer herauszuschneiden, kaum Wirkung zeigt.

Es gibt zwei Wege, die Heilung einer Triade anzugehen. Ein Weg führt durch das Trauma, das sie hervorgerufen hat. Wir können diese Traumata finden, indem wir die schlimmsten Herzensbrüche und Niederlagen unseres Lebens erforschen. Der andere Weg besteht darin, dass wir erkennen, dass wir eine Rolle spielen, und diese Erkenntnis nutzen, um die Triade zu entdecken, in der wir uns befinden. Wir haben meist zahllose Triaden, und sie können es so aussehen lassen, als würden wir nie über die Tote Zone in unserem Leben hinausgelangen.

Eine einfache Möglichkeit, den Brandungsrückstrom aus Rollen, der uns erschöpft, zu heilen, ist Integration. Sie wirkt ungeachtet aller Bemühungen des Egos, uns darin festzuhalten. Eine andere Lösungsmöglichkeit besteht darin, ihn in die Hände unseres höheren Bewusstseins zu legen, dessen Aufgabe es ist, uns von Problemmustern zu befreien.

Wenn du dich für die Integration entscheidest, dann kannst du die Rolle, in der du gefangen zu sein scheinst – nehmen wir einmal an, es ist die Opferrolle –, untersuchen und dich fragen, wie sie sich auf dein Leben ausgewirkt hat. Frage dich anschließend, wie die beiden weniger dominanten Rollen der Unabhängigkeit und der Aufopferung sich in diesem Muster oder dieser Triade auf dein Leben ausgewirkt haben. Frage dich dann, wenn du es wüsstest, aus welchem Trauma diese Triade hervorgegangen ist und wie das Trauma selbst sich auf dein Leben ausgewirkt hat.

Ist dein Wunsch, getrennt zu sein, das alles wirklich wert? Du kannst eine andere Entscheidung treffen. Du kannst dich dafür entscheiden, dich zu heilen und zu erneuern und dadurch bewirken, dass Erfolg mit mehr Leichtigkeit zu dir kommen kann. Stell dir vor, dass du das Trauma zum Schmelzen bringst, bis nur noch seine reine, weißgoldene Energie übrig bleibt, die der Baustein des Universums ist. Wiederhole den Prozess dann mit der Triade, die aus den Rollen der Aufopferung, der Unabhängigkeit und des daraus hervorgegangenen Opfers besteht. Verschmelze anschließend das weißgoldene Licht beider Prozesse miteinander und nimm es in dich auf, um die verlorene Verbundenheit zu ersetzen.

Du kannst dich alternativ dafür entscheiden, die Integration geschehen zu lassen, oder dein höheres Bewusstsein darum bitten, es für dich zu tun. Beides kann sich als äußerst wirksam erweisen.

Diese Triade aus Rollen und ihr ursprüngliches Trauma blockieren Verbundenheit. Verbundenheit ist Partnerschaft, und Partnerschaft ist Fluss. Durch Verbundenheit wird Erfolg leicht. Vergeude in dem Bemühen, erfolgreich zu sein, nicht deine Lebensenergie und begünstige nicht deinen Alterungsprozess, wie du es tust, wenn du dich aufopferst. Setze nicht das Muster schmerzhafter Niederlage fort, wie du es tätest, wenn du Opfer wärest. Benutze Unabhängigkeit und „deinen Weg" nicht, um dich daran zu hindern, die Freude und die Befriedigung zu empfangen, die Partnerschaft bringt. Wolle den besten und mühelosesten Weg. Verbundenheit bringt ihn dir. Verbundenheit bringt dir zurück, was du verloren hattest, und in deiner Erneuerung heißt du den Erfolg willkommen. Entscheide dich für die Verbundenheit. Heiße den Erfolg willkommen!

Lektion 89

Die Erschaffung des gespaltenen Bewusstseins

In den Zeiten, in denen wir ein Trauma erleben oder die Verbundenheit verlieren, wird unser Bewusstsein gespalten. Das geschieht allerdings nicht einfach, sondern ist etwas, das wir uns selbst zufügen. Das gespaltene Bewusstsein erzeugt sowohl innere als auch äußere Konflikte. Außerdem ruft es Angst und Widerstand gegen den nächsten Schritt hervor und sorgt dafür, dass wir Leichtigkeit und Zuversicht verlieren. Es ist kaum zu glauben, dass wir uns überhaupt dafür entscheiden, unser Bewusstsein auf diese Weise zu spalten.

Genau deshalb haben wir ein Unterbewusstsein erschaffen – um solche falschen Entscheidungen vor uns zu verstecken. Die Erforschung des Unterbewusstseins durch Hypnose und meine eigene intuitive Methode haben mich Dinge über diese Ebene des Bewusstseins gelehrt, die mir am Graduiertenkolleg nicht vermittelt wurden. Es waren aber genau diese Entdeckungen, die sich in hohem Maße und äußerst positiv auf meine Fähigkeit ausgewirkt haben, anderen Menschen zu helfen.

Wir verbannen falsche Entscheidungen ins Unterbewusstsein, weil wir uns nicht mit der Tatsache auseinandersetzen wollen, dass wir uns für unser Ego und nicht für das entschieden haben, was in unserem ureigenen Interesse gelegen hätte. Unser Ego beharrt natürlich darauf, dass zwischen beiden kein Unterschied besteht. Es hat uns ein Angebot gemacht, und einige seiner Versprechen hat es sogar gehalten, aber das Ego ist das Prinzip der Trennung, und deshalb zielen seine Angebote darauf ab, sich selbst mehr Macht zu geben. Wir haben also Entscheidungen getroffen, die das Ego gestärkt haben, aber das hat uns nicht erfolgreich sein lassen. Unser Ego mag uns versprochen haben, uns von Angst und Schuld zu befreien, aber da es selbst aus Angst und Schuld besteht, wird es dieses Versprechen immer nur in sehr begrenztem Umfang in die Tat umsetzen.

Viele Entscheidungen treffen wir aus dem Wunsch heraus, uns zu verstecken, oder um unserer Angst und unserer Lebensaufgabe aus dem Weg zu gehen, die scheinbar zu groß für uns ist. Nur unsere Lebensaufgabe kann uns aber Sinn und Erfüllung geben. Indem wir uns verstecken, befreien wir uns nicht von unserer Angst, sondern leugnen sie einfach oder gehen ihr aus dem Weg, sodass sie mehr oder weniger unverändert bestehen bleibt.

Die Hauptfaktoren, die unseren Wunsch nach einem gespaltenen Bewusstsein am stärksten begünstigen, sind jedoch Eigensinn, Rebellion und der Autoritätskonflikt. Sie sorgen dafür, dass wir uns ungeachtet der Wahrheit dafür entscheiden, unsere eigenen Wege zu gehen. Wir verstärken die Trennung, die Schmerz und Konflikt erzeugt, und müssen uns deshalb sehr anstrengen, um erfolgreich zu sein. Wenn wir dann erfolgreich sind, versuchen wir, die Belohnung dafür zurückzuweisen, da wahres Empfangen unser gespaltenes Bewusstsein integrieren würde. Obwohl es uns Liebe und Erfolg bringen würde, kämpft mindestens ein Teil unseres Bewusstseins um Unabhängigkeit, ohne sich darum zu kümmern, was uns wirklich glücklich machen würde. Wenn wir glauben, dass diese Unabhängigkeit uns glücklich macht, dann ist unsere Entwicklung gehemmt und wir arbeiten doppelt oder dreimal so hart, um unsere Ziele zu erreichen. Das führt dazu, dass wir ausgezehrt und ausgebrannt sind, und es ist ganz gewiss nicht die Richtung, in die wir gehen wollen.

Um dem entgegenzuwirken, müssen wir uns verpflichten, das zu finden, was wir vor uns selbst verborgen haben, damit wir uns wieder neu für das entscheiden können, was wir ins Unterbewusstsein verbannt haben. Wenn wir das, was wir verborgen hatten, gefunden haben, müssen wir klug entscheiden, was wirklich in unserem Interesse liegt. Dazu müssen wir uns entscheiden, was für unser Glück und unseren Erfolg am besten ist. Alles andere gibt dem Ego nur mehr Macht und sorgt dafür, dass unser Bewusstsein gespalten bleibt.

Wenn du den Mut aufbringst, dich den schmerzhaften Emotionen zu stellen, deren Ursprung in die Zeit zurückgeht, in der du dein Bewusstsein gespalten hast, dann kannst du dich auf eine Weise wiederfinden, die deine Verbundenheit wiederherstellt und dich erfolgreich sein lässt. Beantworte folgende Fragen intuitiv.

Wenn du wüsstest, wie viele Ereignisse du wiederherstellen musst, um mühelos und in Fülle erfolgreich zu sein, dann sind es vermutlich ....

Wenn du wüsstest, wann das erste dieser Ereignisse angefangen hat, dann war es vermutlich im Alter von ....

Wenn du wüsstest, wer anwesend war, dann war es vermutlich ....
....

Wenn du wüsstest, was geschehen ist, dann war es vermutlich ....
....

Frage dich dann, wie dein Leben verlaufen wäre, wenn du dein Bewusstsein nicht gespalten hättest.

Genau das ist es, was du wiederfinden musst. Frage dich, welche Gabe dir dein höheres Bewusstsein damals angeboten hat, um eine positive Entwicklung der Situation zu ermöglichen. Welche Gabe hat der Himmel dir angeboten, damit du seinen Weg und nicht den Weg deines Egos gehst? Öffne deine Seelengabe, empfange die Gabe des Himmels und teile beide anschließend mit allen Menschen, die an der Situation beteiligt waren. Stell dir vor, dass du den Weg des Himmels, den Weg der Verbindung gehst. Wie entwickelt sich dein Leben jetzt, nachdem du den Weg des Himmels eingeschlagen hast?

Alternativ kannst du auch zu dem ursprünglichen Ereignis zurückkehren und jede negative Emotion fühlen, bis sie sich in tiefen Frieden verwandelt. Höre nicht auf, wenn das Gefühl „okay" ist, sondern gehe den ganzen Weg, bis du tiefen Frieden empfindest. Bringe diesen Frieden dann mit in die gegenwärtige Situation. Diejenigen, die bei dieser Methode besonders mutig und begabt sind, können die Übung durchaus einmal pro Tag durchführen und alle Bereiche heilen, in denen sie ihr Bewusstsein gespalten haben. In dem Maße, in dem die Emotionen geheilt werden, vereinigt sich dein Bewusstsein, bis Integration und Ganzheit entstehen. Diejenigen, die sich dem Stadium der Partnerschaft nähern und gut darin sind, diese Übung zu praktizieren, können sie einmal pro Woche durchführen. Finde dein eigenes Tempo, und halte dich daran. Diese Übung wird dich befreien und dein Leben tiefgreifend verändern. Verbindung ist der mühelose Weg zum Erfolg. Stell sie wieder her.

Lektion 90

Die Welle reiten

D ie Wirtschaft durchläuft Höhen und Tiefen. Was die Höhen angeht, prophezeie ich, dass der DOW in diesem Jahrhundert die Marke von 100.000 Punkten übersteigen wird. Ich prophezeie auch, dass es Wellentäler wie die derzeitige Rezession geben wird, die nach neuesten Vorhersagen bis etwa Mitte 2010 andauern soll. Wir müssen lernen, einerseits die guten Zeiten zu genießen und dann unser Lager aufzufüllen, andererseits aber auch die harten Zeiten zu überwinden.

Um zu lernen, wie wir durch ein Wellental gelangen oder die perfekte Welle reiten und trotzdem die Spitze behaupten können, müssen wir zuerst unsere Glaubenssätze in Bezug auf die Wirtschaft untersuchen. Unsere Wahrnehmung und unsere Erfahrung werden von unseren Glaubenssätzen diktiert. Wenn wir unsere Welt verändern wollen, müssen wir bei unseren Glaubenssätzen anfangen. Werde dir aller negativen Gedanken bewusst, die du über die Wirtschaft hast. Werde dir aller Gedanken und Überzeugungen bewusst, die du darüber hast, dass du der Wirtschaft ausgeliefert bist. Verpflichte dich, dir der Glaubenssätze bewusst zu werden, die du vor dir selbst verborgen hast. Lass sie dann einfach als schlechte Investitionen los.

Ein Schlüsselprinzip des Geistes besteht darin, dass einzig deine Gedanken dich verletzen können. So steht es in *Ein Kurs in Wundern*, und mit der Erfahrung, die ich in meiner fast vierzigjährigen Arbeit auf dem Gebiet des Geistes gesammelt habe, kann ich dies nur bestätigen. Dieser Gedanke gibt uns nicht nur Macht, sondern auch unsere Verantwortung zurück, und du brauchst große Macht und große Verantwortung, wenn du auch in den Zeiten, in denen es abwärts geht, oben bleiben willst. Um diese Macht zu haben, musst du die Verantwortung für deinen Geist übernehmen und deine Gedanken ordnen. Lass alles los, was dir nicht dient. Wenn du feststellst, dass du dich mit einer – auch positiven – Sache zwanghaft beschäftigst, dann erkenne, dass zwanghaftes Handeln eine Falle ist. Lass es los, damit dein Geist in den Fluss zurückgelangt. Eine Möglichkeit, dich von einem Zwang zu befreien, und wenn er nur in einem Lied besteht, das dir nicht aus dem Kopf gehen will, besteht darin, deine Nationalhymne leise vor dich hinzusingen. Ein anderer Weg, dich von einem zwanghaften oder negativen Gedanken zu befreien, bei dem du dich ertappst, besteht darin, dass du dir sagst: „Dieser Gedanke ist ein Gedanke, der mich vom Ziel meines Erfolges fernhält." Nachdem du eine ganze Reihe solcher Gedanken geklärt hast und dein Geist still geworden ist, sage dir: „Jetzt entscheide ich mich dafür, in Bezug auf meinen Erfolg einen großen Sprung nach vorne zu tun."

Bist du überzeugt, dass du die wirtschaftliche Welle reiten kannst? Wenn du diese Zuversicht nicht hast, dann ist das etwas, wofür du dich immer wieder neu entscheiden solltest. Putsche dich auf wie ein Profisportler, der sich auf sein großes Spiel vorbereitet. Visualisiere es. Fühle es. Wisse es.

Wie wir unseren Geist ausrichten, so richtet er unser Leben aus. Es gibt nur eine Sache, die noch mächtiger ist als unser Geist, und das ist Gnade, aber selbst bei Gnade bestimmt unser Geist darüber, ob er sie zulässt oder nicht. Gnade ist Gottes Liebe zu uns, die uns Mühelosigkeit und alle guten Dinge geben will. Gnade wird stets gegeben, aber nicht immer empfangen.

Ein weiterer Aspekt, der dir helfen kann, die Höhen und Tiefen der Wirtschaft zu überwinden, besteht darin, mögliche Götzen loszulassen. Dadurch wird uns ein hohes Maß an Macht und wahrem Erfolg zurückgegeben. Götzen sind die falschen Götter, von denen wir glauben, dass sie uns retten oder uns glücklich machen. Es ist jedoch nicht etwas außerhalb von uns selbst, das uns retten oder mehr als vorübergehend glücklich machen kann. Wenn wir uns auf die äußere Welt verlassen, machen wir uns im Hinblick auf unseren Erfolg von äußeren Dingen abhängig, während in Wirklichkeit wir derjenige sind, der äußere Ereignisse auf scheinbar glückliche oder glücklose Weise beeinflusst. Götzen sind falsche Götter, die wir selbst erschaffen. Das Bewusstsein dafür vergraben wir in uns und suchen diese Götzen dann außerhalb von uns selbst. Weder das eine noch das andere kann uns glücklich machen.

Frage dich:

Wie viele Götzen des Ruhms hast du?
Wie viele Götzen des Erfolges hast du?
Wie viele Götzen des Geldes hast du?
Wie viele Götzen hast du in Bezug auf Sex?
Wie viele Götzen hast du in Bezug auf Beziehungen?
Wie viele Götzen des Leidens hast du?

Wie viele Götzen des Mangels hast du?
Wie viele Götzen der Macht hast du?
Wie viele Götzen der Schwäche hast du?
Wie viele Götzen der Krankheit hast du?
Wie viele Götzen der Kreuzigung hast du?

Setze die Macht deines Geistes auf direkte und transformative Weise ein. Lass alle Götzen los und nimm wahr, was dir an ihrer Stelle gegeben wird. Erlaube Gott, der in deinem Herzen wohnt, vollen Zugang zu deinem Leben, um es besser und erfüllter zu machen. Gott denkt immer nur an deinen Erfolg. Es sind deine Gedanken, die dich verletzen oder dazu bringen, Schwäche höher zu schätzen als Macht.

Es gibt noch einen letzten Bereich, der dir größeren Zugang zu spiritueller Macht geben kann und der darin besteht, dass du entdeckst, wo du Aspekte des Unbewussten und des dunklen Übernatürlichen verdrängt hast. Das Unbewusste schickt dir vielfach Träume von „früheren Leben", Träume von Fehlschlägen auf Ahnenebene oder Träume aus dem kollektiven Unbewussten, die dich in Angst und Schrecken versetzen. Es gibt auch das dunkle Übernatürliche, das dir in Form von Visionen, Träumen oder medialen Erfahrungen ebenfalls einen Riesenschrecken einjagt oder Alpträume verursacht. Du kannst diese dunklen Erfahrungen besiegen, wenn du die richtige philosophische und spirituelle Grundlage oder die Gnade besitzt, um mit diesen Aufwallungen umzugehen. Der Grund dafür, dass du mit diesen Erfahrungen nicht auf natürliche Weise umgehen kannst, liegt darin, dass du nicht nur sie verdrängt hast und deshalb nicht mehr weißt, dass sie überhaupt da sind, sondern auch deine Macht. Du hast auch transzendente, mystische Erfahrungen verdrängt, die dich befreien könnten. Du hast Erfahrungen mit Engeln und himmlischen Wesen vergraben, die deine große Angst auf natürliche Weise durch Zuversicht und die Gnade ersetzen würden, die es dir ermöglicht, mit dem dunklen Übernatürlichen umzugehen. Es ist ganz leicht, all das – das Positive wie das Negative – zu transformieren. Heiße diese transzendenten Erfahrungen mit ihrer Gnade und ihrer göttlichen Präsenz in deinem Leben ganz einfach wieder willkommen. Nachdem du sie willkommen geheißen und wieder integriert hast, heiße auch das dunkle Übernatürliche und das Unbewusste wieder willkommen, das du verdrängt hattest. Bitte darum, dass alle diese dunklen Erfahrungen in dein inneres Licht hinein integriert werden, damit sie in einer neuen Ganzheit verschwinden. Was kann dich ängstigen, wenn du dich an die göttliche Präsenz erinnerst und sie erfahren hast?

Diese Kraft verleiht dir die Fähigkeit, sowohl die wirtschaftliche Welle als auch die Wellen der Veränderung auf der ganzen Welt zu reiten. Nachdem du diese spirituelle Macht wieder willkommen geheißen hast, bist du in deinem Herzen offen für Gott und in deinem Geist offen für den Heiligen Geist. Das macht dich offen dafür, dass Wunder geschehen können. Es gibt nichts, was zu groß wäre, als dass ein Wunder es nicht zu heilen vermöchte. Ein Wunder ist Gottes Liebe zu dir, und es bringt dir neue Freiheit, wenn es sich mit dem wahren Einsatz deines Herzens und Geistes verbindet, der darin besteht, Wahrheit zu bringen, wo vorher Illusion war. Geistige Kraft funktioniert nahezu immer, ist aber davon abhängig, welche persönliche Kraft du angesammelt und geheilt hast. Spirituelle Kraft funktioniert immer.

Heiße Gottes Gedanken willkommen. Er denkt stets nur an deinen Erfolg. Vergiss nicht, dass nur deine eigenen Gedanken dich zurückhalten oder voranbringen können. Wenn er mit dem Himmel verbunden ist, kann dein Geist mächtiger sein als Naturkräfte, die Gesetze der Wirtschaft oder irgendwelche anderen Gesetze auf der Welt. Du selbst kannst zu einer Naturkraft werden. Der Himmel geht eine Partnerschaft mit dir ein, um dir, den Menschen in deiner Umgebung und der ganzen Welt zu helfen.

Lektion 91

Pakt mit dem Teufel

D em Pakt mit dem Teufel war ich bei meiner Arbeit bereits einige Male
begegnet. Verschiedene Teilnehmer meiner Workshops hatten das Gefühl, zur Hölle verdammt zu sein, oder waren angsterfüllt, weil sie glaubten,
der Teufel sei auf dem Weg zu ihnen, um sein Recht aus einem uralten Vertrag einzufordern, den sie mit ihm abgeschlossen hatten. Manche glaubten,
von Dämonen verflucht zu sein, hatten Nachtangst oder das Gefühl, dass
unsichtbare Hände sie niederdrückten oder aus ihrem Körper herauszogen.
Ihre Nächte waren von schrecklichen Träumen erfüllt.

Ich hatte seit Ende der siebziger Jahre mit Themen gearbeitet, die sich
um das Dämonische drehten, und war verblüfft, als Mary, eine ehemals
katholische Frau, die in einer kleinen, rein katholischen, frankokanadischen
Gemeinde lebte, ihren Fall vortrug. Sie war zu mir gekommen, um sich
mit ihrer nächtlichen Angst vor Dämonen und mit der Erstarrung in ihrem
Leben zu befassen.

Ich erklärte Mary, dass sie auf der Ebene des Unbewussten, auf der wir
arbeiten würden, die Metapher des Teufels oder des Egos benutzen konnte.
Ich sagte ihr, dass das Ego die Energie ist, die sich vor Urzeiten abgespalten
und vom Licht abgewandt hat, und dass es nur ein anderes Wort für das Dämonische ist. Das Ego ist Teil unseres ursprünglichen Abfalls vom Himmel,
und mit seiner Fortwendung vom Licht hat es eine höchst zerstörerische
Wirkung entfaltet. Bei meiner Erklärung entspannte Mary sichtlich. Ihre
Angst ließ nach und ihre Tränen versiegten.

Mary sagte, dass sie das Gefühl habe, einen Pakt mit dem Teufel geschlossen zu haben, und dass er nachts komme, um sie zu holen. Das ging sogar so
weit, dass sie das Gefühl hatte, dass etwas versuchte, sie aus ihrem Körper
herauszuziehen, um sie zu töten. Ich fragte sie, wie viele Pakte sie mit dem
Teufel abgeschlossen habe, und sie erwiderte: „Fünftausend.“

Daraufhin fragte ich sie, wann der erste Pakt begonnen hatte. Sie sollte mir
sagen, ob es nach, während oder vor ihrer Geburt gewesen war. Sie sagte,
dass es vor ihrer Geburt gewesen sei.

Ich fragte sie, ob es im Mutterleib oder noch davor gewesen sei, und sie sagte: „Davor."

Ich fragte sie, ob es auf Ahnenebene oder auf Seelenebene gewesen sei, und sie erwiderte: „Ahnenebene."

Ich fragte, ob der Pakt mit einem Mann, einer Frau oder beidem begonnen hatte, und sie sagte: „Mit einem Mann."

Als Mary die Geschichte intuitiv ans Licht beförderte, stellte sich heraus, dass sie vor vielen hundert Generationen in Afrika begonnen hatte. Einem ihrer Vorfahren war die Nahrung ausgegangen. Es hatte eine Dürre gegeben, und nach seinen Feldfrüchten war auch seine Familie gestorben. Daraufhin hatte er die Götter verflucht und einen Pakt mit dem Teufel geschlossen.

Ich forderte Mary auf, ihre intuitiven Fähigkeiten zu nutzen, und fragte sie, welche Lektion ihr Vorfahre hatte lernen wollen und welche Seelengabe er mitgebracht hatte, um sie in sein Leben einzubringen. Dann fragte ich, welche Gabe der Himmel diesem Vorfahren hatte geben wollen, um ihm selbst und allen Menschen in seiner Umgebung zu helfen. Mary erwiderte, seine Lektion sei Vertrauen gewesen. Seine eigene Gabe sei liebende Weisheit, und die Gabe, die der Himmel für ihn bereithielt, sei Fülle. Ich forderte sie auf, in die Zeit zurückzukehren, in der ihr Vorfahre ein kleiner Junge gewesen war, und ihm zu helfen, seine Seelengabe zu öffnen, die Gabe des Himmels zu empfangen und sie mit allem und jedem in seiner Umgebung zu teilen, das Land eingeschlossen. Dann hieß ich Mary intuitiv die Seelengabe erkennen, die sie mitgebracht hatte, um ihre Vorfahren und deren Familien zu befreien. Sie sagte, ihre eigene Gabe sei Inspiration, und die Gabe, die der Himmel bereithielt, um sie mit der Familie zu teilen, sei Gnade. Mary öffnete ihre Gabe, empfing die Gabe des Himmels, teilte sie mit ihrem Vorfahren und half ihm dann, sie von einer Generation der Familie zur nächsten weiterzugeben. Die Gaben bewirkten, dass das Leben ihres Vorfahren von Schönheit und Fülle geprägt und von Liebe erfüllt war. Das hatte zur Folge, dass seine Familie und die nachfolgenden Generationen sich tiefen Friedens und großen Wohlstandes erfreuten. Ich forderte Mary auf, die geheilte Energie und die Gaben zu sehen und zu spüren, als sie durch ihren Stammbaum von einer Generation der Familie zur nächsten weitergegeben wurden. Als sie bei ihr und ihren beiden Söhnen ankamen, spürte sie, wie gesegnet und wunderbar diese Erfahrung war.

Ich fragte sie, wie viele Pakte mit dem Teufel nun noch übrig seien, und sie sagte: „Sechs."

Ich sagte, dass ich bei anderen Menschen in der Vergangenheit mit der

Wahrheit gearbeitet hatte, um den Vertrag mit dem Teufel außer Kraft zu setzen. In den meisten Fällen hatte der Teufel selbst den Vertrag nicht eingehalten und ihn damit außer Kraft gesetzt. In anderen Fällen hatte der Teufel betrogen und den Vertrag damit ebenfalls außer Kraft gesetzt, aber der Pakt selbst besaß ohnehin weder Wahrheit noch Wert und konnte deshalb für nichtig erklärt werden. Ich erklärte Mary, dass ich den Menschen, mit dem ich gerade arbeitete, dann aufforderte, den Vertrag mit dem Prinzip der Wahrheit zu berühren, und in allen Fällen hatte sich der Pakt mit dem Teufel dadurch als unwahr und nicht bindend aufgelöst.

Ich sagte Mary, dass wir in ihrem Fall aufgrund des hohen Maßes an Gnade, das präsent war, jedoch anders arbeiten würden. Ich hieß sie, sich dem Himmel zu öffnen und dieses hohe Maß an Gnade zu empfangen. Wenn die sechs Teufel sie tatsächlich unter Kontrolle hatten, dann bestand durch ihren Pakt eine Verbindung zwischen ihnen und ihr. Ich sagte ihr, dass ich herausgefunden hatte, dass seit der Jahrtausendwende auch Teufel erlöst werden konnten und dass seit vier Jahren sogar Teufel der höchsten Ebene ins Licht zurückgeführt werden konnten. Das hatte mir ein Mystiker bestätigt, der zu den höchsten Wesen auf der Erde gehört, die ich kenne.

Ich forderte Mary auf, die Gnade des Himmels zu empfangen, sie wieder in sich aufzunehmen und dann die Teufel durch ihren Pakt mit ihnen zu befreien. Anschließend bat ich sie, Jesus und ihren Engel anzurufen und beide zu bitten, diese Teufel ins Licht zurückzuführen. Als Mary ihre Sitzung beendet hatte, war von der schrecklichen Angst, mit der sie gekommen war, nichts mehr zu entdecken. Sie sah strahlend aus und fühlte sich auch so.

Wenn du Pakte mit dem Ego geschlossen hast, wende das *Schwert der Wahrheit* darauf an. Wenn ein hohes Maß an Gnade präsent ist, lass sie in alle deine Verträge ein- und durch sie hindurchströmen, um das Ego auf der anderen Seite aufzulösen. Falls du eine sehr starke dämonische Energie spürst, befreie die Dämonen mithilfe der Gnade und übergib sie einem der Freunde, die du an hoher Stelle besitzt, damit sie ins Licht zurückgeführt werden.

Lektion 92

Wenn du verärgert bist

Wenn wir uns ärgern, werden wir selbstgerecht und verhalten uns entsprechend gegenüber dem, was uns geärgert hat. Wir glauben, dass unser Ärger gerechtfertigt ist, und benutzen ihn, um unser Ziel zu erreichen. Wir glauben, verärgert sein zu müssen, weil jemand etwas verpatzt hat. Er hat sich nicht so verhalten, wie er es hätte tun sollen. Das muss ihm klar gemacht werden.

Ärger ist jedoch nur dann wirksam, wenn er sparsam eingesetzt wird. Ich erinnere mich an meinen ersten Football-Coach als Kind, der „nachdrücklich" mit unserem Team redete, wenn wir nachlässig wurden oder herumgammelten, statt uns voll einzusetzen. Er wusste, wie er uns mit genau dem richtigen Maß an Verärgerung motivieren konnte. Sein Ärger war nie persönlich, aber er schaffte es, damit unsere Aufmerksamkeit auf sich zu ziehen. Wir strengten uns für ihn, für einander und für uns selbst an. Meist ist Ärger jedoch rein persönlicher Natur.

Ärger, der übertrieben oder einfach nur deshalb eingesetzt wird, um Wirkung zu erzielen, demotiviert uns. Ärger ist eine natürliche Emotion. Da er aber negativ ist, weist er auf einen emotionalen Fehler unsererseits hin. Ärger enthält einige Fehler, die Erfolg direkt blockieren. Wenn ein Manager beispielsweise Ärger als Mittel einsetzt, um einen anderen Menschen zu drangsalieren, dann beginnt der Ärger spätestens beim zweiten Mal, gegen ihn zu arbeiten, und erzeugt Trennung und Autoritätskonflikt.

Die erste Falle, die Ärger uns stellt, besteht darin, dass er eine Forderung ist, die auf einem Bedürfnis basiert, einem Versuch, jemand anderen dazu zu bringen, dass er uns glücklich macht. Wenn wir von einer äußeren Quelle abhängig sind, um erfolgreich zu sein, ist das immer eine unsichere Sache. Wenn wir Ärger benutzen, um jemanden zu kontrollieren, damit er unsere Bedürfnisse erfüllt und unseren Nachschub sicherstellt, gewinnen wir Schlachten und verlieren den Krieg. Wenn wir auf unsere innere Quelle vertrauen, bleiben wir gelassen. Wenn wir von äußeren Dingen abhängig sind, haben wir ein Bedürfnis, wehren uns jedoch gleichzeitig dagegen, dass dieses Bedürfnis erfüllt wird.

Größter Erfolg rührt von größter Zuversicht her, die ihrerseits von vollkommener innerer Stille herrührt. Es ist eine Ganzheit, die inneren Frieden erzeugt und sich nicht gegen die Verbundenheit wehrt, die Erfolg mit sich bringt. Außerdem lässt sie das Ego schrumpfen, das sich dem Empfangen widersetzt. Geben, das von innen heraus kommt, ist nicht an Bedingungen geknüpft und ein Schlüsselprinzip des Erfolges. Es öffnet uns dafür, die natürliche Belohnung zu empfangen, die mit wahrem Geben einhergeht.

Wenn wir verärgert sind, dann ärgern wir uns über eine Situation, die wir selbst herbeigeführt haben. Die Quantenphysik spricht davon, dass eine Situation leer – einfach Licht – ist, bis wir beschließen, sie nach eigenem Gutdünken mit Dingen auszufüllen. Im Hinblick auf unseren Ärger heißt das, dass wir selbst die Situation herbeigeführt haben, wie sie ist, und uns dann darüber geärgert haben. Würden wir die Situation benutzen, um zu lernen und heil zu werden, dann würde sie für uns arbeiten. Wenn wir sie jedoch benutzen, um vor Ärger und Selbstgerechtigkeit aus der Haut zu fahren, dann haben wir die Gelegenheit meist vertan. Wir entscheiden uns dafür, unsere Wahrnehmung auf der Grundlage unserer Glaubenssätze – alte, statische Entscheidungen – zu erschaffen. Wir könnten neue Entscheidungen treffen, aber das Ego schmeichelt sich bei uns ein, indem es uns von *einem Teil* der Schuld befreit, damit wir nicht so sehr verärgert sind, dass wir etwas tun, das die gesamte Schuld auflösen würde, von der sich das Ego nährt. Wir fühlen uns schuldig, ärgern uns über uns selbst und projizieren die ganze Sache dann nach außen, um jemand anderem als uns selbst die Schuld zu geben. Unser Ärger soll zeigen, dass wir unschuldig sind und dass der andere derjenige ist, der Strafe verdient hat. Wir leugnen die Verantwortung, die wir selbst für die Situation tragen. Das ist eine Egostrategie, und Strategien des Egos sind immer schlechte Strategien, weil sie unsere Schuld letzten Endes nur verstärken. Ärger und Schuld verstärken sich gegenseitig in einem Teufelskreis, der spiralförmig abwärts führt. Ohne Angst gibt es keinen Ärger, und was durch Angst erzeugt wird, ist nicht erfolgreich. Ärger ist ein schlechtes Fundament, um darauf zu bauen. Bestenfalls baut er eine Kompensation für die Angst auf, lässt uns aber keine Grundlage, auf der wir empfangen können. Angriff ist die wahre Grundlage des Egos. Ärger und Angriff zeigen sich in Form von direkter Aggression, dadurch, dass wir angegriffen und zum Opfer gemacht werden, sowie in Form von Rückzug und von passiver Aggression.

Wenn du in Versuchung bist, dich zu ärgern, könntest du stattdessen die Macht deines Geistes einsetzen, um Anspruch auf die Lösung zu erheben:

„Vor allem will ich die Antwort sehen." Damit wäre dir wesentlich besser gedient. Diese Entscheidung ist die abgewandelte Form eines Satzes aus *Ein Kurs in Wundern*, in dem es heißt: „Vor allem will ich sehen."

Wenn du deine Wahrnehmung verändern willst, besteht die andere Lösung darin, dir selbst immer wieder zu vergeben. In *Ein Kurs in Wundern* heißt es: „Nur glückliche Anblicke und Geräusche können den Geist erreichen, der sich selbst vergeben hat." Selbstvergebung lässt die inneren Glaubenssysteme und Selbstkonzepte los, die dafür sorgen, dass wir in einem Problem steckenbleiben. Ärger ist eine Form der Kontrolle, die zu Machtkampf führt, und sei es nur durch Rückzug oder passive Aggression angesichts der Schikane verärgerter Menschen.

Anstelle von Ärger können wir Selbstvergebung einbringen, deren wir alle bedürfen, damit wir nur noch Erfolg anziehen. Statt einen anderen Menschen anzugreifen, können wir uns selbst vergeben, um zu neuem Frieden zu finden und um zu verhindern, dass wir uns in den falschen Entscheidungen verfangen, die das gegenwärtige Problem in unserer Wahrnehmung hervorgerufen haben.

Angesichts der vielen Dinge, die es zu heilen gilt, damit unser Geist zur Ganzheit gelangen kann – insbesondere der Dinge, die in seinen Tiefen verborgen liegen –, sind Selbstvergebung und Vergebung wichtige Werkzeuge. Durch Vergebung vergeben wir nur das, was wir von uns selbst glauben und in anderen Menschen sehen, weil wir es lieber auf sie projizieren als in uns selbst erfahren wollen. Vergebung befreit uns und bringt Unschuld und Ganzheit zurück. Sie sind die Grundlage des Selbstwertes und der Zuversicht, die automatisch zum Erfolg führen.

Lektion 93

Tumult, Tollhaus und Chaos

Heute morgen hatte ich eine Coaching-Sitzung mit einer Frau namens Bliss, die sich selbst als unglücklich, hilflos und hoffnungslos beschrieb. Fast jeder Bereich ihres Lebens war „zum Kotzen", wie sie es ausdrückte. Als wir uns ein wenig näher mit ihrer Geschichte befassten, fanden wir heraus, dass aller Fortschritt, den sie in ihrem Leben zu erreichen versuchte, sich meist schnell wieder verflüchtigte und sie letztlich in eine schlimmere Lage brachte, als sie es vorher gewesen war.

Mir kam sofort der Gedanke, dass Götzen des Chaos bei ihr am Werk sein könnten, und als ich ihr beschrieb, auf welche Weise sie sich äußern, stimmte sie sofort zu. Die meisten Menschen kompensieren Chaos sehr stark, indem sie ein geordnetes Leben führen oder kontrollbesessen sind. Obwohl Bliss versucht hatte, sie zu kompensieren, waren sechzig Götzen des Chaos bei ihr am Werk, die ihr Leben durch Muster aus dem Unbewussten prägten und ihr sowohl eine feindselige Welt als auch eine feindselige Lebenserfahrung bescherten.

Ich fragte sie, wenn sie es wüsste, wie viele Tollhaussüchte dann bei ihr am Werk waren, und sie kam auf tausend. Dann fragte ich, wie viele Anteile ihres Geistes sich im Tumult befänden, und sie sagte: „Siebenhundertzweiundzwanzig."

Anschließend fragte ich Bliss, wenn sie es wüsste, zu welchem Zweck sie dann den Tumult, das Tollhaus und das Chaos benutzte. Bliss erwiderte, sie habe Angst, als gesellschaftlich unzulänglich, Spinnerin, langweilig, humorlos oder merkwürdig erkannt zu werden. Sie hatte Angst, als unfähig entlarvt zu werden, und schützte sich deshalb selbst. Ich fragte sie, wie alt die Anteile ihrer selbst seien, die sie schützte und die sich unzulänglich fühlten, und sie sagte: „Sechs und elf Jahre alt."

In diesem Alter waren die betreffenden Anteile ihrer selbst emotional erstarrt. Bliss hatte enorme Abwehrmechanismen aus Götzen, Süchten und Selbstkonzepten aufgebaut, die ihr Leben durch Insolvenz, Krankheit, fehlende Beziehungen und fehlende Freunde fast zerstört hatten.

Da Bliss schon einmal mit dem Heilungskonzept des „Handelspostens"
als Metapher für Loslassen und Gnade gearbeitet hatte, forderte ich sie auf,
ihre Götzen, Süchte und Selbstkonzepte zum Handelsposten des Himmels
zurückzubringen. Bliss empfing im Austausch dafür Frieden, Spaß, Humor
und Leichtigkeit. Dann fragte ich sie, wie viele Verschwörungen des Herzensbruchs sie im Leben wegen ihrer Abwehrmechanismen aus Götzen,
Süchten und negativen Selbstkonzepten gehabt hatte, und sie erwiderte:
„Fünfundfünfzig." Als sie ihre Verschwörungen des Herzensbruchs zum
Handelsposten des Himmels zurückbrachte, hatte sie das Gefühl, ihr Leben
zurückzuerhalten und den Neubeginn guter Zeiten zu empfangen.

Bliss schlug ein neues Kapitel im Leben auf, aber erst unsere nächste
gemeinsame Sitzung sollte zeigen, dass ihr Leben endlich begonnen hatte,
sich zusammenzufügen, statt auseinanderzufallen. Als sie ging, fühlte sie
sich nicht nur glücklicher und gesünder, sondern auch weit hoffnungsvoller,
als sie es seit langer Zeit gewesen war. Bei unserer nächsten Sitzung einen
Monat später hatte Bliss zwar immer noch ihre Krankheit, aber sie hatte
Tollhaus, Chaos und Tumult hinter sich gelassen, und ihr Leben war stärker
von Frieden und sogar von Glücksmomenten geprägt.

Lektion 94

Erfolg oder ein "Schtick"

Wenn du keinen Erfolg hast, solltest du einmal darauf achten, ob ein „Schtick" bei dir am Werk ist. Ein *Schtick* ist ein Ort geheimer Rebellion, der Ärger enthält, den wir auf uns selbst und auf andere Menschen richten. Ein *Schtick* ist insofern durch Unreife geprägt, als dass es auf andere Menschen abstoßend wirkt, während es gleichzeitig Leugnung, passive oder direkte Aggression und Selbstsabotage in sich trägt. Letztlich ist es ein Angriff auf unsere Eltern und Gott und höchstwahrscheinlich auch auf unseren Partner.

Wir verbergen unsere *Schticke* vor uns selbst, was es doppelt schwer macht, sie zu finden. Weil sie dafür sorgen, dass wir Niederlagen erleiden, liegt es an uns, diese Fallen, die unser Leben ruinieren und die Menschen in unserer Umgebung unglücklich machen, aufzudecken und zu befreien.

Ich habe erlebt, dass Menschen eine psychische Störung vorgetäuscht haben, die weit mehr *Schtick* als psychische Störung und für die Menschen in ihrer Umgebung eine echte Strafe war. Auch hier ist das *Schtick* unter so viel Leugnung oder Verdrängung vergraben, dass diejenigen, die es einsetzen, sich seiner überhaupt nicht bewusst sind. Ich habe auch erlebt, dass Menschen körperliche Krankheiten oder andere Leiden auf diese Weise einsetzen.

Ein *Schtick* geht meist mit einem hohen Maß an Jammern oder Klagen einher. Wenn du jemanden auf sein *Schtick* ansprichst, kann es dir passieren, dass er abwehrt, indem er beispielsweise verletzt oder ärgerlich reagiert, um dich fortzustoßen. Wenn du dein *Schtick* einsetzt, sprechen andere Menschen dich meist nicht darauf an, sondern gehen dir aus dem Weg, weil es kein Vergnügen ist, in dieser Zeit mit dir zusammen zu sein. Wenn du viele *Schticke* hast, kann es passieren, dass du nur wenige Freunde hast. Wenn du eine Machtposition innehast, bist du fast immer jemand, der andere Menschen drangsaliert. Mit einem *Schtick* bist du ein heimlicher Täter.

Neben Leugnung und Ärger hängen fast immer Angst und Hilflosigkeit an deinem *Schtick*, verbunden mit einem sehr hohen Maß an Selbstangriff, um die ganze Sache zu vertuschen.

Mit einem *Schtick* verfolgst du immer einen Zweck. Es ist eine Kompensation, die meist Staunen, Größe, Fülle und Wunder verbirgt. Es ist das Gegenteil der Entscheidung für *Geschichten des goldenen Lebens* und *Geschichten des Glücklichseins*. Es liefert uns eine Ausrede und die Möglichkeit, uns zu verstecken, und es macht uns zu etwas Besonderem. Es lenkt Aufmerksamkeit auf uns, und wir müssen uns nicht ändern.

Unser *Schtick* kann eine Emotion wie Traurigkeit, Ärger oder Verletzung sein, aber auch eine Situation wie Versagen, finanzielle Schulden oder Krankheit.

Wenn du dich bei einem *Schtick* ertappst, dann akzeptiere es. Akzeptiere, dass du es benutzt hast, um dich selbst und andere Menschen fertigzumachen. Vergib ihm und dir selbst. Lass es zusammen mit allen damit verbundenen negativen Emotionen los. Integriere es mit der positiven Gabe, der du aus dem Weg gegangen bist. Verpflichte dich dem nächsten Schritt, und lege den ganzen Bereich in die Hände deines höheren Bewusstseins, damit es ihn für dich bereinigen kann.

Um dir *Schticke* bewusst zu machen, frage dich:

Wenn ich wüsste, wann dieses *Schtick* begonnen hat, dann war es vermutlich im Alter von ....
(Vergiss nicht, dass du mehrere *Schticke* haben kannst, und behalte deshalb die Zahl im Gedächtnis. Es kann sein, dass du diese Übung für jedes *Schtick* wiederholen musst.)
Wenn ich wüsste, wer daran beteiligt war, dass das *Schtick* begonnen hat, dann war es vermutlich ....
Wenn ich wüsste, in welcher Weise ich es benutzt habe, um mich zu trennen, dann war es vermutlich durch ....
Wenn ich wüsste, welche Form mein Wutanfall und mein *Schtick* angenommen haben, dann war es vermutlich ....
Wenn ich wüsste, wie das *Schtick* sich auf mich ausgewirkt hat, dann war es vermutlich ....
Wenn ich wüsste, wie das *Schtick* sich auf andere Menschen ausgewirkt hat, dann war es vermutlich ....
Fühle nun den Ärger oder den Wutanfall, der sich gegen ein oder beide Elternteile sowie gegen alle anderen daran beteiligten Menschen richtet, bis du bei einem Gefühl umfassenden Friedens angelangt bist.
Fühle dann den Ärger, der sich gegen Gott richtet, bis er vollkommen geschmolzen ist und nur Frieden übrig bleibt. Ärger über einen anderen Men-

schen zeigt Ärger über Gott. Ungeachtet aller Leugnung läuft dieser Prozess auf einer unterbewussten Ebene ab.

Setze alles auf eine Karte und strebe das größtmögliche Erwachen an, das du dir vorstellen kannst!

Lektion 95

Ein Schlüssel zum Erfolg

Neulich habe ich einen General der Armee in den Nachrichten sagen gehört, dass Kriege durch Kampfgeist und Moral gewonnen werden. Bei meiner Arbeit mit Firmen und Einzelpersonen habe ich dieses Prinzip selbst sehr oft am Werk gesehen. Letzten Samstag habe ich mir im Fernsehen das Football-Spiel der University of Hawaii gegen die Utah State University angeschaut. Während das Team der Utah State immer mehr an Boden gewann, wurde schnell klar, dass das Team der University of Hawaii, obwohl es in der Tabelle einen höheren Rang innehatte, ziemlich „flach" spielte. *Ends*, denen sonst nie ein Pass durchging, rutschte der Ball aus der Hand. Das war nur ein Hinweis darauf, dass es der Mannschaft an Energie und Schwung fehlte. Vielleicht war es die über viertausend Meilen lange Anreise zum Spiel, aber ein echtes Siegerteam siegt auf der Straße. Aus irgendeinem Grund war die Moral einfach schlecht.

Ich habe Menschen erlebt, die in eine schlechte Gemütsverfassung geraten und sich eine Erkältung oder eine Grippe einhandeln, weil sie ihre übliche Unempfindlichkeit, ihr Charisma und ihren Charme verloren haben. Sie haben die Energie für die zusätzliche Anstrengung verloren, die notwendig ist, um den Beweis zu erbringen, dass sie wirklich erfolgreich sein wollen. Charisma gepaart mit Kompetenz ist eine Kombination, die Erfolg verspricht.

Was eine Gruppe am stärksten eint, wenn es darum geht, erfolgreich zu sein, ist eine gemeinsame, von Inspiration getragene Vision. Sie gibt dem Team oder der Firma den entscheidenden Kampfgeist. Zusammenhalt und verbundene Freundschaft in einer Gruppe sind das, was Kampfgeist entstehen lässt. Auch Spaß und Humor tragen zur Moral bei, die durch Charisma, Charme und das Eingehen auf andere Menschen noch weiter verstärkt wird. Alles, was das Team zusammenbringt, während man sich auf die Aufgabe konzentriert, macht die Aufgabe leichter. Die Menschen verbringen in der Regel mehr wache Stunden auf der Arbeit als zu Hause. Eine schlechte Arbeitsatmosphäre ist kontraproduktiv. Wenn die Moral schlecht ist, steigen die Fehlzeiten durch Krankheit, und viele Menschen arbeiten mit der Einstellung, möglichst zu nehmen, was sie bekommen können, statt zu geben, was sie geben können.

Ich erinnere mich, dass ich während meiner Jahre am College den Sommer über in einem Stahlwerk gearbeitet und mich immer über die schlechte Moral dort gewundert habe. Die Männer arbeiteten gerade nur so viel, dass sie damit durchkamen und ihre Bonuszahlungen gesichert waren. Ich habe mich gefragt, wie ein Stahlwerk mit einer so schlechten Einstellung seiner Arbeiter überhaupt überleben kann. Nun ja, sechs Jahre später wurde das Stahlwerk geschlossen und viele tausend Arbeitsplätze in der Region gingen verloren. Ich schätze, dass das Stahlwerk *mit Leichtigkeit* dreimal so produktiv hätte sein können, aber kurzsichtige Gier, Faulheit, die falsche Einstellung und fehlende Teamarbeit haben ihm den Garaus gemacht.

In jeder Sportmannschaft, in der ich gespielt habe, waren Kampfgeist und Moral entscheidende Voraussetzungen. Wo immer ich gearbeitet habe, war die Moral – oder ihr Nichtvorhandensein – ein Faktor, der über Erfolg oder Misserfolg entschied. Wenn du erfolgreich sein willst, wenn die Chancen gegen dich stehen oder die Moral schlecht ist, *musst du nicht nur deine eigene Moral aufbauen, sondern auch die der Menschen in deiner Umgebung.* Das ist es, was Partnerschaft, Führungsstärke und Freundschaft bewirken.

Manchmal wird die Moral schlecht, ohne dass es einen ersichtlichen Grund dafür gibt. Das ist nicht unbedingt auf Fehler innerhalb der Firma zurückzuführen. Es kann der *Prozess* sein, der sich in der Firma entfaltet, kann aber auch ein *Prozess* sein, der aus dem kollektiven Unbewussten kommt und die ganze Welt betrifft. Ich habe Freunde und Klienten in Europa, Asien und Amerika, und mitunter steht mein Telefon nicht still, weil viele Menschen zur gleichen Zeit anrufen, die Unterstützung und Transformation brauchen. Ich kann einen Prozess erkennen, der sich auf der ganzen Welt entfaltet. Es ist wie eine Ebbe, bei der du in einer Bucht alles sehen kannst, was gesäubert werden muss. Es gibt eine Dualität in der Welt, die sowohl Höhen als auch Tiefen birgt. Wir sind aufgerufen, die Höhen zu genießen und die Tiefen zu transformieren. In den kommenden Jahren werden wir mehr und mehr von kollektiven Themen beeinflusst werden, und wir brauchen Menschen, die fähig sind, dem Ganzen neue Energie zu geben und die Moral aller zu stärken.

Während meiner Zeit als Zivilpsychologe am *Naval Drug Rehabilitation Center* der Marine wurde ich 1975 einmal zusammen mit anderen Zivilisten und Militärangehörigen, die am Zentrum arbeiteten, dreieinhalb Tage auf einem Zerstörer hinausgeschickt, um ein Gefühl dafür zu bekommen, womit die Jungs, die im Zentrum therapiert wurden, es zu tun hatten, während sie auf See im Dienst waren. Ich freute mich auf die Fahrt, aber als ich auf dem Schiff ankam, glich die Atmosphäre einem Gefängnis. Die dreieinhalb Tage fühlten sich an wie ein ganzer Monat, und ein schlechter noch dazu. Dabei hatte es weniger damit zu tun, dass wir auf einem stählernen Koloss im Meer schwammen, als vielmehr damit, dass die Moral so schlecht war.

Natürlich wurden abends Filme gezeigt, und es gab auch noch andere, ähnliche Unterhaltungsmöglichkeiten, aber ohne einen Führer, der sie inspirieren konnte, reichte das einfach nicht aus. Sobald sie erfuhren, dass ich Therapeut und kein Drogenfahnder war, öffneten sie sich mir gegenüber und boten mir in falsch verstandener Kameraderie ihre Drogen an. Etwa fünfundachtzig bis neunzig Prozent der Crewmitglieder nahmen Drogen in irgendeiner Form. Das Achterschiff stank bestialisch nach Marihuanarauch. Die Unteroffiziere bevorzugten Alkohol, die jüngeren Seeleute nahmen eher Drogen. Ich hätte jede Droge bekommen können, die ich wollte, von Heroin über Psychedelika bis hin zu Amphetaminen. „Gras" war allgegenwärtig. Dank ihrer Freundschaften kamen die Leute klar, aber wo es keine Freundschaft gab, dort herrschte Öde. Die Freundschaften an Bord machten es erträglich.

Ich freundete mich mit einem Kanonenmaat an, der zudem als Küchenhelfer und als Steward in der Offiziersmesse arbeitete. Ich war dabei, als er frühmorgens schon die Zimtschnecken für das Frühstück buk. Er war intelligent und einer der ganz wenigen, die keine Drogen nahmen.

Er führte mich durch das gesamte Schiff und zeigte mir, wo die Drogensüchtigen herumlungerten. Am dritten Morgen hatte der Erste Offizier, der nicht nur Stellvertreter des Kapitäns, sondern außerdem auch ein ziemlicher Tyrann war, in der Offiziersmesse einen Wutanfall, weil er sich über irgendetwas geärgert hatte. Ich schaute zu meinem Kumpel hinüber, einem Mann von niedrigem Rang, der als Steward agierte und stramm stand, um die Offiziere zu bedienen. Als er meinen Blick bemerkte, verdrehte er die Augen, als ob er sagen wollte: „Was für ein Idiot!" Ich musste ihm zustimmen. Wenn es schon nach drei Tagen so war, konnte ich nur ahnen, wie eine sechsmonatige Fahrt in den Westpazifik verlaufen musste.

Nach nicht einmal einem Jahr flog der hochintelligente junge Mann, mit dem ich mich angefreundet hatte, auf, weil er zwischenzeitlich zum größten Drogenhändler auf dem ganzen Schiff geworden war. Er wurde zur Rehabilitation geschickt. Man hatte ihn einem anderen Stockwerk im Zentrum zugeteilt, aber bei einer Sportveranstaltung, an der das gesamte Zentrum teilnahm, sah ich ihn und erfuhr seine Geschichte von einem Mitarbeiter des Stockwerks. Als ich auf ihn zuging, wollte einer seiner „Drogenleutnants" mich aufhalten, aber seine persönliche Kraft war nicht stark genug. Als ich bei meinem alten Kumpel ankam, fragte ich ihn: „Was ist mit dir passiert?" Nach einigen Sekunden konnte er mir nicht mehr in die Augen schauen und wandte sich von mir fort. Er hatte seine Begabtheit in die falsche Richtung gelenkt und war der schlechten Atmosphäre an Bord erlegen.

Wenn du an einem Ort bist, an dem eine schlechte Moral herrscht, trage deinen Teil dazu bei, sie zu ändern. Manifestiere, bete und wolle die Veränderung von ganzem Herzen. Bitte um die Inspiration, mit deren Hilfe du andere Menschen dazu inspirieren kannst, in die richtige Richtung zu gehen. Vergib pausenlos allem und jedem. Bitte um Gnade und Wunder. Trage jeden Tag dazu bei, dass es sowohl deiner Familie als auch deiner Arbeitsstelle besser geht, indem du dich von ganzem Herzen einbringst. Wenn du dich deiner Familie und deiner Arbeit nicht verpflichtest und dafür sorgst, dass es ihnen besser geht, dann wirst du derjenige sein, der darunter zu leiden hat, wenn sie schlechter werden.

Du kannst über schlechte Situationen meckern und klagen, aber dieses Verhalten und die Einstellung, die dahinter steht, zerstören jeden Erfolg. Es gibt keine negative Situation, die größer ist als du selbst und die Macht des Himmels, und es gibt nur sehr wenige Situationen, die größer sind als dein rückhaltloses Geben und die Macht deines eigenen Geistes, eine Besserung herbeizuführen.

Horche nach innen auf Inspiration, wie du eine Verbesserung herbeiführen kannst. Benutze Worte der Kraft. „Es muss einen besseren Weg geben!" Sie bewirken, dass dein höheres Bewusstsein in deinem Sinne aktiv wird.

Vergib unaufhörlich jedem Ort, an dem eine schlechte Moral herrscht, und allen, die ihn zu einem Ort machen, an dem es sich schlecht leben oder arbeiten lässt. In *Ein Kurs in Wundern* heißt es: „Du hast ein Anrecht auf Wunder." Bitte deshalb jeden Tag darum, damit du deine Familie, deine Firma, dein Land und die Welt zu einem besseren Ort machen kannst.

Lektion 96

Die Macht einer starken Beziehung

Anfang der neunziger Jahre des 20. Jahrhunderts wurden die Geschäftsführer der Fortune-500-Unternehmen dazu befragt, worin ihrer Auffassung nach die Schlüssel zu ihrem Erfolg bestünden. Sie alle erwähnten drei Dinge. Der erste Punkt war der Glaube an eine höhere Macht, der zweite Punkt war Sport oder körperliche Bewegung, und der dritte, am häufigsten genannte Punkt waren eine starke Beziehung und ein großartiger Partner.

Ich habe festgestellt, dass jeder Schritt, den wir auf unseren Partner zugehen, die gleiche Wirkung hat wie ein Schritt, den wir in unserem Leben und unserer beruflichen Laufbahn gehen. Erfolg und Nähe sind der rechte und der linke Arm der Partnerschaft. Partnerschaft lässt nicht nur Fluss und Leichtigkeit, sondern auch ein tiefes Gefühl der Freiheit entstehen.

Eine starke Partnerschaft richtet also sowohl unser Leben als auch unseren Geist auf natürliche Weise aus. Sie gibt uns das Fundament, auf dem wir unser Leben und unseren Erfolg aufbauen können. Diejenigen, die ihre berufliche Laufbahn auf Kosten ihrer Beziehung aufbauen, betrügen sich selbst. Solche Menschen tendieren dazu, ihre Mittel und Ressourcen entweder zu horten oder zu vergeuden. Weil ihr Partner für ihre Fähigkeit zu empfangen steht, wird durch die Tatsache, dass sie den Schwerpunkt auf ihre berufliche Laufbahn legen, der Aspekt des Gebens hervorgehoben, während das Empfangen zu kurz kommt. Das führt zu Burnout. Erfolg sowohl im Beruf als auch in der Beziehung bedeutet, dass wir in hinreichendem Maße über die Familienverschwörung hinausgelangt sind, um im Leben auf eine ausgeglichene Weise erfolgreich zu sein. Je größer das Gleichgewicht, umso mehr ist unser Leben im Fluss. Verpflichte dich also, alles zu haben. Verpflichte dich deiner Beziehung und deiner Arbeit gleichermaßen. Verpflichte dich immer wieder dem nächsten Schritt in deinem Leben, deiner Beziehung und deinem Erfolg. Verpflichte dich deiner Mutter und deinem Vater gleichermaßen, um das Muster, das zum Dilemma führt, zu heilen. Verpflichte dich deiner männlichen und weiblichen Seite gleichermaßen, damit du im Fluss bist. Es ist wichtig zu wissen, dass du jedes Mal, wenn du dich deinem Partner verpflichtest, in deiner beruflichen Laufbahn einen ebenso großen Schritt vorangelangst. Daher ist es äußerst wirtschaftlich, deinem Partner zu geben, weil du dadurch sowohl deine Beziehung als auch deine berufliche Laufbahn voranbringst.

Lektion 97

Kluge Investitionen

Als jemand, der sich mit Erfolg befasst, muss Investition stets ein Schlüsselthema für dich sein. Wie investierst du deine Zeit, und wie investierst du deinen Geist? Wenn du Zeit verschwendest, indem du keine Prioritäten setzt, verletzt du dich selbst, weil du schlecht investierst. Deine Arbeit kann scheitern, wenn du Zeit in die falsche Forschung, die falschen Produkte oder die falschen Menschen investierst. Ich kenne eine Reihe von Geschäftsleuten auf der ganzen Welt, die Zeit und Geld für Prostituierte, Affären, Pornographie oder irgendwelche Phantasien aufwenden. Sie verschwenden sowohl die Energie, die sie in ihre Beziehung investieren könnten, um sie zu verbessern, als auch die kreative Energie, die sie stattdessen in ihre Karriere investieren könnten. Wenn du in deinen Partner investierst, erhältst du eine Rendite sowohl für deine Beziehung als auch für deine berufliche Laufbahn.

Wenn du die Kraft deines Geistes in Angst, Sorge oder Angriff gegen dich selbst oder andere Menschen investierst, dann verschwendest du die größte Ressource, die du hast. Jeder Angriff gegen einen anderen Menschen blockiert deinen Fortschritt. Du könntest die Kraft deines Geistes stattdessen einsetzen, um herauszufinden, was du wirklich willst.

Bitte um oder manifestiere frühzeitig, wie dein Tag verlaufen soll. Die beste Zeit dazu ist abends vor dem Schlafengehen und morgens nach dem Aufwachen, weil dein höheres Bewusstsein dann am zugänglichsten ist. Verbundenheit ist ein Schlüssel zum Erfolg. Erschaffe sie mit dem Herzen. Je mehr du anderen Menschen die Hand reichst, um ihnen zu helfen, umso mehr vereinigst du deinen Geist und bist selbst für Hilfe offen. Wenn du in Angst gefangen bist, hilf einem anderen Menschen, vergib, lass los oder liebe, dann wird deine Angst geheilt. Setze die Kraft deines Geistes klug ein. Sie muss in eine Richtung gelenkt werden. Willst du sie in Angst und Fallen oder in Vertrauen und Erfolg investieren? Wie du säst, so wirst du ernten. Investiere klug, denn sonst wirst du es bedauern. In was möchtest du die Kraft deines Geistes und deines Herzens jetzt investieren?

Baue ein Vermächtnis auf. Baue für ein ganzes Leben.

Lektion 98

*Der Erfolg ist nicht endgültig
(Winston Churchill)*

Winston Churchill hat gesagt: „Der Erfolg ist nicht endgültig, das Versagen nicht fatal. Der Mut zum Weitermachen ist das, worauf es ankommt."

Diese Aussage birgt wichtige Wahrheiten im Hinblick auf Erfolg. Die erste Wahrheit lautet, dass, wenn du erfolgreich bist, dies keineswegs das Ende des Lernprozesses in Bezug auf Erfolg ist. Es ist der Anfang. Wenn du in Erfolg einen Wert siehst, hörst du niemals auf zu *lernen*, was dich erfolgreich macht und bleiben lässt. Du entscheidest dich immer wieder neu für Erfolg auf der tiefsten Ebene. Wenn du dich deiner Arbeit, deinem Erfolg, dem nächsten Schritt und deinem Partner rückhaltlos gibst, bleibst du im Fluss. Würdest du dich auf deinen Lorbeeren ausruhen, würde der Fluss des Erfolges dich bald hinter sich zurücklassen. Lerne, wo du lernen kannst. Verbinde dich überall dort, wo du dich verbinden kannst, und bringe dich rückhaltlos ein.

Das Versagen ist nicht fatal. Misserfolge wollen dich etwas lehren. Sobald du die Lektion gemeistert hast, bist du zurück auf der Straße des Erfolges. Wenn du dich selbst fertigmachst, weil du versagt hast, bist du zu deinem ärgsten Feind geworden. Wenn du aufgibst, weil du versagt hast, ist das Spiel vorbei. Als ich der „König des Herzensbruchs und des Festhaltens" war, wurde mir klar, dass ich viele Dinge über Beziehungen nicht wusste. Da beschloss ich, ein Beziehungsexperte zu werden. Ich hatte das Gefühl, dass ich nicht überleben würde, wenn ich diese entscheidenden Lektionen nicht lernte, weil sie einfach zu schmerzhaft waren. Ich lernte schnell, was ich lernen musste, heilte, was ich heilen musste, und änderte, was ich ändern musste. Ich wurde zu einem Experten in Beziehungen, und ich lerne immer weiter, um auf der Höhe der Situation zu bleiben. Ich habe immer weiter gelernt und habe es dann getan, wenn es wirklich darauf ankam. Erfolg ruft dich auf, genau das zu tun, bis du zu einem Experten geworden bist. Dabei solltest du es aber nicht bewenden lassen. Habe den Mut, immer weiter zu lernen und immer weiter zu wachsen.

Lektion 99

Entscheidung für die Kleinheit

Eine wichtige Dynamik, die sich in meiner Arbeit, Menschen bei der Heilung ihrer Traumata und Probleme zu helfen, immer wieder gezeigt hat, ist Kleinheit. Kleinheit ist die Angst, voranzugehen. Kleinheit ist die Angst, begabt und visionär zu sein. Wir haben das Gefühl, unsere Lebensaufgabe nicht erfüllen zu können, und benutzen die Ausrede, die Niederlagen und Probleme uns liefern, um zu beweisen, dass wir zu klein sind, um voranzugehen, zu klein, um unsere Lebensaufgabe zu erfüllen, zu klein, um das zu tun, was von uns gefordert wird, und zu klein, um unsere heiligen Seelenversprechen zu halten. Die Verschwörung der Kleinheit ist derart konstruiert, dass niemand große oder kühne Dinge von uns erwartet. Sie ist das genaue Gegenteil unserer Lebensaufgabe und unserer Bestimmung.

Mit unserer Entscheidung für die Kleinheit entscheiden wir uns für das Ego. Es ist eine selbsterfüllende Prophezeiung, und wir werden zu dem, der Hilfe braucht, statt der zu sein, der sie gibt. Wenn wir nach Kleinheit streben, dann leugnen wir die Größe, die wir in uns tragen, und wir versagen uns die Gnade, die alles für uns vollbringen würde. Wir können nicht Kleinheit wollen und Gnade finden. Wir sind uns selbst überlassen, weil wir uns von unserer eigenen Macht und der Macht des Himmels abgewandt haben. Die Welt wird so, wie wir sie haben wollen, und das, wozu wir uns aufgerufen fühlten, wird unter einer Lawine der Kleinheit vergraben. Ist das die Wahrheit? Es ist nicht die Meinung, die Gott von uns hat. Wie kann es also wahr sein!?

Blicke heute auf dein Leben zurück. Betrachte jedes Trauma und jede Niederlage, die du benutzt hast, um dich klein zu machen, jeden Eigennutz, den du benutzt hast, um dich zu verstecken. Denke jedoch vor allem über dein Streben nach Kleinheit und seine Auswirkung auf deinen Wunsch nach Erfolg nach, weil sie diametrale Gegensätze sind. Das Ego ist auf Größenwahn und Kleinheit aufgebaut, aber vor der Größe unseres Herzens, unserer Seele und unserer Lebensaufgabe und vor der Erhabenheit, die der Himmel uns gewährt hat, läuft es davon. Was selbst von Erhabenheit erfüllt ist, kann nur Größe gewähren, und genau so wurden wir erschaffen.

Nimm heute deinen Mut zusammen. Öffne dein Herz. Nimm die Hilferufe wahr. Gehe auf das Drängen deiner Seele ein. Empfange die Gnade und die Macht, die nicht in deiner Macht stehen, dir aber von deinem höchsten Vater gewährt werden. Vergiss das Antlitz deines höchsten Vaters nicht. Triff eine neue Entscheidung. Wende dich der höchsten Macht zu und erinnere dich, wer dir den Rücken stärkt und wer vorangeht. Kann Kleinheit wirklich deine Bestimmung sein? Bekräftige deine heiligen Versprechen. Alle Versprechen, die du gegeben hast, werden dir gemeinsam mit der Inspiration und der Macht gezeigt, die du brauchst, um sie zu erfüllen. Dein Vermächtnis und deine Bestimmung wurden dir vom Himmel gegeben. Das Leben wäre gewiss leichter, wenn du sie akzeptierst, statt dich ihnen zu widersetzen. Mache dein Leben nicht zu einer Lüge. Mache es stattdessen zu einem Zeugnis deiner Liebe und der Liebe des Himmels, die partnerschaftlich zusammenarbeiten, zu einem Zeugnis deines *goldenen Lebens* und zu einem Zeugnis deiner Hilfe für die Welt.

Lektion 100

Deine Verpflichtung vollenden

Dies ist eine Lektion darüber, wie du deine Macht zurückgewinnen, die Geschichte deines Lebens ändern und unerledigte Geschichten aus der Vergangenheit abschließen kannst. Sie kann deine Zuversicht auf eine Weise stärken, die dich erkennen lässt, dass dein Erfolg in deinen eigenen Händen liegt. So erkennst du auch klarer, dass Glück und Erfolg nicht von außen kommen können. Wenn du darauf wartest, dass dein Glück von außen kommt, kannst du unter Umständen lange warten.

Frage dich zuerst, wie gut – auf einer Skala von 100 % – dein Vater als Vater für dich war. Wie gut – in Prozent ausgedrückt – war deine Mutter als Mutter? Wie sehr – in Prozent ausgedrückt – hat ihre Beziehung dich gestützt? Wie gut war deine Familie für dich? Wie gut – in Prozent ausgedrückt – ist dein Partner für dich? Wie gut waren deine früheren Partner für dich? Nach diesem Prinzip kannst du später auch überprüfen, wie gut beispielsweise deine Schulen, deine Lehrer oder deine Vorgesetzten für dich waren.

Das Maß, in dem sie gut für dich waren, entspricht dem Maß, in dem du gut für sie warst. Dies ist ein machtvolles Prinzip, denn es bedeutet, dass du dem Mangel oder dem Maß an Seelenbewusstsein anderer Menschen nicht länger unterworfen bist. Tatsächlich ist es auf den tiefsten Seelenebenen und geistigen Ebenen so, dass du hier bist, um das zu heilen, was ihnen fehlt und worin sie verletzt wurden. Du kannst es tun, indem du deine Lebensaufgabe und deine Bestimmung von ganzem Herzen annimmst und die Gaben gibst, die du mitgebracht hast, um ihnen zu helfen. Deine Familie war die perfekte Familie, um heil zu werden, zu lernen und deine Lebensaufgabe und deine Bestimmung mit ihnen zu teilen. Statt also deine Familie, deine Eltern, deinen Partner und deine früheren Partner zu verurteilen und ihnen wegen der Dinge zu grollen, die sie falsch oder nicht richtig gemacht haben, kehre mit deinem inneren Auge zurück und erkenne, dass es dort, wo sie dir nicht gegeben oder einen Fehler gemacht haben, dir selbst an Verpflichtung ihnen gegenüber gemangelt hat.

Statt sie zu verurteilen, solltest du erkennen, dass sie Hilfe gebraucht haben. Ich habe entdeckt, dass, wenn wir von unseren Eltern etwas nicht empfangen haben, sie es selbst nicht hatten, um es zu geben, dass wir die Gabe auf einer Seelenebene aber mitgebracht haben, um sie ihnen zu geben. Deine Seelengabe, die sie und dich befreit, kann unter Groll darüber vergraben liegen, wie sie sich verhalten haben, oder Urteilen darüber, was sie nicht gegeben haben. Sie kann unter deiner verborgenen Schuld dafür vergraben liegen, dass du ihnen nicht dein ganzes Herz und alle deine Gaben gegeben hast, um sie zu befreien oder sogar vor sich selbst zu retten. Diese Schuld rührt von der Angst davor her, wie sehr du glänzen würdest, wenn du ihnen nicht nur deine Gaben, sondern auch dich selbst rückhaltlos geben würdest.

Wenn du erfolgreich sein willst, ist das der Weg. Kehre mit deinem inneren Auge zurück und vollende die Verpflichtung gegenüber deinem Vater zu der Zeit, als er sie gebraucht hat. Wenn du deinem Vater 100 % gibst, wirst du erkennen, dass er für dich ein hundertprozentiger Vater war. Da dein Vater für Geld und Erfolg in deinem Leben steht, wird dies eine große Auswirkung auf dein Leben haben. Wiederhole den Prozess nun mit deiner Mutter. Gib ihr 100 %. Hilf ihr. Unterstütze sie. Je mehr du sowohl innen als auch außen ein besseres Kind für sie bist, umso mehr wird sie eine bessere Mutter für dich sein. Weil deine Mutter für Leichtigkeit, Reibungslosigkeit und die Fähigkeit zu empfangen steht, bringst du dadurch dich selbst, dein Leben und die Beziehung deiner Eltern ins Gleichgewicht. Außerdem lässt es dich empfangen und bringt Leichtigkeit in dein Leben hinein.

Gib anschließend der Beziehung deiner Eltern 100 %, vor allem in den Zeiten, in denen sie dich gebraucht haben. Durch deine Unterstützung ihrer Beziehung wird dein Selbstwert unterstützt, ohne dass du dich beweisen musst. Außerdem lässt es Fluss in deinem Leben entstehen. Gib dich dann rückhaltlos der Familie, in der du aufgewachsen bist. Gib dich als nächstes deinem Partner zu 100 %. Einen hundertprozentigen Partner zu haben lässt deinen Erfolg um ein Vielfaches wachsen und ermöglicht wiederum ein Gleichgewicht zwischen Arbeit, Spiel und inniger Nähe. Deine Beziehung gibt Sinn und bringt Glück.

Wiederhole die Übung mit deinem Geschäftspartner. Kehre dann zu allen früheren Liebesbeziehungen und Geschäftspartnerschaften zurück und verpflichte dich ihnen zu 100 %. Das gibt dir die Möglichkeit, alle Seelenversprechen zu erfüllen, die du gegeben hast, um ihnen zu helfen oder sie zu heilen. Es nimmt deinen Partnerschaften außerdem den Druck, löst viele Probleme auf der Arbeit oder zu Hause und lässt ein weit höheres Maß an Liebe und Erfolg zu.

Du kannst in deiner eigenen Zeit zu Freunden, Schulen, Lehrern oder anderen Menschen oder Situationen zurückkehren und jede Lektion vollenden, indem du 100 % gibst. Auch wenn der betreffende Mensch seinen Körper bereits verlassen hat, kannst du seiner Seele helfen und zugleich deine eigene Zuversicht und deinen eigenen Erfolg stärken.

Zusammenfassung

Wenn du hart arbeitest, arbeitest du gegen dich selbst. Wenn du deine berufliche Laufbahn oder ein neues Projekt gerade erst begonnen hast, ist es richtig, ihr oder ihm alles zu geben, was du hast, aber ansonsten ist harte Arbeit nur eine Ausrede und eine Falle. Harte Arbeit bedeutet, dass du dich nicht voll und ganz gegeben hast. Wenn du dich voll und ganz gibst, dann kannst du viel erreichen, hast aber das Gefühl, dass es mühelos geschieht.

Im innersten Kern deines *Seins* bist du Erfolg. Alles andere sind Selbstkonzepte, die du auf dein *Sein* gehäuft hast, um dir selbst eine Identität zu geben, und jetzt musst du hart arbeiten, um auf dem Weg zum Erfolg deine Selbstkonzepte zu stärken. Wärest du erfolgreich, würdest du dich verbinden und einige der Selbstkonzepte würden sich auflösen, weil sie überflüssig sind. Harte Arbeit bedeutet, dass du etwas beweist, dich aber vor Erfolg fürchtest.

Es ist Zeit, dich auf das zu konzentrieren, was dir gehört, und Anspruch darauf zu erheben. Nur du selbst hast dich zurückgehalten, und das kannst du ändern. Es ist Zeit, deine Angst vor Erfolg, dein gespaltenes Bewusstsein, deine abwegigen Gefühle der Schuld und der Wertlosigkeit aufzugeben und die Dinge loszulassen, die dir mehr wert sind als dein Erfolg. Auf der tiefsten Ebene ist es dein Kampf gegen dich selbst und dagegen, alles zu haben. Erfolg ist nicht beängstigend, und der Himmel ist es ebenso wenig. Beide gehören dir, und in dem Maße, in dem du sie annimmst, trägst du dazu bei, das Bewusstsein in der Welt anzuheben, sodass jeder den Mut findet, der zu sein, der er ist, und das zu empfangen, was er verdient hat. Dein Erfolg bringt nicht nur dich selbst, sondern alle Menschen voran.

Heilung beginnt im Herzen
Die inneren Kräfte wecken, um Körper und Seele zu heilen
Chuck Spezzano

Hardcover, 240 Seiten, ISBN 978-3-86616-140-5

2. Auflage

Das neue Buch des bekannten Lebenslehrers Dr. Chuck Spezzano gibt dem Leser grundlegende Prinzipien und Methoden an die Hand, um sich von allen Formen von Krankheit und Schmerz zu befreien. Es ergründet nicht nur die Wurzeln dessen, was Krankheiten und Schmerzen erzeugt, sondern zeigt darüber hinaus praktische Wege, wie man die dem eigenen Herzen und Geist innewohnende Kraft nutzen kann, um Krankheiten zu heilen und Schmerz aufzulösen.

Brücken zwischen Himmel und Erde
Meditationen, Gedichte, Geschichten, Fotos, Bilder
Aufgeschrieben und gestaltet von Chuck, Lency, Christopher, J'aime Spezzano

Hardcover, vierfarbig, 192 Seiten, über 100 Fotos und Bilder,
ISBN 978-3-86616-128-3

Brücken zwischen Himmel und Erde ist ein Buch, das von einer Familie geschaffen wurde. Es enthält Photos des Sohnes (der auch für das Layout verantwortlich ist), Gemälde der Tochter, inspirierende Kurzgeschichten der Mutter und poetische Texte des Vaters, die das Herz öffnen. Die Photos zeigen die Schönheit und die Vielfalt der Erde, und die Gemälde berühren und öffnen für die Schönheit der Kunst. Worte können Arznei sein, das perfekte Gegenmittel gegen das, was uns quält. In einer Welt, die allzu oft den Mut verloren hat, soll dieses Buch dem Leser helfen, ihn wiederzugewinnen. Man kann einen anderen Menschen nur inspirieren, indem man sein Herz öffnet und das, was einen selbst inspiriert, mit ihm teilt. Genau das hat die Familie Spezzano getan.

Wie Sie herausfinden, wann Ihre Beziehung wirklich zu Ende ist und was Sie tun können, um sie zu retten
Chuck Spezzano

Taschenbuch, 120 Seiten, ISBN 978-3-86616-108-5

Heute sind (vor)schnelle Trennungen an der Tagesordnung, weil jeder glaubt, er könne beim nächsten Partner das Glück finden, das der gegenwärtige Partner ihm scheinbar nicht geben kann. Die Chance, in einer bestehenden Beziehung zu echter Partnerschaft zu gelangen, wird so oftmals voreilig und leichtfertig vergeben. Der erfahrene und weltweit bekannte Beziehungsexperte macht im vorliegenden Buch klar, was eine Beziehung zerstört und was sie zu stärken vermag. Er vermittelt Prinzipien der Heilung, die dazu beitragen können, eine Beziehung aus dem gefährlichen Fahrwasser einer drohenden Trennung herauszuführen, und er zeigt eine „narrensichere" Methode auf, die es einem oder beiden Partnern ermöglicht, zweifelsfrei festzustellen, ob ihre Beziehung wirklich zu Ende ist oder nicht.

Karten der Partnerschaft
Liebe in Partnerschaft und Beziehungen
90 künstlerisch gestaltete, farbige Karten mit Begleitbuch
Chuck Spezzano

ISBN 978-3-86616-090-3

Die Karten der Partnerschaft wollen dazu beitragen, eine Beziehung auch dann lebendig zu erhalten, wenn die Phase der ersten Verliebtheit vorbei ist, und sie wollen dem Paar, das sie befragt, dabei helfen, erfolgreich alle Hindernisse und Klippen zu umschiffen, die jede Beziehung überwinden muss, um auf lange Sicht glücklich und erfolgreich sein zu können.Wie schon bei den Karten des Lebens hat die Künstlerin Petra Kühne auch hier wieder zu jedem Thema der insgesamt 90 Karten ein vollendetes kleines Kunstwerk geschaffen. Ein Begleitbuch erläutert die Bedeutung jeder Karte, zeigt Prinzipien auf, die verstehen helfen, was eine Beziehung voranbringt und was sie zurückhält, und macht Vorschläge für mögliche Befragungen. Die Karten der Partnerschaft sind eine wirklich gelungene Fortsetzung der bereits vor einigen Jahren bei Via Nova erschienenen Karten der Liebe und knüpfen nahtlos an deren großen Erfolg an.

Wo Engel gehen auf leisen Sohlen
Wie Sie Beziehungen erfolgreich und harmonisch gestalten können
Chuck Spezzano

Hardcover, 304 Seiten, ISBN 978-3-86616-056-9

„Narren stürmen blind voran, wo Engel gehen auf leisen Sohlen." Unter diesen von dem britischen Schriftsteller Alexander Pope geprägten Satz stellt Chuck Spezzano sein neues Buch. Wieder einmal geht es um menschliche Beziehungen, und wieder einmal ist es dem weltbekannten Lehrer und Experten in der Kunst von Beziehungen hervorragend gelungen, seine neuesten Erkenntnisse auf unterhaltsame, spannende und zugleich unnachahmlich humorvolle Weise zu Papier zu bringen. In 101 abgeschlossenen Kapiteln zeigt er anhand zahlreicher „wahrer Begebenheiten" aus seinem eigenen Leben und praktischer Beispiele aus den unzähligen Seminaren, die er seit vielen Jahren auf der ganzen Welt leitet, in welche Beziehungsfallen Menschen tappen und wie sie sich schnell und erfolgreich daraus lösen können, um ihre Beziehungen zu einem wahren „Kunstwerk" zu gestalten. Der „neue Spezzano" zeigt einmal mehr richtungweisende psychologische und spirituelle Wege auf, die uns zu glücklichen Beziehungen und damit auch zu einem glücklicheren Leben führen können.

Erfolg kommt von innen
Chuck Spezzano

2. Auflage

Hardcover, 232 Seiten, ISBN 978-3-86616-019-4

Das neue Buch des bekannten Lebenslehrers Chuck Spezzano ist von wegweisender Bedeutung für alle Menschen, die ihr Leben erfolgreich gestalten wollen. Anders als viele andere Bücher, die das Thema „Erfolg im Leben" aus einer äußeren Sichtweise behandeln, schlägt Dr. Spezzano seinen Lesern vor, mit der machtvollen Kraft ihres Geistes und ihres Herzens von innen heraus zu Erfolg und Fülle zu gelangen. Auf seine typische, unnachahmlich humorvolle Art legt er dar, welche Schwierigkeiten die Menschen daran hindern, wirklich erfolgreich zu sein, und welche Strategien dem Einzelnen zur Verfügung stehen, um diese Schwierigkeiten zu überwinden. In 100 in sich abgeschlossenen Lektionen erfährt der Leser nicht nur, wie er die Probleme, die seinen Erfolg behindern, erfolgreich heilen und transformieren kann. In die einzelnen Kapitel integrierte praktische Übungen ermöglichen es ihm außerdem, die gewonnenen Erkenntnisse mühelos in den Alltag zu transportieren.

Der verborgene Code des Bewusstseins
Der Quantengeist in der Naturwissenschaft und in der Psychologie
Arnold Mindell

Paperback, 608 Seiten, ISBN 978-3-86616-159-7

Man muss das Universum verstehen, um sich selbst zu erkennen. In diesem umfassenden Buch des amerikanischen Psychologen und Physikers Arnold Mindell werden grundlegende moderne Erkenntnisse der Physik und der Tiefenpsychologie auf die traditionelle Weisheit der Menschheit in unterschiedlichen Kulturen bezogen und zusammenfassend erklärt. Die sog. objektive, sinnlich wahrnehmbare, mathematisch-physikalisch messbare Welt und entsprechendes Denken werden aufgrund der Quantenforschung ergänzt und vertieft, indem die psychischen Befindlichkeiten der Beobachter, ihre nichtlokale, nichtzeitliche Spürerfahrung, Intuition und Träume einbezogen und mathematisch beschrieben werden. Anschauliche Beispiele, experimentelle Übungen und Abbildungen sowie überschaubare Kapitel und sprachliche Vereinfachungen machen die Darlegungen auch für Laien verständlich. Wer auf den sich gegenwärtig vollziehenden Paradigmenwechsel neugierig ist, wird dieses spannende Buch lesen wollen.

Der Quantensprung im globalen Gedächtnis
Wie ein neues wissenschaftliches Weltbild uns und
unsere Welt verändert / Ervin Laszlo

Hardcover, 160 Seiten, ISBN 978-3-86616-153-5

Im planetaren Wandel mithelfen, Einsichten verbreiten, menschliches Überleben, Nachhaltigkeit, Wohlsein und Frieden sichern. Mit Blick auf die neuesten, oft revolutionären Erkenntnisse in den Bereichen von Kosmologie, Quantenphysik und Bewusstseinsforschung zeigt Ervin Laszlo wissenschaftlich fundiert, aber dennoch in klarer und verständlicher Sprache, dass das alte Weltbild überholt ist und wir uns einem ganz neuen Bild der Wirklichkeit stellen müssen. Er beschreibt den global und interkulturell sich bereits heute vollziehenden Paradigmenwechsel auf allen Ebenen des Lebens. Er begründet mit den Erkenntnissen der modernen Wissenschaften, dass ein neues Bewusstsein in der Menschheit entsteht. Dieses Buch informiert umfassend und tiefgründig, regt an und macht Mut, mit erweitertem Bewusstsein diese Initiativen zu unterstützen und zu einer positiven Veränderung in der Welt beizutragen.

Kinder fördern mit täglichen Denkanstößen
Mutmachende Impulse und Lebenshilfen für jeden Tag
Sabina Pilguj

Hardcover, 384 Seiten, ISBN ISBN 978-3-86616-147-4

Dieses Buch bietet Kindern zwischen 4 und 13 Jahren für jeden Tag des Jahres eine wertvolle Botschaft, die sie selber lesen oder sich vorlesen lassen können. Jeder Tag bekommt so sein eigenes wertorientiertes Motto, seine ganz besondere Bedeutung und Prägung. Die einzelnen Texte sprechen die Kinder direkt an, sie fördern ihre Kreativität und soziale Integration, aber auch innere Ruhe und Konzentration, vermitteln kindgemäß wichtige innere und soziale Werte, Kenntnisse und Fähigkeiten, insgesamt eine optimistische Lebenssicht, Vertrauen, Zuversicht und Liebe, um mit Mut, Tatkraft und Freude das tägliche Leben zu bewältigen.

Mach deine Träume wahr
Verwirkliche deine Ziele und Visionen durch die Macht deiner Gedanken, deiner Gefühle und deines Verhaltens
Roeland Suylen

Hardcover, 160 Seiten, ISBN 978-3-86616-127-6

In diesem Buch beschreibt Roeland Suylen die 3G-Methode, abgeleitet von den drei holländischen Worten gedachten, gevoelens und gedragingen, die man als Gedanken, Gefühle und Verhalten (oder Handeln) übersetzen könnte. Der Autor ist nach jahrelangen Forschungen zu dem Ergebnis gelangt: Immer wenn Ihre Gedanken, Ihre Gefühle und Ihr Verhalten aufeinander und auf Ihr Ziel eingestimmt sind, können Sie alles erreichen, was Sie wollen. Dieses wunderbare Buch zeigt Ihnen, wie es geht. Es zu lesen und zu studieren bringt Sie dem Menschen, der Sie wirklich sein wollen, deshalb einen großen Schritt näher.

Sich ändern – statt ärgern
Vom Umgang mit turbulenten Gefühlen
Kurt A. Richter

Paperback, 288 Seiten, ISBN 978-3-86616-124-5

Machen Sie sich fit im Umgang mit arroganten, nörglerischen, vorwurfsvollen, eifersüchtigen, rechthaberischen, neidischen und zynischen Zeitgenossen. Erkennen Sie die inneren Ursachen negativer Gefühlszustände, die Ihr Selbstbewusstsein und Ihre besten Qualitäten unterdrücken. Entdecken Sie anhand von 22 inspirierenden Gesprächen, ähnlich der Dialog-Methode von Sokrates, völlig neue Möglichkeiten, mit verbalen Tiefschlägen und turbulenten Gefühlszuständen wie Ärger, Schuldgefühlen, Streit, Sorgen, Prüfungsängsten und Schlafstörungen umzugehen. „Update your brain" heißt: Aktualisieren Sie Ihr Denken und bringen Sie Ihre soziale Kreativität auf den neuesten Stand. „Update your brain" heißt: *Update für deinen Geist ... dein Gemüt ... dein Wohlbefinden ... deine Leistungsfähigkeit ... deine Lebendigkeit ... dein Glückserleben ... deine Liebe ... deine Lebensfreude ... deine Kreativität ... deine Inspiration ... deine Leidenschaft ... deine Energie ... deinen Humor.*

Liebe als Erfüllung aller Wünsche
Eine praktische Liebestherapie
Jürg Theiler

Paperback, 256 Seiten, ISBN 978-3-86616-110-8

Die Menschen sehnen sich nach Liebe, einer dauerhaften Liebesbeziehung, und setzen oft ihre ganze Energie ein, sie zu verwirklichen, weil sie dadurch Glück und Erfüllung erwarten. Warum gelingen aber solche Beziehungen häufig nicht oder zerbrechen wieder nach kurzer Zeit? Der Tiefenpsychologe Jürg Theiler ergründet in diesem Buch die psychischen Ursachen für Gelingen und Misslingen von Liebesbeziehungen, auch an Beispielen. Er erklärt, wie die in der Evolution des Lebens entwickelten Gehirnteile in der Psyche des Menschen unterschiedliche Bedürfnisse und Wünsche erzeugen, die einander oft widerstreiten, sich aber auch gegenseitig ergänzen und zusammen der Erhaltung und Weiterentwicklung des Lebens dienen und nur durch die Liebe in Einklang gebracht werden können. Durch eine bestimmte Fragetechnik und 36 „Ein-Sichten" kann der Leser seine psychische Ausgangslage und den Weg erkennen, wie er mit seinem Partner, seiner Partnerin seine Wünsche nach Liebe erfüllen kann.